Lars Reichardt • Barbara

Lars Reichardt

Barbara

Das sonderbare Leben
meiner Mutter Barbara Valentin

btb

Für Minki, Linda, Rosy,
Katinka und Moritz

Inhalt

Vorwort

Als Philip, ein Freund – auch er Journalist so wie ich –, im Begriff war, eine Biografie über seinen Vater zu schreiben, gleich nach dessen Tod, erzählte ihm ein Psychologe, die meisten Kinder würden viel zu früh über ihre Eltern schreiben. Interessant werde es erst mit dem Abstand von Jahren. Doch wie präsent sind die Eltern dann noch? Oder klärt sich der Blick irgendwann? Hoffentlich tut er das.

Dieses Buch entstand lange nach dem Tod meiner Mutter. Ich hätte es nicht anders schreiben können.

Schreiben wirke heilend nach dem Tod eines nahen Menschen, heißt es. In jedem Fall verändert sich die Erinnerung mit dem Schreiben. Das Bild meiner Mutter hat sich verändert. Je mehr ich über sie erfuhr, desto milder wurde mein Blick. Wer sie war, was sie im Innersten ausmachte und warum ihr Leben so sonderbar verlaufen ist, kann ich auch nach Jahren der Recherche nur versuchen zu erraten.

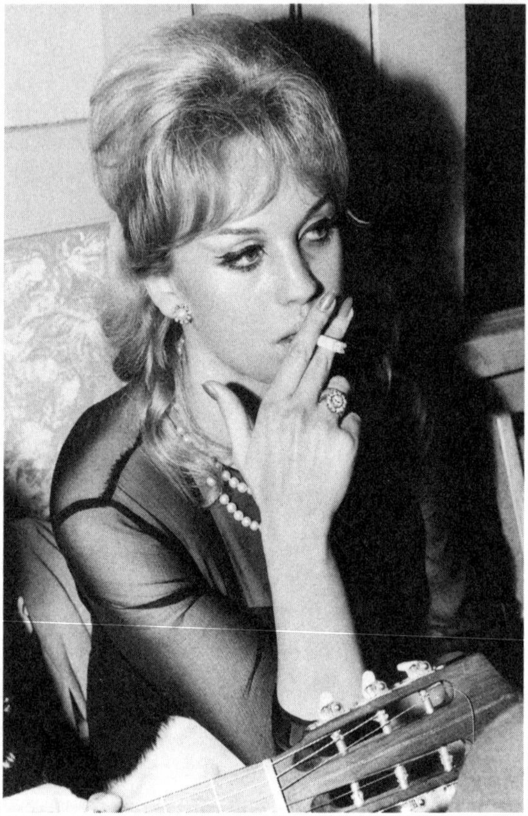

1. Tränen

Frühling 2009

Ich schnarche. Ich schnarche und habe kleinere Atemaussetzer während des Schlafs. Mein Homöopath hat mir dagegen Lakadinum C 200 verschrieben. Schlafapnoe sei ein Symptom, das typischerweise auf eine gestörte Beziehung zur Mutter hinweise, und Lakadinum die Mama-Medizin schlechthin. Ob ich mich als Kind vernachlässigt oder ungeliebt gefühlt hätte?

Alfred, den Homöopathen, lernte ich vor Jahren in einem Schwangerschaftskurs kennen. Wir waren beide werdende Väter und sollten uns gedanklich einmal in die Lage unserer Partnerinnen versetzen. Alfred erzählte, dass es ihm sogar gelänge, sich vorzustellen, durch eine imaginäre Vagina ein- und auszuatmen. Ich dachte erst, der Typ spinnt ja völlig. Meine Frau mochte ihn gleich. Seine Mittel dürften laut klassischer Medizin gar nicht wirken, aber es sah schon einige Male so aus, als ob sie es taten. Ich verstehe immer noch nicht, was er eigentlich macht, woran er glaubt, wie das funktionieren soll, aber ich habe seine kleinen Kügelchen genommen, als er sie mir verschrieben hat.

Barbara war keine Parademutter, ganz sicher nicht. Als Kind musste ich mir oft neugierige Nachfragen der Mütter meiner Freunde gefallen lassen, von klein auf: »Wie geht es denn deiner Mutter, Lars? Arbeitet Sie immer noch so viel? … Ach, da hast du sie ja so lange schon nicht mehr gesehen!«

Andere Kinder hatten dagegen normale Mütter zu Hause: Hausfrauen, Sekretärinnen, Lehrerinnen, Krankenschwestern. Barbara war immer etwas anderes, das gaben mir die Mütter meiner Freunde stets zu verstehen. Busenwunder sind schlechte Mütter – das schwang immer mit, und oft genug konnte ich auch Neid heraushören. In dem Münchner Vorort, in dem ich aufwuchs, war Barbara Anfang der siebziger Jahre jedenfalls das Kleinstadtgespräch.

Sie selbst störte das nie, war sie es doch schon früh gewohnt gewesen, im Mittelpunkt zu stehen. Sie hielt das selbst dann noch für selbstverständlich, als sie schon lange nicht mehr wirklich im Mittelpunkt stand. Meine Mutter besaß eine ungeheure Präsenz und ein einnehmendes Wesen und konnte äußerst charmant sein – wenn sie wollte. Sie ging auf Menschen zu und nahm sie im Nu für sich ein. Damals. Sie ließ sich nichts gefallen. Von niemandem, auch später nicht, als sie längst nicht mehr bewundert wurde.

Wer Barbara einmal persönlich kennenlernte, vergaß sie jedenfalls nicht mehr – egal, ob man sie nun mochte oder nicht.

Dem Lakadinum C 200 zum Trotz habe ich mich eigentlich immer von ihr geliebt gefühlt. Der Sohn war nicht eifersüchtig auf die Männer seiner Mutter. Sie gab mir das

Gefühl, für mich da zu sein, selbst wenn sie nicht bei mir war.

Sie verwöhnte mich nach Strich und Faden: Spielzeugindianer, ein Tretrennauto, ein neues Fahrrad, alles kein Problem, solange sie Geld hatte – und das hatte sie während meiner gesamten Kindheit.

Natürlich beruhigte sie damit ihr schlechtes Gewissen. Oft war sie wegen irgendwelcher Dreharbeiten für Monate von mir und meiner vier Jahre jüngeren Halbschwester Nicola-Babette, genannt Minki, getrennt. Auch bezeichnend: Den Spitznamen hat ihr ein Kindermädchen verpasst, nicht jemand aus ihrer Familie, nicht ihre Mutter.

Nach der Scheidung von ihrem zweiten Ehemann blieben wir Kinder auch erst mal beide beim Vater. Wieder verließ sie uns. Ja, Minki fühlte sich vernachlässigt, noch heute tut sie das. Ich eher weniger. Vielleicht wirkten die Geschenke bei mir besser, vielleicht war ich auch nur bereits alt genug, um einigermaßen zu verstehen, dass sie ja nicht uns Kinder verlassen wollte, sondern ihren Mann.

Ich schnarche trotzdem. Meine Mutter ist im Frühling 2009 seit sieben Jahren tot, und mein Homöopath behauptet, ich schnarche, weil sie mich vernachlässigt hätte.

Das Nachdenken über die Eltern hört wohl nie auf.

»Schreib das auf!«

Mit diesem Satz liegt mir Robert seit Barbaras Tod im Jahr 2002 in den Ohren. Robert ist ein Freund, ein Kollege. Er war mein erster Textchef, als ich nach dem Studium mit dem Journalismus begann, einer, auf dessen Geschmack und Urteil über Geschichten ich bis heute vertraue. »Sonst tut es ein anderer«, sagt Robert. »Die Geschichte ist zu gut. Sex, Drugs, Rock 'n' Roll. Du bist Journalist. Du bist ihr Sohn. Musst du machen.« – »Ja, und genau weil ich ihr Sohn bin, möchte ich diese Geschichten nicht breittreten.« Ein Dialog, der sich jahrelang wiederholt. Erzähle ich Robert von irgendeinem Problem oder schlechter Laune, sagt er: »Ärger dich nicht. Schreib endlich das Buch.«

Wie soll das überhaupt gehen? Ein Buch über jemanden, dessen Leben in der Öffentlichkeit einen selbst nie interessiert hat, dessen Tod einen selbst immer noch schmerzt. Barbaras Bekannte und Freunde haben mich größtenteils nie interessiert. Und dann die Drogengeschichte – wie soll ich die in Worte fassen?

Ich weiß zu wenig, immer noch. Von ihr und auch von Drogen. Ich habe keine Lust darauf, das aufzuwärmen. Aber über Barbara schreiben zu wollen, ohne ihre dunklen Seiten zu erwähnen, das haut nicht hin. Es ist eines der zentralen Puzzleteile, ohne das ihr Bild unvollständig bliebe. Keine Ahnung, wie man das angehen sollte. Fachlich und psychisch. Vielleicht so, wie Carlo Feltrinelli, der Sohn des italienischen Verlegers Giangiacomo Feltrinelli, von dem er nie persönlich erfahren hatte, wie sehr dieser in die linke Terrorszene involviert war. Seinen Vater lernte Carlo im Wesentlichen erst nach dessen Tod aus Erzählungen von Freunden und Polizeiberichten kennen. Ich durfte ihn einmal interviewen. Er erzählte mir, was für eine ungeahnte psychische Belastung das Schreiben über seinen

Vater für ihn bedeutete und dass er bei der Buchveröffentlichung eigentlich schon nicht mehr drüber reden wollte. »Senior Service« hat er die postume Biografie seines Vaters nach dessen bevorzugter Zigarettenmarke genannt. »Lord Extra« hießen die Zigaretten, die Barbara ein Leben lang rauchte.

Keine Ahnung, warum ich das Ganze noch mal erinnern und durchleben wollen sollte. Durch das Bohren in einer Wunde heilt sie doch nicht. Oder? Eigentlich darf ich mich glücklich schätzen, einen anderen Nachnamen als den meiner Mutter zu tragen. Warum soll ich ihre und meine Geschichte eigentlich öffentlich machen?

Zur Trauerbewältigung? Vielleicht hilft Schreiben ja wirklich. Aus therapeutischen Gründen? Weil ich dann vielleicht aufhörte zu schnarchen? Wohl kaum. Um ihren ramponierten Ruf etwas gerade zu rücken? Mag sein. John, ein anderer Freund, sagt: »Schreib, wenn du glaubst, dass ihr Leben es wert war, erzählt zu werden. Du ehrst sie damit.«

Erzählenswert war ihr Leben auf jeden Fall. Ganz bestimmt möchte ich auch wissen, wer sie wirklich war. Rausfinden, warum alles so gekommen ist. Und ich sträube mich hartnäckig dagegen, die vielen Leitzordner mit Hunderten von Zeitungsartikeln über sie wegzuschmeißen. Sie liegen seit ihrem Tod bei mir im Keller. Ungelesen.

Einfach mal anfangen: mit dem Lesen und Schreiben. Irgendwo. Und sich dann sukzessive durch den Keller, durch die Leitzordner und Videos mit ihren Filmen und den Talkshow-Auftritten arbeiten, die vielen Freunde und Bekannten fragen, wer sie war. Warum sie so war, wie sie war. Weshalb alles so gekommen ist. Schließlich bin ich doch Journalist. Und ich habe ja keine Eile. Einfach mal anfangen also. Wer bist du gewesen, Mama? Warum hast du dich mit Drogen vollgepumpt? Was hast du vor deinen Kindern versteckt?

»Schreib eine Geschichte nach der anderen. So wie im Job«, rät mir Robert.

Also gut. Einen Puzzlestein nach dem anderen suchen und darauf hoffen, dass sich am Ende ein Bild daraus ergibt. Um sie kreisen, immer näher, in der Hoffnung, irgendwann ihr Wesen entdecken zu können. An das Drogenkapitel ihres Lebens, eines Buches erst mal nicht denken. Niemandem was sagen. Der Frau nicht, die ohnehin meint, ich hätte sie und die Kinder während des Jahres, als Barbara im Wachkoma lag, vernachlässigt. Sie hat recht. Auch Minki, meiner Schwester, lieber erst mal nichts sagen. Die fühlte sich ja eh schon immer vernachlässigt. Auch Robert nichts sagen. Damit er mich nicht nervt, falls ich doch nicht weitermachen möchte.

Wo anfangen?

Am Schluss natürlich. Bei unserem letzten Treffen vor dem Koma, bei Barbaras letzten Tränen.

Meine Mutter konnte gut weinen. Sie tat es oft vor der Kamera. Auch in einem Musikvideo von Thomas D. – ein theatralisches Schluchzen, man sieht es nur und hört sie nicht. In meinem Lieblingsfilm mit ihr, »Flammende Herzen« von Walter Bockmayer, spielt sie eine Prostituierte in New York. Die Figur von Peter Kern, dem Hauptdarsteller, hat eine Amerikareise im Preisausschreiben gewonnen. Er lernt sie in der U-Bahn kennen, als sie sich über der Manhattan Bridge auf den Boden wirft und losheult. Hysterisch, laut, verzweifelt, herzerweichend.

Privat weinte sie sehr viel leiser. Meist kullerten ihr nur ein paar Tränen über die Wange. Sie war bemüht, sich ihren Kindern gegenüber nichts anmerken zu lassen. Ich erinnere mich, sie beim Weinen oft rauchen gesehen zu haben. Als ob Nikotin gegen die Tränen helfen könnte. Als Heulsuse, die beim kleinsten Anlass in Tränen ausbricht, habe ich sie nicht in Erinnerung, aber als tief melancholische Frau. In großer Runde sah ich sie allerdings nie weinen. Vielleicht zwei Dutzend Male habe ich sie so erlebt. Ein paarmal verriet sie mir, an wen sie dachte. Verstorbene Kollegen oder Freunde. Meist sagte sie aber: »Ach, ist nichts«, und überspielte uns Kindern gegenüber ihre Trauer.

Auf Kommando zu weinen ist schwierig. Die meisten Schauspieler träufeln sich Glyzerintropfen in die Augen, um bei Dreharbeiten plötzlich in Tränen ausbrechen zu können. »Ich brauche das nicht«, sagte meine Mutter. Wir unterhielten uns gerade über die Dreharbeiten zu ihrem jüngsten Film, ihrem letzten, in dem sie mal wieder geweint hatte. »Die Hunde sind schuld« war eine Komödie, und als sie zu weinen begann, lachten die Leute am

Set. Nicht etwa, weil die Tränen unglaubwürdig gewesen wären, sie lachten über die Rolle, die sie in dem Film spielte. Sie war gut im Weinen. »Wie weinst du denn im Film, Mama?«, wollte ich wissen. »Ich brauche bloß an etwas Bestimmtes denken, und schon schießen mir die Tränen in die Augen«, sagte sie. – »Um Himmels willen, an was denkst du denn bloß?« – »Verrate ich dir ein andermal«, sagte meine Mutter an unserem letzten gemeinsamen Abend vor ihrem Schlaganfall, dem Weihnachtsabend des Jahres 2000.

Im Januar 2001 erlitt sie einen schweren Schlaganfall, erst ein Jahr später ist sie gestorben, ohne in der Zwischenzeit noch einmal aus dem Wachkoma zu erwachen. Ich frage mich bis heute, an was sie wohl dachte, wenn sie im Film weinen sollte.

Im Leben meiner Mutter gibt es viele Ereignisse und Erlebnisse, die ich mir dazu vorstellen kann. Ich denke an ihre Kindheit in Bruchsal, an den strengen Stiefvater, den dritten Ehemann meiner Großmutter. Dr. Erwin Valentin, deutlich älter als seine Frau, schickte meine Mutter noch im Teenageralter zum Kohlenschaufeln in den Keller, wenn er sie bestrafen wollte. Meine Mutter war frühreif, hatte schon als junge Frau einen recht großen Busen und keine Lust, nach der Mittleren Reife noch weiter die Schulbank zu drücken, vielleicht war sie auch einfach nicht gut genug. Nach dem Scheitern ihrer ersten großen Liebe verübte sie damals einen Selbstmordversuch, lag einen Tag lang ohnmächtig im Graben auf einem benachbarten Acker, bevor sie gefunden wurde. So erzählte sie es mir. Sie erzählte es nüchtern, fast emotionslos, ohne Tränen. Sechzehn oder siebzehn muss sie gewesen sein, also war es etwa 1956/57. Als Erklärung schickte sie noch hinterher: »Ich war verliebt und dumm.« Ich fragte nicht weiter nach, wer sie damals fand. Dafür war ich wohl zu jung, vielleicht zwölf oder dreizehn Jahre. Und später fragte ich dann auch nicht mehr. Egal, wie alt man ist – man fragt seine Eltern nicht gerne, warum und wie sie sich genau umbringen wollten. Außerdem denkt man ja, man habe noch Zeit. Das dachte ich ja selbst noch an dem letzten Weihnachtsabend. Barbara war zwei Wochen zuvor ja gerade erst 60 Jahre alt geworden. Kein Alter, dachte ich damals.

Das also wäre einer dieser Momente, von denen ich mir heute vorstellen kann, dass meine Mutter an sie dachte, wenn sie weinen wollte. Vielleicht dachte sie auch an ihren leiblichen Vater, von dem alle sagten, er sei ein Weiberheld und ein Trinker gewesen, in dieser Reihenfolge. Meine Mutter kannte ihn nicht sehr gut, aber sie weinte nach seiner Beerdigungsfeier in Bad Ischl im Salzkammergut tagelang. Hans Ledersteger war Filmarchitekt bei der UFA gewesen. Er starb, als ich noch klein war, ich kann mich nicht an ihn erinnern.

Mein Halbonkel, also der Halbbruder meiner Mutter, ist nur ein Jahr älter als ich. Er erzählte mir sehr viel später einmal, meine Großmutter war zu diesem Zeitpunkt auch schon lange tot, dass sein Vater, mein Opa Hans, meine Großmutter zwischendurch ein paar Jahre für eine andere Frau verlassen hatte.

Ich hätte Opa Hans jedenfalls viel lieber kennengelernt als den humorlosen anderen Opa, der zwar lange, dafür aber freudlos lebte. Opa Erwin war ein ehemaliger Marinegeneralstabsarzt, ein Mann mit hohem Ansehen in Bruchsal, wo auch ich, angeblich auf der Rückreise meiner Eltern aus Frankreich nach Hamburg, zur Welt kam. Meine Mutter floh vor dem Stiefvater, vor der Kleinstadt, vor der eigenen Mutter, die alle Hoffnung auf ein eigenes Glück aufgegeben hatte und nun hoffte, dass wenigstens die einzige Tochter glücklich werde. So stellte ich mir das jedenfalls die längste Zeit meines Lebens vor.

Meine Mutter hatte viele Verhältnisse – vor, nach und während ihrer drei Ehen. Aus vielen ihrer Verehrer schien sie sich nichts zu machen, zumindest, wenn sie von ihnen erzählte. Es waren dabei meist die berühmten unter ihnen, aus denen sie sich nichts machte. Die Liste ihrer Verehrer und Liebhaber ist denn auch um einiges länger als die ihrer Freundinnen. Ihre beste Freundin Dora starb sehr früh: Sie zog bald nach dem Ende der Schulzeit mit ihrem Ehemann nach Paris und ertrank 1976 in Italien vor den Augen ihrer beiden Töchter. Furchtbar. Ob sie an Dora dachte, wenn sie weinen wollte?

Ich bin mir jedenfalls ziemlich sicher, dass sie nicht an meinen Vater, meinen leiblichen Vater, dachte, den sie mit Anfang zwanzig in München kennengelernt hatte. Wenn sie über ihn sprach, dann wie über einen Fremden. Rolf Lüder hieß er, war zeitweilig Millionär, verspielte aber sein ganzes Geld im Casino, während meine Mutter mit mir vor dem leeren Kühlschrank saß, wie sie mir so oft erzählte, bis ich nicht mehr hinhörte. Er hatte sie auf einer Party kennenlernt, als er sie fragte, ob er nicht ein Fußballspiel bei ihr in der Wohnung ansehen dürfe, er habe keinen Fernseher in seinem Hotelzimmer. Fußball, diese Leidenschaft wenigstens habe ich von ihm geerbt. Er schlug meine Mutter, sperrte sie am Ende ihrer Ehe in ein Kellerzimmer in ihrem gemeinsamen Hamburger Haus ein und steckte das Telefon aus. Seine Sekretärin brachte ihr dann heimlich den Apparat wieder nach unten. So erzählte mir diese zumindest die Geschichte, als ich sie im Sommer 2008 in Berlin besuchte. Für kurze Zeit war diese auch eine Art Kindermädchen für mich gewesen.

Mein Vater war kein großes Thema mehr für meine Mutter. Irgendwann mal hatte sie ihn geliebt, aber das war schnell verflogen. Sie erzählte selten von ihm, und wenn, dann eher ziemlich distanziert. Es muss etwas anderes gewesen sein.

Ich kann bislang nur raten, an was sie beim Weinen dachte.

Reicht das für ein Buch? Erwartet man am Ende nicht eine Antwort? Muss man nicht genau wissen, was in einem Leben passiert ist, besonders, was falschgelaufen ist, und ist man als Leser nicht verärgert, wenn man keine Antwort präsentiert bekommt? Werde ich als Sohn am Ende verärgert zurückbleiben?

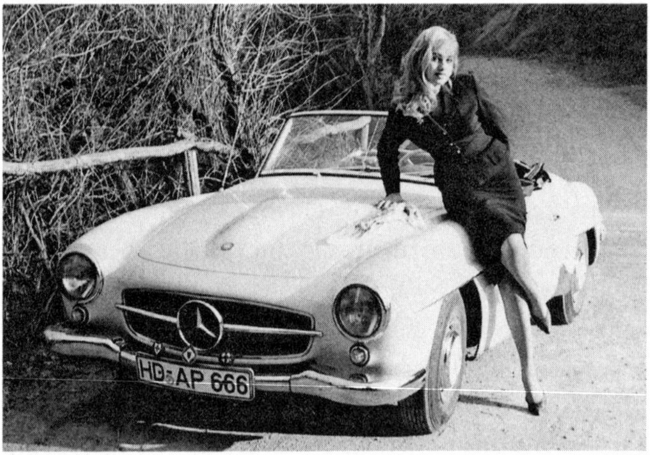
HD-AP 666

2. Autos

Sommer 2009

»Na, wie soll es jetzt weitergehen?«, fragt Robert, nachdem ich ihm erste Seiten zum Lesen schickte. »Du nimmst das Ende vorweg. Da liest kein Mensch weiter.« – Was jetzt? Soll ich oder soll ich nicht schreiben? Verdammt.

Spurensuche kann nur funktionieren, wenn ich nach dem suche, was mich interessiert. Nicht an den Leser denken, selbst an befreundete nicht. Erst mal überhaupt an niemanden denken außer an meine Mutter und mich.

Was wir wohl gemein haben? Das ist eine Frage, die sich für alle Kinder irgendwann einmal stellt. Bei meiner Mutter fällt mir da zuerst ein, wie verschieden wir waren. Sie: der impulsive Bauchmensch. Ich: der kopflastige Zauderer. Sie: offen, unterhaltsam, lustig, laut, mutig. Ich: scheu, ernst, leise, in mich gekehrt, ängstlich, für viele Jahre.

Ich fand Barbara oft schon deshalb peinlich, wenn sie in einem Lokal laut wurde. Weil sie nicht prompt genug bedient wurde; weil sie doch Knoblauch auf dem Teller entdeckte, obwohl sie sich den ausdrücklich verbeten hatte. Sie blaffte die Kellner schnell an, egal, ob in einem teuren Restaurant oder in der »Deutschen Eiche«, einer Münchner Schwulenkneipe mit einfacher, deftiger Küche. Meine

Schwester Minki ist meiner Mutter in dieser Beziehung recht ähnlich und beschwert sich auch immer sofort, wenn ihr etwas nicht passt. Und ihre Tochter Linda schämt sich dafür genauso wie Minki und ich uns damals in der »Eiche«.

Natürlich konnten Barbaras Starallüren andererseits auch als eine große charakterliche Stärke verstanden werden: Ihr brauchte keiner blöd zu kommen. Ehe man sich versah, fuhr sie die perfekt manikürten Krallen aus. Ich selbst lasse mir im Zweifel viel zu viel gefallen, ob im Restaurant oder sonstwo.

Unser Verhältnis war herzlich, aber wir blieben uns merkwürdigerweise doch recht fremd – ein Leben lang. »Bubele«, nannte sie mich noch als erwachsenen Mann, wenn sie mir über den Kopf streichelte. »Spießer«, schimpfte die Mutter ihren Sohn im Streit. Etwa wenn ich schon als Kind keine Lust mehr darauf hatte, mich mit ihr gemeinsam für eine Zeitschrift fotografieren zu lassen, oder sie später, als Teenager, nicht schon wieder in einer Schwulenkneipe treffen mochte.

Die Unterschiede zwischen uns zeigten sich schon in den Äußerlichkeiten. Wie ordentlich sie war – richtiggehend penibel –, in der Wohnung, mit den Steuerunterlagen oder bei der Kleidung. Jeans und T-Shirts bügelte sie, Rechnungen heftete sie in Leitzordnern ab, und Staub wischte sie selbst dann noch, als sie schon eine Putzfrau hatte. Ganz schlimm war es, wenn man ihren Glastisch im Wohnzimmer mit klebrigen Fingern anfasste – sofort rannte sie los, um einen Lappen zu holen.

Wie selbstverständlich genoss sie den Luxus, der sich ihr bot, egal, ob beim Essen oder wenn es um ihre Autos ging, die sie liebte. Auch in der Schilderung ihrer ersten Jahre in München ist das herauszulesen; mit Stolz schreibt sie da von ihrem ersten Wagen, einem Renault Floride: »Es war mein erstes selbstverdientes Auto«, und dem zweiten, einem Jaguar E-Type, den ihr mein Vater zur Hochzeit schenkte, nachdem er den Renault heimlich verkauft und den Erlös im Casino verspielt hatte. Ich besitze, das merke ich gerade wieder, nicht einmal eine vage Ahnung vom Aussehen solcher Autos.

Das handschriftliche Manuskript mit der Autopassage fand ich nach ihrem Schlaganfall in einer Schublade. Ich war auf der Suche nach Krankenkassen- und Rentenversicherungsunterlagen, als ich das erste Kapitel ihrer selbstverfassten Memoiren entdeckte, es handelt von ihrem Jahr in München 1960. Barbara muss sie etwa vierzehn Jahre später, Mitte der siebziger Jahre, begonnen haben. Wie schön sie erzählen konnte. Von ihren Männern und ihren starken Gefühlen für sie. Wie liebevoll und genau sie sich an Kleinigkeiten erinnerte. Wie schade, dass es offenbar bei diesem einen Kapitel geblieben ist.

Mein erstes eigenes Auto war ein verbeulter Fiat 500. Barbara war später durchaus dankbar, wenn ich sie nach einem Besuch bei ihr irgendwohin mitnahm oder auf dem Weg absetzte. In den Fiat stieg sie allerdings nie ein, ohne sich lauthals zu beschweren: »Kannst du den fahrenden Mülleimer nicht mal waschen, alter Schlamper.«

Inzwischen fahre ich einen weit über zwanzig Jahre alten Volvo, seine genaue Typenbezeichnung mag ich mir bis heute nicht merken.

Sie wusste übrigens immer genau, was für ein Auto sie hatte oder als Nächstes kaufen wollte. Gegen Ende ihres Lebens brauchte sie zwar schon lange keines mehr, zumal in einer Gegend, mitten in München, wo Parkplätze ohnehin rar waren. Dennoch sträubte sie sich bis ganz zuletzt, ihr letztes Auto aufzugeben. Dabei konnte sie sich das Mercedes-Coupé schon längst nicht mehr leisten. Barbara hatte schon einmal einen Mercedes besessen, ein Cabrio. Irgendwann Anfang der siebziger Jahre. Sie wurde damals als Losfee bei einer Tombola engagiert. Sie hatte sich selbst auch ein paar Lose gekauft. Warum auch nicht, der Erlös ging schließlich an eine gemeinnützige Hilfsorganisation. Aber sie zog tatsächlich ihr eigenes Los als Hauptgewinn – und fuhr mit einem nagelneuen Peugeot nach Hause. Den verkaufte sie umgehend, denn sie hatte immer von einem Ford Mustang geträumt. Dunkelblau, laut wie ein Rennwagen und fünf Kilometer weit zu hören. Allein: Sie konnte den Wagen nicht fahren. Wegen der starren Hinterachse, wie sie behauptete. Das stellte sie aber erst nach dem Kauf fest. Als sie einmal mit meiner Schwester unterwegs war und beim Kuppeln eine Stichflamme aus der Motorhaube kam, bat sie meinen eigentlichen Vater, meinen Adoptivvater Ernst Reichardt, den Mustang doch gegen sein grünes Mercedes-Cabrio zu tauschen. Er willigte ein, ihr zuliebe natürlich, und überließ ihr sein elegantes Cabrio für die blaue Angeberkutsche. Wir konnten ihn tatsächlich hören, wenn er abends, in etwa fünf Kilometer Entfernung, in den Münchner Vorort hineinfuhr, und hatten immer genug Zeit, uns langsam zum Eingang zu bewegen, um ihn zu begrüßen.

Eines Tages verbeulte einer von Barbaras Schauspielkollegen den Mercedes, Uwe Friedrichsen (nein, mit ihm hatte sie keine Affäre, sie hatten nur zusammen gedreht). Er fuhr ihn in den Straßengraben, sie saß auf dem Beifahrersitz, ich hinten. Ich weiß nicht mehr, wieso er fuhr und nicht sie oder wohin wir unterwegs waren. Barbara verkaufte das von Friedrichsen verbeulte Mercedes-Cabrio sofort und stieg auf einen größeren Mercedes um. Sie muss ihn jedenfalls gemocht haben. Denn wenn ich mir später mal ihr Auto ausleihen wollte, bekam ich stets den Spruch zu hören: »Frauen, Geld und Autos verleiht man nicht.« Die sogenannte Skandalnudel, die Sexbombe, das Busenwunder Barbara Valentin war mitunter selbst eine große Spießerin. Unvergessen ihr Kommentar, als ich ihr freudestrahlend von meiner Ausmusterung erzählte: »Jetzt lernst du ja nie, dein Bett zu machen.«

Irgendwann lieh sie mir ihr Auto dann doch ein paar Mal, aber nie ohne mir ihren Spruch hinterherzurufen. Sie meinte ihn tatsächlich ernst. Ich darf froh sein, das Auto immer unverbeult zurückgebracht zu haben. Patrick Süßkind hat in seinem Nachwort zu Helmut Dietls Memoiren geschrieben, wie sehr dieser Barbaras Zorn nach einem von ihm verschuldeten Blechschaden gefürchtet haben muss und in vollem Ernst meinte, er müsse ihr jetzt quasi zur Widergutmachung ein noch teureres Coupé kaufen.

Bei Mercedes bekam sie lange Zeit großzügige Prozente, irgendwann fuhr sie einen 180er. Mitte der achtziger Jahre wechselte sie dann zu BMW und kaufte einen 3er, das war dann auch der Wagen, den sie mir ein paar Mal lieh. Mit ihm wurde sie nie glücklich, aber sie hatte sich über die hohen Mercedes-Preise geärgert, und der Kauf eines Gebrauchtwagens wäre ihr niemals in den Sinn gekommen. Autos waren für sie keine einfachen Gebrauchsgegenstände.

Mitte der neunziger Jahre folgte dann noch einmal ein Mercedes, ihr letztes Auto. Zwei Jahre vor ihrem Schlaganfall verkaufte sie es. Da hatte der Wagen jahrelang mehr oder weniger ungenutzt in der Garage gestanden. Wenn Barbara in ihren letzten Jahren das Haus verließ, war es meist nachts. Sie kehrte meist nicht nüchtern zurück. Wenn Barbara einmal meine Schwester besuchte, dann bat sie deren Freund Rafael aus dem dritten Stock herunter, um für sie einzuparken – und bei der Gelegenheit auch gleich Cola für sie einzukaufen. Verreist wurde mit dem Auto schon längst nicht mehr. Wegen ihres Katers, den sie nie länger als ein paar Tage übers Wochenende in fremder Obhut, auch nicht in meiner, ließ. Tarzan hieß das fette Vieh. So verwöhnt wie ihn hat sie ihre Kinder oder Männer nur selten. Tarzan hatte sie als kleines Kätzchen unter ihrem Autositz gefunden, da war er gerade einmal ein paar Wochen alt. Sie hatte zwei schwule Freunde zum Flughafen gefahren, die nach San Francisco auswanderten. Weil sie in München niemanden fanden, der den kleinen Kater übernehmen wollte, versteckten sie ihn kurzerhand auf der Fahrt zum Flughafen in Barbaras Wagen. Tarzan wurde ganze 15 Jahre alt. Als er 1999, drei Jahre vor ihr, starb, heulte sie tagelang. Auch am Telefon.

Barbara war eine gute, eine sichere Fahrerin. Ich kann

mich nicht erinnern, dass sie je von einem selbstverursachten Unfall erzählt hätte. Es kann nicht die Geschwindigkeit gewesen sein, die sie so geliebt hat. Es muss wirklich ein diffuses Gefühl von Freiheit gewesen sein, das ihr der Besitz eines Wagens vermittelte und das sie so für ihre Autos einnahm. Denn sie brauchte ja nie eines. Taxifahren wäre günstiger gewesen, als ein eigenes Auto zu besitzen – für die paar Kilometer, die sie im Jahr fuhr.

Ich selbst teile diese Liebe zu Autos nicht. Ich fahre gerne Fahrrad. Auf den ersten Blick teile ich überhaupt recht wenig mit meiner Mutter. Ich lebe ziemlich monogam. Die Liste meiner Sexualpartnerinnen ist vergleichsweise kurz. Weil ihre so lang ist?

Neigen Kinder immer eher zum Gegenteil dessen, was die Eltern taten? Und wird das bei meinen Kindern so weitergehen?

Schon wieder zwei Fragen, die dieses Buch nicht beantworten können wird. Macht das Unterfangen, Seiten mit Gedanken über meine schon lange verstorbene Mutter zu füllen, überhaupt Sinn?

Jaja, ich weiß: die Trauerarbeit, die geleistet werden will. Muss man aber doch kein Buch schreiben für.

Vielleicht aber um der Selbsterkenntnis willen: Meine Frau zweifelte manchmal an, ob ich überhaupt beziehungsfähig wäre. Wegen meiner Eltern. Ich hätte nie gelernt, was gesundes Familienleben heißt und wie viel Arbeit man da reinstecken müsse. Aber muss einem Kind »Familie« vorgelebt worden sein, damit es als Erwachsener selbst in einer

Familie leben kann? Kann das sein? Haben vernachlässigte Kinder keine Chance mehr darauf, selbst gute Eltern zu werden? Glaube ich nicht. Will ich nicht glauben.

Aber vielleicht halte ich deshalb geradezu zwanghaft an meiner Ehe fest: weil ich es besser machen will als meine Eltern, weil ich nicht aufgeben will, weil ich mich für etwas Besseres halte als meine Mutter. Familie als Gegenentwurf zum narzisstischen Leben der Eltern.

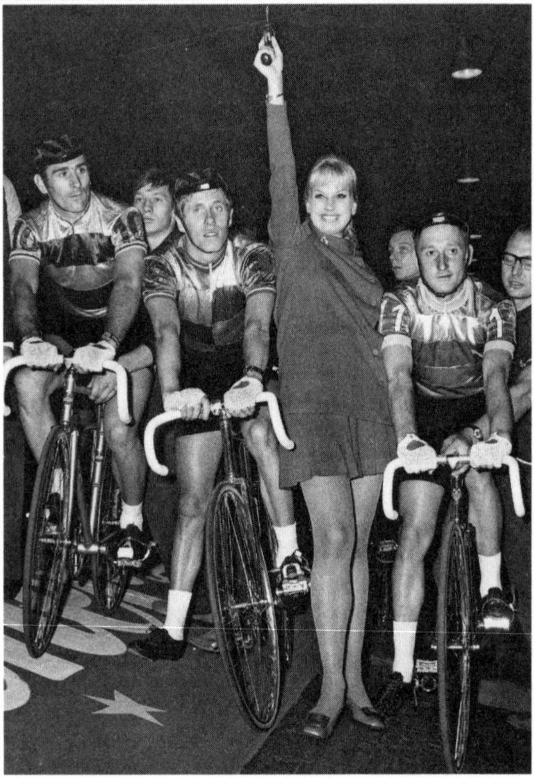

3. Männer

Herbst 2009

Alle Männer sind Teddybären,
große, wonnige Teddybären.
Alle Männer sind Teddybären,
ob jung, ob alt.

Ach, ich kann es mir nicht erklären,
in der Nähe von Teddybären,
auch wenn sie noch so komisch wären,
wird mir heiß und kalt.

Oft zeigen sie ihre Pranken,
dann muss man mit ihnen zanken.
Doch ihre Küsse und Zärtlichkeiten
belohn ich – mit Honig.

Denn alle Männer sind Teddybären,
die mir immer das Herz betören,
nie kann ich mich dagegen wehren.
Ach, ich bin viel zu schwach.

Text eines Liedes, das Barbara 1962 aufgenommen hat.

Ich hielt es lange für möglich, dass meine Mutter ein Verhältnis mit Elvis Presley hatte. Als Presleys Tod im Radio gemeldet wurde, am 16. August 1977, fuhr Barbara gerade mit mir im Auto nach Saint-Tropez, zu Freunden von ihr. Noch während der Nachrichtensprecher Mutmaßungen über die Todesursache anstellte, brach sie in Tränen aus. Ich schaute sie entgeistert an. Sie erklärte mir, dass sie Presley kennengelernt habe und ihn sehr mochte. Leider erinnere ich mich nicht mehr genau, welche Worte sie gebrauchte, aber ein Dreizehnjähriger konnte sich dabei leicht einbilden, dass sie eine Affäre andeutete. Als Sohn fragt man bei einigen Themen nicht genauer nach. 1959 hat er München besucht, da könnten die beiden sich tatsächlich irgendwo kennengelernt haben. Wahrscheinlich stellte sie jemand einander vor. Lange nach ihrem Tod fragte ich enge Freunde, ob sie von einer Affäre mit Elvis wüssten, aber niemand hatte je auch nur eine Andeutung dazu von Barbara gehört.

Ich mochte Elvis als Teenager nicht, seine Musik fand ich viel zu schnulzig. Aber dass sie ihn gekannt, dass sie ein Verhältnis mit ihm gehabt haben könnte, ließ mich aufhorchen. Meine Mutter kannte also tatsächlich einige echte Stars, nicht nur Uschi Glas, so viel begriff ich nun.

Sie kannte sogar Sonny Rollins, den Jazzsaxofonisten, von ihm erzählte mir Barbara einmal kichernd, als ich eine seiner Platten aufgelegt hatte. Sie kam ins Zimmer, fragte, wer da Saxofon spiele, und entdeckte – noch bevor ich antworten konnte – das Cover der Platte. Sie hatte Rollins nach einem Konzert in einer Bar kennengelernt. Damals muss sie noch ganz jung gewesen sein, ein Teenager, also vor ihrer ersten Hochzeit mit meinem leiblichen Vater. Ob sie mit ihm eine Affäre hatte? Keine Ahnung.

Definitiv hatte sie die mit Rolf Eden, dem für meinen Geschmack peinlichsten Freund Barbaras. Auch der fiel in die Zeit vor meinem Vater. Ein Sohn kann unter Umständen an der Vorstellung Gefallen finden, als Königssohn auf die Welt gekommen zu sein, aber nicht als Sohn eines gelifteten Playboys, der mit über achtzig Jahren noch in rosafarbenen Seidenhemden rumläuft.

Ja, ich hätte sogar ein Prinz werden können, rein theoretisch. Selbst König Hussein von Jordanien machte Barbara den Hof, bevor er dann doch lieber Antoinette Avril Gardiner heiratete. Keine Ahnung, wo Barbara ihn kennenlernte. Keine Ahnung, ob sie je miteinander ausgingen. Sie liebte ihn nicht, das war alles, was sie mir über ihn erzählte, lachend. Eigentlich schade. Ich hätte sicherlich einen passablen Prinzen abgegeben.

Es kam anders: Ehemann Nummer eins, mein leiblicher Vater Rolf Lüder, war von eher kleiner Statur, ungefähr 1,73 Meter, genauso groß wie Barbara, und zehn Jahre älter. Auf Fotos, die ich von ihm habe, sehe ich einen für meine Begriffe gutaussehenden Mann. Gepflegt, mit Scheitel, meist im Anzug. Besitzer eines Straßenreinigungsunternehmens in Hannover, Berlin und München. Angeblich Millionär. Mit Sicherheit Spieler. Roulette. Er verließ seine erste Ehefrau wegen Barbara. Das muss 1961 gewesen sein. Erst zwei Jahre später zeugen sie einen Sohn. Ich sei ein Wunschkind gewesen, wird Barbara später sagen. Kurze

Zeit später will er nur schnell eben mal Zigaretten holen – und fährt augenblicklich nach Monte Carlo, nachdem ihn Barbara schon in allen deutschen Casinos hatte sperren lassen. Rolf lässt sie mit Baby und ohne Geld vor dem leeren Kühlschrank zurück – und verspielt die letzten 50 Lastwagen in einer Nacht, so lautet Barbaras Geschichte später. Nach drei Jahren Ehe verliert sie dann endgültig die Geduld mit ihm. Seine Version der Trennung habe ich nie gehört. Mein leiblicher Vater bringt sich vier Jahre nach der Scheidung um.

Barbaras Scheidungsanwalt wird 1967 Ehemann Nummer zwei. Dr. Ernst Reichardt hat eine eigene Kanzlei in Berlin und ist spezialisiert auf Urheberrecht und Scheidungen. Er wird kurze Zeit später der Vater von Nicola-Babette, Spitzname Minki, und mein Stief- und Adoptivvater, mein zweiter Vater. 46 Jahre ist er alt, als er Barbara kennenlernt, zwanzig Jahre älter als sie und zwei, drei Zentimeter kleiner, Vollbart. Wegen Barbara verlässt er aus dem Stand seine erste Ehefrau, mit der er einen pubertierenden Sohn hat. Der bedroht Ernst beim Auszug mit dessen Pistole, will ihn zur Umkehr bewegen. Bis zum Tod von Ernst bleibt der Kontakt unterkühlt. Eine Versöhnung findet selbst dann nicht statt, als Barbara Ernst sechs Jahre später wieder verlässt.

Die ersten beiden Ehemänner sind deutlich älter als sie. Vaterersatz? Sieht so aus.

Ehemann Nummer drei ist dann der erste, der jünger ist als sie: etwa vier Jahre. Helmut Dietl, ein junger und, wie es in der Boulevardpresse heißt, »verheißungsvoller«, aber damals noch unbekannter Regisseur und Drehbuchautor. Wieder ein Vollbartträger, auch er verlässt Ehefrau und Kind wegen Barbara. Sie bleiben sechs Jahre lang zusammen. Schon wieder sechs Jahre, fällt mir auf, wie bei Ehemann Nummer 2. Dietl zieht am Ende der Ehe aus der gemeinsamen Wohnung in München aus, beide wechseln bis zu Barbaras Tod nie wieder ein Wort miteinander.

Von ihrem Verhältnis mit Klaus Löwitsch erfahre ich damals aus der Presse. Er war ein glatzköpfiger Schauspieler, für seine Allüren und Ausfälle bei Alkoholexzessen bekannt. Anfang der siebziger Jahre lernte sie ihn bei Dreharbeiten zu dem Fernseh-Dreiteiler »Welt am Draht« kennen. Wieder ist da ein Mann, der ihr gegenüber handgreiflich wird. Er war der offensichtlichste Grund für die Scheidung von Ernst.

Von den Männern nach ihrer dritten Ehe lernte ich noch Sascha kennen, einen netten Israeli, wieder jünger als sie, Konzertagent, angestellt bei seinem Cousin Marcel Avram. Er erkaufte sich meine Sympathie mit diversen Konzertkarten. Ich lernte auch einen weiteren Helmut kennen, den eigentlich schwulen Türsteher aus New York – er starb, so erzählte mir meine Mutter fünf, sechs Jahre später, an Aids. Den mochte ich. Ich kannte auch einen Alex, den ich eigentlich für schwul hielt, einen Exil-Russen. Er stellte sich mir als CIA-Agent und Radio-Liberty-Mitarbeiter vor. Was für ein Aufschneider. Trotzdem nicht unsympathisch. Er brachte Barbara öfters Kaviar von seinen Reisen mit. Zu der Zeit fand ich bei uns selten eine frische Milch im Kühlschrank, aber oft eine angebrochene Dose Kaviar.

Barbara überraschte mich immer wieder mit ihren Erzählungen, in denen sie zum Beispiel en passant erwähnte, wie Franz Josef Strauß ihr einmal den Hof machte respektive ihr einen Abend lang auf dem Oktoberfest in den Ausschnitt glotzte (nein, mit dem hatte sie definitiv nichts).

Meist hörte ich ihren Geschichten gleichgültig zu. Für mich waren es Erzählungen aus einer langweiligen Erwachsenenwelt. Die Bekannten meiner Mutter waren oft prominent, na und? Ich brachte es sogar fertig, kaum ein Wort mit Freddie Mercury zu reden, obwohl der Anfang der achtziger Jahre zeitweise bei Barbara wohnte und ich die beiden manches Mal nach einem Besuch bei ihr irgendwohin mitnahm – im Fiat 500. Der schmächtige Sänger musste sich in den Fond zwängen, Barbara passte gerade so auf den Vordersitz.

Die Musik von Queen fand ich als Jugendlicher doof. Genau wie viele von Barbaras Freunden, erst recht ihre Liebhaber. Meine Ignoranz von damals bedauere ich heute sehr.

Laut Barbaras Manuskript hatte sie Ende der fünfziger Jahre auch eine Affäre mit einem deutschen Schauspieler, sie erwähnt ihn in der Schilderung ihrer Münchner Zeit. Wer ist der geheimnisvolle Schauspieler, der sich zu Dreharbeiten in den USA befunden und dort den Oscar bekommen haben soll? Ende der fünfziger Jahre, Anfang der Sechziger bekam kein deutscher Schauspieler einen Oscar. Barbara kann sich darin getäuscht haben. Mit Details ging sie immer großzügig um. Nicht aus Angeberei, es war ihr schlicht nicht wichtig, wie berühmt andere Menschen waren, wie viel Geld oder Ruhm oder Preise sie besaßen.

Der Schauspieler muss aber berühmt gewesen sein, wenn

sie seinen Namen noch zehn Jahre später verschwieg, um keinen Skandal zu provozieren. Ich könnte mir vorstellen, dass sie Curd Jürgens meinte. Der war damals schon ein Weltstar und nach »Des Teufels General« einer der wenigen deutschsprachigen Schauspieler, die auch in den USA drehten. Mit Sicherheit kannten sich die beiden und waren bis in die siebziger Jahre befreundet. Jürgens bekam zwar nie den Oscar, vielleicht hat Barbara sich darin getäuscht. Wahrscheinlicher ist jedoch, sie meinte jemanden, der damals berühmt war, aber heute längst vergessen ist – das Schicksal vieler Schauspieler.

Die Liste ihrer Männer und Verehrer ist kurios, es fällt schwer, ein Muster in ihr zu entdecken: Zu Beginn stehen sehr viel ältere Männer darin, später auch etwas jüngere. Kleine und große, dünne und dicke. Berühmte, Nichtberühmte. Schwarze, weiße. Sänger, Musiker, Intellektuelle, Schauspieler, Millionäre, arme Schlucker, Könige, Türsteher, Geschäftsleute, Möchtegernspione. Teddybären fehlen weitgehend in der Liste.

Was suchte sie bei all diesen unterschiedlichen Männern, was suchten diese Männer bei ihr?

Nach ihrem Schlaganfall fand ich in Barbaras Unterlagen auch zwei Abschiedsbriefe. Einer stammte von ihrem letzten Ehemann, Helmut Dietl, der andere von einem späteren Liebhaber, einem verheirateten Drehbuchautor und Schriftsteller, der seine Ehefrau nicht für meine Mutter verlassen wollte (ich weiß nicht, ob seine Frau noch lebt, deswegen sei sein Name verschwiegen).

Diese beiden waren die einzigen Briefe von Männern, die meine Mutter aufbewahrt hat. Soweit ich weiß, gehörten sie auch zu den ganz wenigen Männern, die sie je verlassen haben.

Aber die Regel war: Die Männer verließen ihre Ehefrauen reihenweise wegen Barbara, und Barbara wiederum verließ ihre Männer irgendwann wieder.

Es ist Oktober 2009. Bisher habe ich zum Schreiben nur in Erinnerungen gekramt, in mehr oder weniger deutlichen. Es wird Zeit, Menschen zu treffen, die Barbara kannten, die jene Seiten von ihr kannten, von denen ein Sohn wenig weiß. Ich bin zwar nicht unbedingt neugierig auf ihre Bekannten und Freunde. Aber auch sie sterben wahrscheinlich bald, und dann wäre die Chance vertan, sie zu fragen. Wer könnte wissen, woran sie dachte, wenn sie weinte?

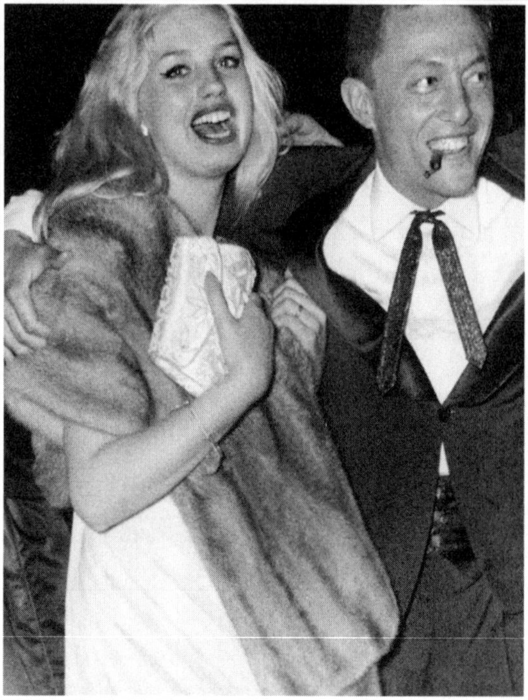

4. Erinnerungen eines Liebhabers

Oktober 2011

Er weiß es wohl eher nicht. Barbara hatte ihn Ewigkeiten nicht mehr gesehen vor ihrem Tod. Vielleicht weiß er aber doch, woran sie beim Weinen dachte, wenn es ein Erlebnis aus ihrer Jugend war, das sie ein Leben lang verfolgt hat, hat sie es ihm ja vielleicht erzählt.

Rolf Eden ist einer der ganz wenigen, die uns im Jahr 2001 nach Barbaras Schlaganfall Hilfe anboten. »Braucht ihr Geld?«, fragte er am Telefon – trocken, ohne sich groß nach ihrem Befinden oder den Umständen ihres Gehirnschlags zu erkundigen. »Ich hab Geld. Meldet euch, wenn ihr irgendetwas für Barbara braucht.« Offenbar ist der Mann, den ich nach seinen Talkshow-Auftritten lange Zeit für einen peinlichen Vogel hielt, eine treue Seele mit einem großen Herzen.

»Barbara ist etwas Besonderes gewesen.« Den Satz schreibt Rolf Eden gleich zweimal in seiner Autobiografie. Einmal am Anfang und einmal gegen Ende. Ohne jegliche Erklärung.

Rolf Eden war ursprünglich Pianist gewesen und hatte in den fünfziger Jahren die ersten Nachtclubs in Berlin eröffnet. In der Stadt ohne Sperrstunde hatte er damit schnell Erfolg. Er wurde reich und prominent, und er legte sein Geld in Berliner Immobilien an. Ende der siebziger Jahre, also zu einem Zeitpunkt, als das noch als völlig unrentable Anlageform galt. Im Alter war er nur mehr für sein Bekenntnis zu Viagra und seine Abscheu vor der Ehe und Frauen über vierzig bekannt. Er hat in einer Talkshow freimütig zugegeben, er habe eine Belohnung für die Frau ausgelobt, die unmittelbar vor seinem Tod mit ihm Sex habe.

Was man kaum wusste, bevor 2011 ein Dokumentarfilm über sein Leben produziert wurde: Edens Eltern waren während der Nazi-Zeit nach Haifa ausgewandert, er kämpfte im ersten arabisch-israelischen Krieg in einer Eliteeinheit, ging später nach Paris und kam schließlich zurück nach Berlin. Er kümmerte sich dort um versehrte Kriegskameraden und um verlassene Frauen. Sogar seine sieben Kinder, die allesamt ohne ihn bei ihren Müttern aufwuchsen, reden heute nur gut über ihren Vater.

Lange nach Barbaras Tod rufe ich ihn an, frage, ob ich ihn einmal besuchen dürfe. Er erinnert sich sofort an sie, »die war etwas ganz Besonderes«, erzählt er am Telefon. »Komm vorbei, jederzeit.« Weil zu dieser Zeit meine älteste Tochter in Berlin zu studieren begann und ich häufiger in der Stadt war, besuchte ich ihn dann auch wirklich in seinem Büro in Charlottenburg, im Oktober 2011, da war er schon Anfang achtzig. Er telefonierte, seine Sekretärin bat mich, kurz im Vorzimmer bei ihr Platz zu nehmen. Um was es denn gehe? Ich wusste auf diese Frage keine Antwort. Es ging ja eigentlich bloß um meine Neugier. Es ging darum, ihn nach meiner Mutter zu befragen, bevor er sterben würde, herauszufinden, was Rolf Eden so besonders fand an meiner Mutter. Aber das konnte ich ja schlecht sagen.

Er trug einen blauen Pullunder über weißem Hemd zur beigen Hose und sah damit ein bisschen so aus, als ob ihn seine um viele Jahre jüngere Frau schick gemacht hätte und er sich das gefallen ließ. Er stand auf und zeigte unter den vielen Zeitungsausschnitten an der Wand hinter seinem Schreibtischsessel auf ein Foto der jungen Barbara. Sagte: »Das war sie. Zu Hause habe ich noch jede Menge Fotos von ihr. Sie sollten mich einmal zu Hause besuchen, wenn ich die Fotos sehe, fallen mir sicherlich noch viel mehr alte Geschichten mit Barbara ein.«

Der amerikanische Filmproduzent John Harris, ein regelmäßiger Gast in einem von Edens Nachtclubs, habe ihm zuerst von Barbara erzählt: »Ich kenne die schönste, süßeste Frau der Welt, die musst du mal kennenlernen.« So Harris laut Eden, wobei »süß« wohl eher ein Eden-Wort sein dürfte. Barbara sprach von Harris eigentlich immer als der »hässlichen Kartoffel«.

Jedenfalls hatte sich Rolf Eden gleich mit ihr fotografieren lassen. Er sagte: »Ich habe das Foto noch. So habe ich sie kennengelernt. Dann sind wir miteinander ausgegangen. Ich habe sie in meine Läden eingeladen, ich war ganz begeistert.«

Er erinnert sich nicht mehr, wann das war, und tippt auf Mitte der sechziger Jahre, weiß aber, dass sie damals noch nicht verheiratet war. Er sagt: »Ich war sehr verliebt in sie. Sie war damals schon achtzehn, aber sie hatte noch ein kindliches Gemüt, das faszinierte mich. Und vor allem war sie bildhübsch. Ich hoffe doch, dass sie auch in mich verliebt war. Sie hat es gesagt, aber ob das wirklich so war, kann man ja nie wissen. Bin ja auch mal mit zu ihren Eltern gefahren. Wie hieß der Ort noch mal? Bruchsal? Richtig. Wie trennten uns, weil sie heiraten wollte, ich aber nicht. Auf keinen Fall. Das wusste sie. Sie hat mich nie gefragt oder gedrängt. Aber als sie den Lüder kennengelernt hatte, hat sie mich ganz plötzlich verlassen. Das ging ganz schnell alles. Erstaunlich schnell.«

Was denn nun so besonders an ihr war? »Barbara kann man nicht vergessen, alles an ihr war sehr schön, sehr weiblich. Sie war berühmt damals, wie könnte ich sie vergessen? Ich war ja damals mit einer anderen Schauspielerin zusammen, die Beziehung litt natürlich wegen Barbara. Übrigens waren wir zweimal zusammen. Als Barbaras erste Ehe vorbei war, habe ich gleich ausgenutzt, dass sie wieder auf dem Markt war. Aber sie heiratete ganz schnell wieder. Ich habe ihr meinen Anwalt empfohlen, als sie in erster Ehe geschieden wurde. Den hat sie dann geheiratet.«

Vom Typ her seien alle seine späteren Freundinnen ähnlich gewesen, sagt Rolf Eden, der sich nur mit einem ganz bestimmten Typ Frau einließ. Sie waren in jedem Fall blond und dann noch irgendwie besonders.

Rolf Eden hat ein schlechtes Gedächtnis und ein großes Herz.

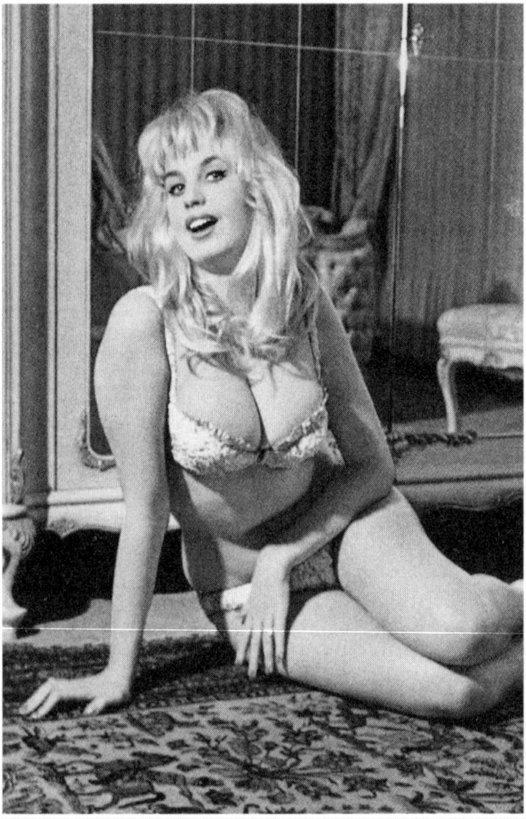

5. Busenwunder

Sommer 2010

Wie beschreibt man eine Person, die einem so nahstand wie die Mutter, ohne sich in Details zu verlieren? Man nähert sich ihr von außen, wie einem Fremden. Man tritt einen Schritt zurück und tut so, als ob man nicht viel mehr von der Person wissen würde. Ich tue also mal so, als ob ich nicht der Sohn meiner Mutter wäre. Schreiben durch weglassen. Ich lese, was über sie geschrieben wurde.

Zeit, in den Keller zu steigen, um in den Leitzordnern mit den vergilbten Zeitungsausschnitten zu kramen. Sie durchzuarbeiten, auf mögliche Spuren zu überprüfen – und auf interessante Details, die mir etwas erklären könnten. Es kostet Kraft, Quatsch über die eigene Mutter zu lesen. Es ist mühsam, Zeitungsartikel der sogenannten Boulevardpresse aus den fünfziger und sechziger Jahren nach erhellenden Informationen über einen geliebten Menschen zu durchsuchen. Zu viele Banalitäten werden schon damals als berichtenswert erachtet. Die Starberichterstattung muss sich Ende der fünfziger Jahre erst noch finden.

Barbaras erstes Leben in der Öffentlichkeit ist das des Busenwunders. Andere Leben sollten folgen, doch ohne ihre Jahre als Busenwunder hätte sie sicherlich nicht zum Film gefunden, wäre nicht von Fassbinder entdeckt worden, nicht in die Schickeria geraten, nicht zur Schwulenikone erhoben worden.

Der merkwürdige und heute altmodisch anmutende Begriff »Busenwunder« entsteht in den Wirtschaftswunderjahren. Er taucht erstmals Mitte der fünfziger Jahre häufiger in der Presse auf, im Zusammenhang mit Jayne Mansfield. Es ist ein Begriff, der wie wenige andere für die fünfziger und sechziger Jahre steht, wo außergewöhnlich große Brüste eben noch als Naturwunder gefeiert werden konnten. Im Zeitalter der Massenschönheitschirurgie hat der Begriff heute an Klarheit verloren. Auch das Starsystem ist heute ganz anders als damals, als Publikum und Presse ihre Stars über einen viel längeren Zeitraum verehrten. Wer damals Star wurde, der schien es auch zu verdienen.

Beinahe synonym wird damals das Wort »Busenstar« benutzt. So fragt etwa die *Revue* vom 2.5.65: »Hat Busenstar Jayne Mansfield dem damaligen Verteidigungsminister Franz Josef Strauß bei einem Amerikabesuch im Jahre 1959 im Auftrag einer großen Industriefirma einen Abend kurzweilig gestaltet?« Diese Frage bewegte in der Bundesrepublik die Gemüter, seit *Spiegel*-Herausgeber Rudolf Augstein in seinem Prozess gegen Franz Josef Strauß diese Behauptung aufgestellt hatte. Im Interview derselben Geschichte taucht dann noch der Begriff »Sex-Star« auf, in einem direkten Zitat von Mansfield: »Ich bin Sex-Star. Das ist mein Beruf. Aber privat bin ich eine anständige Hausfrau. Die Leute verwechseln das.«

Ein anderer Begriff, mit dem das Wort Busenwunder oft einhergeht, ist der der »Sexbombe«. Jane Russell wird in der deutschen Presse so genannt, 1958 in der *Münchner Illustrierten*, 1959 in der *Abendzeitung*. Sie wurde auch als »Hollywood-Diva« oder »kurvenreiche Hollywoodsirene« bezeichnet. Eine eher biedere Alternative: »Kurvenkönigin Jayne Mansfield«, so dichtete die *Münchner Illustrierte* 1956.

Das Busenwunder lässt sich damals also nicht eindeutig vom Busenstar oder gar Sex-Star unterscheiden. Selbst Sex-Star meint nicht Pornostar, sondern wird eher harmlos im Sinne von sexy und reizvoll gebraucht. Ein Bericht in der *Abendzeitung* vom 27. Juli 1957 macht die Sprachverwirrung komplett:

»Hollywood. Jane Russell, die Frau, die den modernen amerikanischen Busen sozusagen erfunden hat, betrachtet dies heute mit Missbehagen: ›Sie gehen zu weit‹, erklärt sie mit gerunzelten Brauen. In diesen Tagen ist es genau siebzehn Jahre her, seit die ersten Bilder der Russell erschienen, die eine Revolution im amerikanischen Film bewirkten und eine nationale Leidenschaft entfachen halfen, die kritische europäische Beobachter als den ›amerikanischen Busen-Fimmel‹ bezeichnen.«

Die ersten Pin-up-Bilder der Russell waren so populär, dass bis heute Hunderte von Starlets versuchen, ihre damaligen Posen nachzuahmen. Jane Russell ist gar nicht glücklich über die Entwicklung, die sie mit einzuleiten half. »Sex-Appeal ist an sich nichts Schlechtes – außer, wenn er mit schlechtem Geschmack dargeboten wird«, sagt sie. »Damit kann man vielleicht betrunkene Seeleute ins Kino locken, aber ist das nötig?«

Jane Russell glaubte außerdem, die Entwicklungslinie des amerikanischen Kino-Sex-Typs exakt bestimmen zu können: »Mit meinem Film ›The Outlaw‹ wurde der erdhafte, barfüßige Typ geboren. Dann kamen die rosa-blonden, sehr amerikanischen Mädchen wie Marilyn Monroe zum Zuge. Dann war die Dame gefragt: Audrey Hepburn, Grace Kelly. Und jetzt sind wir wieder beim barfüßigen Typ angelangt, bei Sophia Loren, Gina Lollobrigida, Anna Magnani und anderen, an denen Europa lange vor uns Geschmack fand.«

Stammt der Begriff Busenwunder nun aus den USA oder aus Europa? Ich habe es nicht herausgefunden.

Barbara ist jedenfalls das »Busenwunder von Bruchsal«, und sie wird in kürzester Zeit das deutsche Busenwunder schlechthin. Die Frau, für die dieser Begriff in Deutschland erfunden oder aus den USA eingeführt wurde und die diese Bezeichnung ihr ganzes Leben lang mit sich trug. »Thank you for big tits and misconduct«, so lautete die Widmung, die Freddie Mercury meiner Mutter sehr viel später auf eines seiner Plattencover schrieb, er hatte den Song »Love Me Like There's No Tomorrow« von einem Schlager abgeleitet, den sie Ende der fünfziger Jahre sang:

»Küß' mich als gäb's kein Morgen«. Erst nach ihrem Tod ersetzten einige Zeitungen den Begriff Busenwunder wieder durch Busen-Star oder auch Sex-Star. Aber natürlich ist ein Busenwunder kein Sex-Star. Auch wenn ich als kleiner Junge immer befürchtete, die beiden Begriffe meinten womöglich dasselbe.

Im prüden Wirtschaftswunderdeutschland ist schon »Busenwunder« ein leicht anzüglicher Begriff. Die Anzüglichkeit und den Schrecken hat er heute weitgehend verloren.

Meine Mutter, das Busenwunder. Ich bin als Baby nie gestillt worden. Ich war bei einer Amme. Das war damals Anfang der sechziger Jahre Mode. Um die Form und Schönheit des Busens zu wahren. So hat Barbara mir das irgendwann einmal erzählt, in einer Zeit, in der man deswegen als Mutter noch kein schlechtes Gewissen bekommen musste.

Wie wird man aber Ende der fünfziger Jahre Busenwunder? Was, außer einem großen Busen, hat Barbara dazu prädestiniert?

Barbara wird während des Kriegs in Wien als Ursula Ledersteger geboren, am 15. Dezember 1940, dort arbeitet ihr Vater. Sie wächst in Bruchsal auf, einer Kleinstadt zwanzig Kilometer von Karlsruhe entfernt. Bruchsal ist die Heimat ihrer Mutter, die Großeltern hatten dort ein Haus mit Garten gebaut.

Sie ist als junges Mädchen schlank und sportlich, wird Badische Meisterin im Turmspringen, was erstaunlich ist für alle, die sie später kennenlernten. Ich selbst habe meine Mutter nie Sport treiben sehen können. Sie hat sich in späteren Jahren auch nie für irgendeine Sportart interessiert, auch nicht im Fernsehen.

Barbara ist hellblond und hat schon früh einige Verehrer. Mit sechzehn Jahren, im Jahr 1956, wird ihr bereits eine große Ähnlichkeit mit Jayne Mansfield nachgesagt. Sie ist recht groß für eine Frau zur damaligen Zeit, 1 Meter 73, und sie verfügt schon bald über eine annähernd ähnlich große Oberweite. 103 Zentimeter soll Jayne Mansfield laut Boulevardpresse gehabt haben.

Aber natürlich haben das die Illustrierten nur geraten. In der Rückschau betrachtet scheint ihr Busen gar nicht sonderlich groß, schon gar nicht für heutige Verhältnisse. Als Barbara zum Busenwunder wurde, gab es die Pille noch nicht, die kam erst 1960 auf den Markt, und es gab auch noch kein hormonverseuchtes Fleisch. Und Ende der fünfziger Jahre gab es auch noch keine Silikonimplantate. Natürlich habe ich meine Mutter nie nach ihrer Körbchengröße gefragt.

Mit sechzehn, nach der Mittleren Reife, mitten in der elften Klasse, verlässt sie das Humanistische Gymnasium in Bruchsal. Ihr Abschlusszeugnis: Mathematik ausreichend. Griechisch ausreichend. Latein mangelhaft. Englisch befriedigend. Biologie befriedigend. Geschichte befriedigend.

Erdkunde befriedigend. Turnen sehr gut. Deutsch gut. Betragen sehr gut. Fleiß und Mitarbeit noch befriedigend.

Ihre Noten sind nicht gut, aber das Vorrücken ist nicht unmöglich. Die Noten sagen: Barbara ist nicht doof, aber sie hat offensichtlich keine Lust, sich anzustrengen, ihr fehlt jegliches Interesse für schulische Belange.

Die Lehrer legten ihr den Schulabgang nahe, erzählt sie später einmal. Mitschüler haben Herzen mit ihrem Namen in die Schulbank geritzt, vielleicht ist das der Grund. Aber Mädchen mit Abitur sind Ende der fünfziger Jahre ohnehin noch die große Ausnahme. Doch der Schulabgang muss überraschend für ihre Eltern gekommen sein, sie schicken sie erst einmal ein Jahr lang auf die Waldorfschule nach Karlsruhe. Eine Schule, auf die alle schwererziehbaren Kinder aus bürgerlichem Haus geschickt werden. Sie wird dort von ihren Eltern geparkt. Der Eintrag »Betragen sehr gut« in ihrem Austrittszeugnis vom Gymnasium kann nicht die ganze Wahrheit sein. Sie erwähnt ihren Kindern gegenüber auch später nie, dass sie auf die Steinerschule ging. War es ihr peinlich, eine Klasse auf einer Privatschule wiederholt zu haben? Oder hat sie es nur vergessen zu erwähnen?

Barbara pendelt ein ganzes Schuljahr lang, von März bis März. Ganze 30 Kilometer sind es von der Kleinstadt Bruchsal ins südlich gelegene Karlsruhe. Dabei hat sie schon die Mittlere Reife, aber noch keine Pläne.

Nach einem Jahr auf der Karlsruher Privatschule besucht sie von März 1958 bis März 1959 eine Kosmetikschule in

Heidelberg und erlernt damit einen Beruf, den sie nie ausüben wird. Dieses Mal pendelt sie Richtung Norden.

Schließlich kommt sie nach München. Irmgard, meine Großmutter, mietet ein Einzimmerapartment für die damals noch minderjährige Tochter an und begleitet sie, bewacht sie fast. Irmgard liebäugelt mit einer Filmkarriere für ihre Tochter. Die Tochter will eigentlich nur weg aus Bruchsal. Weg aus der Kleinstadt. Weg vom Stiefvater.

Der Stiefvater: Dr. Erwin Valentin, Marinestabsarzt a.D., im Vorkriegsdeutschland renommierter Chirurg. Zwanzig Jahre älter als seine Frau, die ihn nach zwei enttäuschenden Ehen geheiratet hatte, um finanziell versorgt zu sein. Sagte sie selbst nach seinem Tod. »Der Vatl hat mich so gut versorgt.« Der Marinestabsarzt wird es geahnt haben. Sie nannte ihn Vatl, auch in seiner Gegenwart. Vatl, kleiner Vater. Er konnte damit umgehen. Er blieb bis zu seinem späten Tod mit Irmgard zusammen. Aber er konnte nicht mit seiner Stieftochter umgehen. Barbara ist ein frühentwickelter Teenager, nicht auf den Mund gefallen, kein Wunder, dass ihr Stiefvater sie des Öfteren in den Kohlenkeller schickt, zum Kohlenschaufeln und um die Asche aus dem Ofen rauszuholen. Er lässt seiner Stieftochter eine strenge Erziehung angedeihen, so nennt man das wohl, wenn man im Deutschen Kaiserreich sozialisiert wurde. Sie bekam eine Menge Ohrfeigen.

Der pensionierte Marinestabsarzt züchtete Rosen, unter Fachleuten machte er sich einen Namen. Vatl züchtete auch Bullterrier. In den sechziger Jahren waren das noch keine Kampfhunde, aber sie waren wild und stießen mich, den angeheirateten Enkel, sogar einmal Ende der sechziger Jahre in den Teich im Garten. Vatl hatte nie gern Besuch von Barbara oder ihren Kindern. Er verzog sich in sein Arbeitszimmer im ersten Stock und rauchte Zigarre, wenn wir kamen. Ich kann mich nicht erinnern, dass er einmal mit uns gemeinsam gegessen hätte. Er muss mich oft gesehen haben als Baby und Kind. Wir kamen einige Male zu Besuch. Ich kann mich auch nicht erinnern, dass er mir je die Hand zur Begrüßung gereicht oder mich irgendetwas gefragt hätte. Ich interessierte ihn nicht. Nicht, dass ich ihm das übelgenommen hätte. Ich kann nur gut nachvollziehen, dass man Vatl nicht mögen musste. Als letzte Stiefvateramtshandlung verfügt er, Barbara dürfe nur nach München zum Film, wenn sie die Kosmetikschule mit Prädikat abschließe. Als ob so ein Prädikat ihr in München hätte helfen können. Aber Vatl bekam seinen Willen, Barbara schloss die Prüfung zur Kosmetikerin mit sehr gut ab, und er übernahm bis auf Weiteres ihre Miete in München.

Ihre Noten im Barbaras Abschlusszeugnis: Kosmetik Praxis 1, Kosmetik Theorie 1, Chemie und Materialkunde 1, Dermatologie 2, Anatomie und Physiologie 2–3, Dekorative Kosmetik 1, Geschäftskunde 1–2.

Sie wird das Zeugnis bis zu ihrem Tod aufheben. Nicht weil sie je überlegt hat, in diesem Beruf zu arbeiten, eher als Gag, vermute ich.

Barbara mochte ihren Stiefvater nicht, und dennoch nimmt sie Ende der fünfziger Jahre seinen Namen an: Valentin. Sie heißt damals noch Ledersteger, Ursula Ledersteger, bis sie sich entschließt, nach München zu gehen. Als Ursula Ledersteger legt sie auch ihr Diplom als Kosmetetikerin ab, aber Ursula Ledersteger ist Ende der fünfziger Jahre kein cooler Name. Aber sie hat ja noch einen zweiten Vornamen. Barbara Valentin ist ein verheißungsvoller Name für eine Karriere beim Film, es ist ein guter Name für ein Busenwunder. Er erinnert an Karl Valentin, den bayerischen Komiker, der damals eher unbekannt und vergessen ist und erst später, lange nach Barbaras Umbenennung, zur Legende wird, so dass die Leute sich oft fragen, ob Barbara mit ihm verwandt sei. Nein, ist sie nicht. In jedem Fall kann man sich leicht an den Namen erinnern. Bis heute.

Woher kommt die Idee, zum Film zu gehen? Barbara hat schon als Kind kleinere Rollen in Werbefilmen und auch in einem Verkehrserziehungsfilm gespielt. Barbaras leiblicher Vater arbeitete beim Film. Mit neun Jahren bekommt Barbara das Angebot, in einem Märchenfilm mitzuspielen. Vatl lehnt ab, Barbaras leiblicher Vater hat nichts zu melden.

Hans Ledersteger, geboren 1898, Österreicher, ist ein Trinker und Weiberheld. Vor dem Krieg ist er ein gefragter Filmarchitekt bei der UFA, der alle großen Schauspieler der zwanziger und dreißiger Jahre kennt: Heinz Rühmann, Theo Lingen, Hans Moser. Der war auch der erste Gratulant nach Barbaras Geburt und wurde gleich ihr Patenonkel. Hans Ledersteger war ein kleiner Star in seinem

Metier. Er wird für Dreharbeiten in Deutschland und Holland gebucht, unsägliche Nazi-Produktionen, später mit Durchhalte-Parolen. Aber er ist charmant. Irmgard erlag seinem Charme gleich zweimal. Hans hatte sie zwischendurch für eine andere Frau verlassen und ein Kind gezeugt, dessen Vaterschaft er nie anerkannt hat. Er kehrte zu Irmgard zurück. Sie heirateten erneut. Ob das vor oder nach Barbaras Geburt 1940 in Wien passiert ist, weiß ich nicht. Irmgard redete nie darüber. Barbara wusste offenbar nichts von der Existenz dieses Halbbruders. Ich habe erst durch einen anderen Halbbruder Barbaras von dem ersten erfahren: mein Onkel Alfred, den Hans Ledersteger Anfang der sechziger Jahre zeugt. Alfred hat nach dem Tod seines Vaters Briefe und Unterlagen gefunden, in denen ein weiterer Halbbruder erwähnt wurde, den Hans nie anerkannt hatte und den Alfred und – soweit ich weiß – auch Barbara nie kennenlernten.

Jedenfalls verließ Irmgard Barbaras Vater irgendwann kurz nach dem Krieg. Er fand wenig Arbeit Ende der vierziger Jahre. Die UFA war auf einmal verpönt. In Österreich bekam Opa Hans als Architekt von Nazi-Filmen und Mitglied der NSDAP in Deutschland Berufsverbot. Er war wohl ein klassischer Mitläufer, apolitisch und ganz auf seinen Vorteil bedacht. Jetzt trank er noch mehr. Er heiratete eine dreißig Jahre jüngere Sekretärin, zog mit ihr nach Bad Ischl ins Salzburger Land und zeugte mit siebzig Jahren noch einmal ein Kind. Die Sekretärin heiratete einen Mann, der kurz darauf bettlägerig wurde. Sie ernährte die Familie. Mein Onkel Alfred ist nur ein Jahr älter als ich. Seinen Vater hat er nur im Bett liegend in Erinnerung.

Barbara kann ihren leiblichen Vater nach der Trennung von Irmgard nur selten gesehen haben. Sie liebte ihn, sie verehrte ihn, sie sprach mir gegenüber nur gut von ihm. Vielleicht auch, um ihre Mutter zu ärgern. Zu ihrem Halbbruder, 22 Jahre jünger als sie, hatte sie wenig Kontakt, zum zweiten, wenn es ihn denn überhaupt gab, überhaupt keinen.

Die wenige Arbeit, die Hans nach dem Krieg noch findet, bekommt er in München. Als Barbara ihn einmal besucht, sie ist gerade 17 Jahre alt, stellt der Vater ihr den Amerikaner John Harris vor. Barbara denkt: »So eine hässliche Kartoffel«, aber als Harris sich ihr als Agent anbietet und verspricht, sie beim Film unterzubringen, willigt sie ein. Barbara fährt zu Probeaufnahmen nach München, weigert sich aber, mit dem Agenten das Bett in einem schlechten Hotel zu teilen.

Als Barbara Ende der fünfziger Jahre den Nachnamen Valentin annimmt, lebt ihr leiblicher Vater noch. Er wird es ihr nicht verübelt haben, dass sie seinen Nachnamen Ledersteger abgelegt hat. Von ihm wird Barbara wahrscheinlich die Idee haben, zum Film zu gehen. Wenn sie zu dem Zeitpunkt überhaupt schon eine Idee hat, außer der, aus der Kleinstadt Bruchsal wegzugehen. Irgendwohin, Hauptsache weg, warum nicht München? Vielleicht ist der Umzug aber auch eine Idee der Mutter, vielleicht trieb sie ihre Tochter sogar an. Barbara jedenfalls soll erreichen, was der Mutter versagt blieb.

Irmgard, geboren 1903. Irmgard wuchs in Bruchsal auf, ihr Vater war Postbeamter, irgendetwas Höheres. Irmgards Eltern bezahlten das Haus auf dem Hügel gegenüber dem Gefängnis mit Blumen vom Acker nebenan. Forsythien. Die standen auch später immer noch bei meiner Oma. Auch sie ging aufs Humanistische Gymnasium, lernte Griechisch und Latein, hielt durch, machte Abitur und war ein Leben lang stolz auf ihr Altgriechisch. Noch im hohen Alter rezitierte sie die ersten Zeilen der Ilias im Original, in der Hoffnung, mich damit beeindrucken zu können. Ist ihr nicht gelungen. Aber ich fand ihr Bemühen rührend, mir zu gefallen.

In den zwanziger Jahren heiratete sie einen Nazi, der später für einen »der großen Bonzen« Reden schrieb. Albert ist sein Nachname. Irmgards Ehemann Nummer eins reiste sehr viel und ließ sie oft ohne Haushaltsgeld zurück, so erzählte sie die Geschichte. Ehemann Nummer eins könnte ein enger Vertrauter von Göbbels gewesen sein. Das ist meine Mutmaßung, sie selbst hat diesen Namen nie erwähnt. Irmgard musste also selbst Geld verdienen und ging als Nummerngirl zum Varieté – »Ich habe doch so schöne lange Beine«, sagte sie auch später immer. Irgendwann kam sie zum Film und änderte dafür ihren Namen, weil die Familie ihres Noch-Ehemannes verbot, dass der ehrenvolle Nazi-Name von einem Nummerngirl im Varieté genutzt wurde. Aus Albert wurde Alberti, klang schön italienisch, doch eine Karriere beförderte auch der klangvolle Namen nicht. Lediglich in ein paar Nebenrollen durfte Irmgard Alberti in die Kamera lächeln, in ein paar UFA-Produktionen. Aber sie lernte dadurch den Filmarchitekten kennen, wurde Mutter, für damalige Verhältnisse sehr spät, mit 37 Jahren. Sie verließ den Frauenhelden, fand schließlich einen honorigen Mann mit Pensionsanspruch, der sie samt Kind nahm.

Schon Ende der Fünfziger kann es sich Irmgard erlauben, mehrere Wochen, in München bei ihrer Tochter zu verbringen. Was haben sie miteinander gemacht? Musste Barbara meine Oma mit auf Partys schleppen? Oder um zehn Uhr abends wieder zu Hause sein? Im Zweifel wohl mitschleppen. Es gibt ein paar Fotos von Partys oder Empfängen, auf denen sie beide zu sehen sind.

Im Winter 1959 besucht Barbara das erste Mal den Filmball in Berlin. Er findet das vorerst letzte Mal dort statt, bevor er in die neue Filmstadt München verlegt wird. In Berlin heißt der große Star Romy Schneider, sie ist damals noch sehr jung. Barbaras Agent, die hässliche Kartoffel, will, dass Barbara dort ein Tablett mit leeren Gläsern auf den Boden schmeißt, um auf sich aufmerksam zu machen. Barbara spielt mit und bekommt zum ersten Mal die Aufmerksamkeit der Presse. Von nun an gilt sie als Busenwunder und Skandalnudel. So einfach geht das damals. Sie bekommt gleich zwei Rollen in Kinofilmen. Natürlich nichts Anspruchsvolles.

Barbara hatte Zeit ihres Lebens einen Zeitungs-Ausschnittsdienst engagiert. Wo auch immer ihr Name auftauchte, wurde der Artikel ausgeschnitten und ihr zugeschickt. Ihr zweiter Ehemann klebte alles sauber in die riesigen Leitzordner ein, in denen ich zum ersten Mal acht Jahre nach Barbaras Tod blättere.

Die ersten Pressemeldungen stammen aus dem Februar 1960. Barbara hat da bereits einen Namen in der Münchner Gesellschaft, obwohl sie bisher nur zwei Rollen beim Film bekommen hat. Man spricht aber von einem »Flirt mit dem kleinen König«, der im Jahr zuvor, also 1959, stattfand. Es wird berichtet, dass Barbara barfuß Rock'n'Roll mit König Hussein von Jordanien getanzt habe. Das reicht schon für einen kleinen Skandal.

Barbara Valentin wird ins Puddinggeschäft einsteigen, heißt es im Februar 1960: »Nach den Presseberichten über die Süßspeise, die sie mit einem ihrer ständig wechselnden Begleiter im Doppelzimmer eines Hotels genossen hat, bekam sie ein hochdotiertes Angebot als Pudding-Fotomodell.« Sogar ein Ausflug wird 1960 vermeldet: »Filmsternchen B.V. besucht Heidelberg: ›Um meine Pietrullas, meine kosmetischen Lehrmeister, zu besuchen, bin ich nach Heidelberg gekommen‹, meinte B.V., als wir ihr begegneten. ›Sehen Sie, jeden Tag lief ich über Heidelbergs alte Brücke, und immer wieder war es mein Wunsch, Heidelberg in diesen ersten Frühlingstagen wieder einmal zu sehen.‹«

Im März desselben Jahres gründen Münchner Studenten für einen Abend einen »Barbara-Valentin-Club«, um sie kennenzulernen. Sie kommt. Das »Theater in der Brienner Straße«, an dem Barbara die Rolle der Maria Magdalena in »Prozeß Jesu« spielte, kündigt ihr nach dem Protest der Kirchen.

Quizfrage in der *Bild am Sonntag*: »Ist Barbara Valentin eine Tochter von Karl Valentin?«

Ein paar Wochen später wird Barbara im Schwabinger Lokal »Nest« angepöbelt, es kommt zu einem kleinen Gerangel, der Besitzer schmeißt den Pöbler hinaus. Steht am nächsten Tag genauso erratisch in der Zeitung.

Selbst solch ein Nicht-Ereignis war einer Münchner Tageszeitung ein paar Zeilen wert.

Im Juni berichtet ein italienisches Magazin über Barbaras Dreharbeiten in Italien. Auch Russland schreibt irgendetwas, das ich nicht lesen kann. Sogar die amerikanische *Times* schreibt über sie – Barbaras Date mit König Hussein wird wieder aufgewärmt. Ein Herr namens Hannes Obermaier brüstet sich in dem Artikel, Barbara zur deutschen »Femme Fatale Nummer eins« aufgebaut zu haben.

Hannes Obermaier, genannt Hunter, seine Kolumne heißt: »Hunter notiert«. Obermaier war Michael Graeters Vorgänger bei der *Abendzeitung* gewesen: Deutschlands erster Klatschreporter las Anfang der fünfziger Jahre auf einer Amerikareise Vorbilder und kopierte den People-Journalismus in München. 1952 waren in der bayerischen Hauptstadt die Trümmerjahre vorbei. Die Münchner suchten nun nach Ablenkung und Unterhaltung und fanden beides in Hunters täglicher Kolumne. Hunter machte München zur Hauptstadt des deutschen Klatschs. München war eine Filmstadt, in der sich Kulturschaffende, Industriellenkinder und Angehörige des Adels die Zeit vertrieben. München war reich. Hunters Büro war die Bar im Bayerischen Hof, am Tresen stand ein Telefonapparat, von dem er behauptete, es sei seiner.

Hunter kannte viele bekannte Schauspieler wie etwa Curd Jürgens oder Clark Gable, mit dem er sogar Wodka trank. Der Klatsch-Reporter verzichtete dabei auf journalistische Distanz. Hunter war mittendrin, wenn Jürgens seine Freundin Eva Bartok ohrfeigte oder wenn Hans Albers in ein Spülbecken pinkelte, in dem sich noch schmutziges Geschirr stapelte. Hunter verriet den geneigten Lesern auch, wie Prinz Johannes von Thurn und Taxis auf einem Flug nach Paris seine Entourage schockte: Erst kotzte der Prinz in eine Tüte, dann ließ er sich von der Stewardess einen Löffel bringen, um das Erbrochene wieder zu sich zu nehmen. Niemand ahnte freilich, dass er die Tüten heimlich vertauscht hatte.

Zu Hunters 50. Geburtstag 1973 kamen 400 Gäste aus aller Welt nach Terracina, einem Ort 110 Kilometer südlich von Rom. Dort besaß der Mann, der tatsächlich Deutschlands erster Star-Reporter genannt werden kann, ein Haus am Strand. Auf der Gästeliste: Ex-Kaiserin Soraya, Roberto Blanco, Uschi Glas, Joachim Fuchsberger, Lieselotte Pulver, Franz Antel, Willy Bogner, Friedrich Karl Flick, Ernst Wilhelm Sachs, der Bruder von Gunter. Und natürlich auch Barbara Valentin, die laut Party-Berichterstattung in der ehrwürdigen *Zeit* verkündete, schon um 15 Uhr blau zu sein, aber noch nicht sturzbetrunken. Immerhin wird Barbara im gleichen Artikel attestiert, nicht nur nett, sondern auch komisch zu sein.

Weiter in der Presseschau: Ebenfalls im März 1960 reist Barbara zu Probeaufnahmen nach Wien, der Regisseur lehnt sie ab, aber auch das war wieder eine Meldung wert.

Erster Spott kommt auf: »Wie die Dinge liegen, wird das bundesrepublikanische Publikum auch in Zukunft auf die Dame (»Ist der Ruf erst ruiniert, lebt sich's völlig ungeniert!«) verzichten müssen, denn selbst die Filmgewaltigen ihrer Heimatstadt wissen nichts mit ihr anzufangen.« Cicero nennt sich dieser Kritiker der *Kölner Rundschau.* Er schließt seinen Artikel über das Nicht-Ereignis mit: »Der Film kann sich glücklich schätzen, dass er von dem Mädchen aus Bruchsal verschont blieb.« Ach du meine Güte, was hatte Barbara Herrn Cicero denn bloß getan?

Im April 1960 dürfen die Klatsch-Reporter dann auch endlich den Kinostart von Barbaras erstem Film vermelden: »Ein Toter hing im Netz«. Inhalt: Eine siebenköpfige Mädchengruppe, die es auf eine einsame Insel verschlägt, wird von einem grauenvollen Spinnenmenschen dezimiert.

»Auf die publicitygewandte Barbara waren alle eifersüchtig«, heißt es von den Dreharbeiten. Die FSK, die Freiwillige Selbstkontrolle der Filmbranche, soll darauf bestanden haben, einige allzu freizügige Szenen herauszuschneiden. »Freizügig« heißt damals: bereits ein tiefes Dekolleté. Nackte Busen oder gar Sexszenen waren tabu. Weil Wolf C. Hartwig, der Regisseur des Films, später den Schulmädchenreport drehen wird, wird Barbaras erster Film dennoch häufig Sexfilm genannt.

Nach der Premiere berichtet ein Filmkritiker: »Der Film ist so gruselig, dass mich eine neben mir sitzende Dame ohne Unterlass gegen die Beine trat und mir die Fingernägel in die Oberarme grub.« Der *Spiegel* bittet Barbara noch im selben Monat zum Gespräch: »Kann ich es schaffen von einer Warte aus, wie es Anita Ekberg gemacht hat? Ich finde, sie ist eine tolle Frau, eine schöne Frau. Aber sie hat es auf die Skandaltour geschafft, irgendwie, und in Deutschland hat es auf diese Weise noch niemand gemacht. Da bin ich also wirklich einmalig.«

Eine andere Zeitung schreibt: »Tatkräftig hat Barbara Valentin aus Bruchsal die Öffentlichkeit auf sich aufmerksam gemacht. Nicht nur, indem sie sich à la Monroe, Ekberg und Mansfield kleidete, sondern auch, indem sie auf einem Festival Sektgläser zerschmetterte und sich mit Tomaten bewerfen ließ. Nun hat sie eine Rolle im Film.«

Ein entrüsteter Leserbrief aus Berlin in *Das Neue Blatt*: »Der Brief Ihrer Leserin Madeleine V. aus Luxemburg ›Barbara Valentin ist mein Vorbild‹ fordert auch mich zu einer Entgegnung heraus. Unter einer wirklichen Schauspielerin verstehe ich eine Frau, die auf vielen Theaterbühnen gestanden hat. Mit anderen Worten: eine Frau, die durch Leistung und Können etwas zu erreichen versucht und nicht durch Skandalgeschichten wie im Falle Barbara Valentin.«

Die Presse spricht von einer Skandalsternchen-Strategie. Wer hat sich die ausgedacht? Die hässliche Kartoffel oder Barbara selbst? Im Alter von gerade einmal achtzehn Jahren? Oder interpretierte man nur nachträglich einen Plan in eine Folge von zufälligen Meldungen hinein? In jedem Fall konnte eine junge Frau damals noch mit vergleichsweise geringem Aufwand auf sich aufmerksam machen: eine amerikanische Klatschreporterin bewirft Barbara mit Tomaten, ein paar zerschmissene Sektgläser auf dem Filmball, ein Tanz mit einem Prinzen in einem Nachtclub Beiruts, die Bekanntschaft mit Curd Jürgens und David Niven und immer wieder: ein tiefes Dekolleté.

Aber: »Ernsthafte Männer und bekannte Reporter, die die wilde Barbara erstmals auf Partys kennenlernten, erklärten wiederholt, dass diese völlig normal angezogene kleine Sexbombe, die aus dem Städtchen Bruchsal auszog, um einmal ein Filmstar zu werden, ein Mädchen sei, mit dem man sich ganz ernsthaft unterhalten könne und von dem man kaum glauben wolle, dass die Publicity-Kapriolen, die man sich über sie erzählt, auch tatsächlich wahr seien.« So die Wochenzeitung *Die Zeit*.

Die Strategie, von wem auch immer sie entworfen wurde, funktioniert so gut, dass Barbara im April 1960 bereits von einer Kabarettistin parodiert wird.

Hunter notiert: »Barbaras Karriere war nicht aufzuhalten. Große Filmstars fanden an ihr Gefallen.«

Nach »Ein Toter hing im Netz« geht alles ganz schnell: Die zweite Hauptrolle. »Küß' mich als gäb's kein Morgen«, der englische Titel des amerikanischen Films »Festival-Girl«. Produzenten: John Harris, schon wieder, und Marc Frederic. Handlung: »Eine aufregende Blondine, die beim Baden im Meer einen Krampf bekommt, wird von einem Produzenten gerettet, in einer Hauptrolle eingesetzt und erringt auf einem Filmfestival große Lorbeeren, weil der Film den dritten Preis bekommt …«

Von dem deutschen Titel dieses Films wird Barbara später in den achtziger Jahren noch einmal Freddie Mercury erzählen, der daraufhin das Lied komponiert, das er ihr widmet: »Love Me Like There's No Tomorrow«. Es wird auch auf Barbaras Beerdigung gespielt.

Hunter notiert: »Es ist erstaunlich zu sehen, dass Barbara Valentin, die bisher nur als Skandalnudel von sich reden machte, in der Hand der Amerikaner ausgesprochene schauspielerische Qualitäten zeigt (warum hat man ihr in Deutschland keine entsprechenden Rollen gegeben?) und im Übrigen – allerdings wohl auch dank der ausgezeichneten Photographie und der enormen Garderoben – eine sehr gute Figur macht. Wenn Barbara sich in dieser Linie weiterentwickelt, kann man sie bald in der Reihe Bardot – Monroe – Mansfield erwarten, die ja auch einmal mit nichts anderem als ebensolch barocken Formen wie Barbara anfingen. Man kann hier nur sagen: Wer wogt – gewinnt!« – Aua.

Barbara singt auch in dem Film:

»Halt mich – damit es keinen mehr nach dir gibt.
Nimm mich – als hättest du noch nie geliebt,
Und küss mich – als gäb's keinen Morgen.«

Scheinbar trifft sie den richtigen Ton, denn sie bekommt gleich darauf das Angebot, zwei Singles aufzunehmen: »Pack den Löwen in den Schrank« und »Dreh dich nicht um, Monsieur«. Der Refrain der A-Seite lautet:

»Pack den Löwen in den Schrank,
Und mach mal Pause.
Lass den Playboy in dem Schrank,
Und bleib zu Hause.
Ein Playboy so wie du
Braucht auch mal seine Ruh.
Denn sonst ist er
Viel zu müde,
Viel zu müde für die Liebe.«

Es folgen Dreharbeiten in Istanbul. Der Film wird nicht beendet, dem Produzenten geht das Geld aus, Barbara bekommt weder Gage noch Hotelkosten erstattet, sie tritt stattdessen in der Hotelbar auf und singt von einem Pianisten begleitet deutsche Schlager.

Schließlich »Das Mädchen mit den schmalen Hüften«: »Der Film, den Johannes Kai drehte, schildert das Schicksal eines jungen Menschen, der die blasiert snobistische Gesellschaft auf der Yacht seines Vaters nicht länger ertragen kann und auf einem Beiboot flüchtet. Dabei wird er auf eine kleine Fischerinsel verschlagen, wo er in ein gefährliches Abenteuer gerät. Die Hauptdarsteller sind Barbara Valentin, Claus Wilcke, Hannelore Elsner, Demeter Bitenc und Dorothea Glöcklen.« Das Savoy-Filmtheater im niederbayerischen Straubing kündigt das Erscheinen des Stars des Films an, der kürzlich erst aus Amerika zurückkehrte.

Barbara war also schon so früh in Amerika? Ich hatte davon keinen blassen Schimmer.

Die *Frankfurter Abendpost* weiß noch mehr: »20000 Dollar für Barbara Valentin. B.V. geht nach Hollywood. Sie erhielt ein 20000-Dollar-Angebot für einen Hollywood-Film. Ihr Manager für die USA teilte außerdem mit, dass sich ihre Gage für den geplanten zweiten Film erheblich steigern werde. Barbara Valentin, bekannt als ›Reklamenudel des deutschen Films‹ und Party-Girl König Husseins, hat das Angebot angenommen und wird im August nach Hollywood gehen. Vorher aber wird sie noch in Wien Theater spielen. Sie wurde an das Raimundtheater verpflichtet, wo sie als Partnerin von Johannes Heesters in ›Bel Ami‹ eine Hauptrolle spielen wird. Ihre Gage wird 180 Mark pro Abend betragen; die Proben beginnen bereits am 2. Mai.«

Das Busenwunder hat den Durchbruch geschafft. Zeitgleich scheitert ihre erste Ehe. Und das öffentlich.

Hunter notiert: »Barbaras Ehe mit dem ›Straßenfeger‹ hat nur vier Jahre gehalten. Zuletzt lebten sie in Hamburg, in einem Traumhaus, das Rolf für eine bare Million gekauft hatte. Die Nackt-Partys waren Tagesgespräch in Hamburg. Der Grund der Scheidung aber: Rolf war ein Spieler. Er verlor oft in einer Nacht Hunderttausende in den Spielcasinos. Er war labil, versprach oft, nie mehr einen Jeton anzurühren, und war dann doch wieder eine ganze Nacht am Spieltisch. Es ist bei dieser Scheidung viel schmutzige Wäsche gewaschen worden. Insbesondere ein paar Illustrierte lebten monatelang von BVs und Rolf Lüders Intimitäten. Ich habe mir damals [Hunter spricht von 1967] die Mühe gemacht und eine Statistik erstellt, wer wie viel über diesen Fall gedruckt hat. Das sah so aus:

Es erschienen nach meiner Zählung 55 Seiten Text mit 88 Fotos, Titelbilder inklusive. Und das in 12 Wochen. Rechnete man eine Seite mit einem Anzeigenwert von rund 25 000 Mark – dann wurden in BVs Busen und in Rolf Lüders Müllabfuhr 1,375 Millionen Mark investiert.«

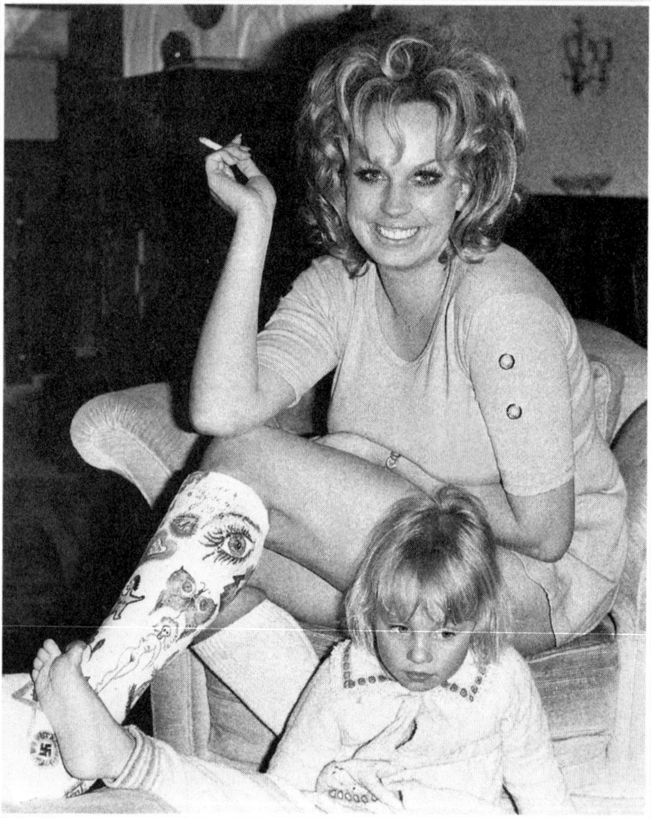

6. Schluss mit Busenwunder

Frühjahr 2011

Heute gibt es keine Busenwunder mehr. Große Busen sind keine Ausnahme, sie sind kaum mehr der Rede wert. Die Busenwunder von heute heißen »Influencer« oder »Instagram-Stars«.

Die Qualifikationen für die verschiedenen Titel sind allerdings mehr oder weniger die gleichen geblieben: gute Laune und eine gewisse Unbekümmertheit. Barbara hatte beides, als sie mit 18 Jahren nach München kam. Sie wollte nicht unbedingt zum Film, es war nur eine Idee, die ihr Spaß machte, und das auch nur eine Zeit lang. Sie spielte mit. Barbara war locker in ihrer Zeit als Busenwunder, das kam gut an.

Ein Busenwunder muss sich auf den richtigen Partys sehen lassen und wohl auch einigen Alkohol vertragen. Auch das konnte Barbara. Sie rauchte, aber sie machte sich offenbar nicht viel daraus, denn als sie mit Anfang zwanzig schwanger wird, da hört sie ohne große Schwierigkeiten wieder auf. Ich glaube auch nicht, dass meine Mutter damals viel Alkohol trank. Und Drogen gab es im München Anfang der sechziger Jahre kaum, zumindest werden in der Presse keine erwähnt. Die kommen erst ab Ende der sechziger, Anfang der siebziger Jahre allmählich in Mode.

Ein Busenwunder muss außerdem flirten können und verdreht den Männern den Kopf. Das tat Barbara gewiss. Einige Verehrer aus ihrer ersten Zeit in München erwähnte sie mir gegenüber. Aber sie ließ sich nicht ohne Weiteres von Geld oder Titeln beeindrucken. Ich glaube, es passierte in den achtziger Jahren, dass ein vermögender Wurstfabrikant um sie warb. Jeden Tag ließ er wochenlang einen Strauß roter Rosen schicken. Barbara versuchte, die Blumen abzustellen, das ging nicht, schließlich einigte sie sich mit dem beauftragten Blumenladen auf einen Umtausch in Topfpflanzen, die sie nun statt der täglichen Rosen einmal wöchentlich bekam. Als der hartnäckige Wurstfabrikant sie schließlich nach Paris einlud, sagte Barbara irgendwann zu. Aber als er dort zudringlich wurde, reiste sie schon am ersten Abend wieder ab. Barbara hatte gewiss viele Fehler, bestechlich war sie nicht.

Ich stelle mir die frühen Busenwunder-Jahre als die unbeschwertesten meiner Mutter vor. Sie ist jung, sie ist lustig, die Männer liegen ihr zu Füßen. Sie verliebt sich einige Male, Beziehungen zerbrechen, ohne dass gleich der Glaube an die große Liebe Schaden nimmt. Schauspielerin wird sie eher aus Zufall. Sie ergreift einfach die erstbeste Möglichkeit, die sich ihr bietet.

Im Munzinger-Archiv lese ich folgende Beschreibung der Anfänge ihrer Schauspieler-Biografie: »Ende der 50er Jahre wurde sie von dem Filmproduzenten Wolf C. Hartwig (»Schulmädchenreport«) entdeckt und zum Sexstar aufgebaut. In ihrem ersten Film ›Du gehörst mir‹ (1958) spielte sie ein Partymädchen in Strapsen. Wegen ihrer üppigen Oberweite zum ›Busenwunder‹ und wegen ihrer zahlreichen (z. T. angedichteten) Affären mit berühmten, reichen Männern zur ›Skandalnudel‹ ernannt, lebte V. ein für Vertreterinnen ihrer Generation äußerst freizügiges und ausschweifendes Leben – nicht zuletzt, um bekannt zu werden und dadurch Filmrollen zu erhalten. Als Darstellerin in erotischen Filmen und mit ihren extravaganten Auftritten außerhalb des Kinos faszinierte und verstörte sie die damals noch nicht an Glamour gewöhnte junge Bundesrepublik.«

Barbara mag ihren Beruf, sie erlernt ihn sogar mit der Zeit, irgendwann wird sie ihn auch lieben, aber jetzt – in der Busenwunderzeit – nimmt sie ihn nicht ernst. Als Busenwunder ist Barbara keine gute Schauspielerin. Barbara wird dennoch stolz gewesen sein, auf eigenen Beinen zu stehen, und glücklich, der Provinz entflohen zu sein, dem strengen Stiefvater, der hilflosen, ehrgeizigen Mutter. Die Schauspielerei begreift sie als Job, und den erledigt sie mit einer gewissen Professionalität. Fotos und bald auch Homestorys gehören dazu. Sie ist glücklich, ihr eigenes Leben zu leben.

Barbara ist schon in jungen Jahren eine emanzipierte Frau. Es ist ihr weitgehend gleichgültig, was man von ihr denkt. Darum wurde sie gewiss von vielen Frauen beneidet. Nicht, dass sie ein politischer Mensch gewesen wäre. Überhaupt nicht. 1968 ist sie schon zweifache Mutter und schlittert geradewegs in ihre zweite Scheidung. Sie lebt früh instinktiv das, was ein paar Jahre später alle Frauen einfordern: Unabhängigkeit, Freiheit, Selbstbestimmung. Das schafft sie natürlich nur mit einem Kindermädchen, das uns Kinder so gut wie rund um die Uhr versorgt.

Barbara ist kein Kopfmensch, sie folgt ihren Gefühlen, ihr ganzes Leben lang. Ein Gefühlsmensch. Das war ihre Stärke und zugleich ihre Schwäche.

Sie ist damals sehr beliebt. Eine ernst zu nehmende Schauspielerin ist sie nicht. Aber renommiertere Kollegen zeigen sich dennoch gerne mit ihr: Curd Jürgens, Peter Kraus, Cornelia Froboess. Die Menschen mögen Barbaras Natürlichkeit, ihren mädchenhaften Charme, ihre Nonchalance. Frauen benennen ihre Söhne sogar nach Barbaras erstem Kind. Meine Mutter machte meinen schwedischen Namen in Deutschland erst populär, zumindest hat sie das später, Mitte der siebziger Jahre, mir gegenüber so dargestellt. Keine Ahnung, wo sie den Namen aufgeschnappt hat. Ich weiß tatsächlich nur von einem deutschen Lars, der älter ist als ich: Lars Brandt, der zweitälteste Sohn von Willy.

Barbara hätte sogar Karriere in Hollywood machen können. Ich erinnere mich an die hässliche Kartoffel, die uns später besuchen kam, wir lebten schon zu viert mit meinem Stief- und Adoptivvater zusammen. John Harris war zu uns Kindern sehr nett, er kam uns in dem Münchner Vorort zweimal besuchen und hinterließ beide Male eine exorbitante Telefonrechnung. Mein Vater verbat sich danach weitere Besuche. Zu der Zeit, erzählte mir Barbara später einmal, habe Harris ihr angeboten, sie als Nächstes in Hollywood groß herauszubringen, wenn sie mit ihm ins Bett ginge. Dazu hatte sie aber keine Lust. Er habe dann eine andere deutsche Jungschauspielerin mitgenommen, die auch tatsächlich bekannt wurde, sagte sie. Barbara blieb lieber in der Heimat. Sie war damals schon ein bequemer Mensch, der gutes Essen, eine schöne Wohnung und finanzielle Sorglosigkeit zu schätzen wusste. Geld- oder gar karrieregeil war sie nicht.

Wenn ich mich heute an meine Mutter erinnere, dann denke ich gerne an die Busenwunder-Mutter der späten sechziger Jahre, an das, was von ihrer jugendlichen Unbeschwertheit später noch übrig blieb, denn die nahm mit der Zeit merklich ab. Ich mochte ihren Humor. Am Abend der Beerdigung meines Adoptivvaters etwa. Sie hatte nach einer bösen Trennung viele Jahre nicht mit ihm gesprochen. Aber nach der Beerdigungsfeier lud sie meine Schwester, mich und einen meiner besten Freunde in ein mexikanisches Restaurant ein und kramte in ihrem Gedächtnis nach den lustigsten Erlebnissen mit ihm. Wie er, um ihr zu imponieren, einem Rosenverkäufer den ganzen Strauß abgekauft und alle Blüten mit Salz und Pfeffer vor ihren Augen aufgegessen hätte. Ernst hatte die Geschichte etwas anders erzählt: Ein Verehrer von Barbara saß am Nebentisch, kaufte den Strauß und schickte den Rosenverkäufer damit zu Barbara und Ernst. Ernst war sauer, aber machte sich den Spaß draus, die Rosen aufzuessen und Barbaras Verehrer dabei freundlich zuzunicken. Barbara hatte nur die halbe Geschichte in Erinnerung behalten. So ging es ihr sicherlich öfters.

Barbara zierte Anfang der sechziger Jahre die Titel des *Stern* und, damals ganz groß, der Illustrierten *Quick*. Über sie wurde so viel geschrieben wie über wenige andere Frauen. Natürlich habe ich all die Artikel nicht gezählt – so wie Hunter das für das Jahr 1967 bei Barbaras erster Scheidung vorgibt, gemacht zu haben. Aber die Artikel aus diesem Jahrzehnt füllen allein acht der zwölf großen Leitzordner bei mir im Keller. Erst in den neunziger Jahren bestellte Barbara den Zeitungsausschnitt-Service ab. Es wurde auch so gut wie nichts mehr über sie berichtet.

Mit dem Alter wurde Barbaras Busen eher größer. Sie aß immer weniger, aber sie trank viel Cola-Cognac, und zwischendurch legte sie »Milchtage« ein, an denen sie nichts anderes trank. Vor den Milchtagen fürchtete ich mich eher. Ihre Laune sank. Ich ahnte als fünfzehnjähriger Junge nicht, warum. Ich dachte, sie habe heute eben mal wieder schlechte Laune. Dabei war es klassischer Alkoholentzug.

Barbara wurde dicker, ihr Busen wurde dicker. Irgendwann heißt sie schließlich Ex-Busenwunder. Als ob ihr Busen auf wundersame Weise kleiner geworden wäre. »Schauspielerin und Ex-Busenwunder kauft Kokain«, hieß es dann in der Zeitung.

Alte Busenwunder sind nicht gut gelitten. Ohnehin spricht niemand mehr von Busenwunder, das Wort ist altmodisch geworden. »Sex-Star im Koma« überschrieb die *Süddeutsche Zeitung* eine kleine Meldung, das war einfacher zu verstehen.

Als Barbara 2002 starb, wusste schon kein Mensch mehr, was ein Busenwunder vierzig Jahre zuvor einmal gewesen war.

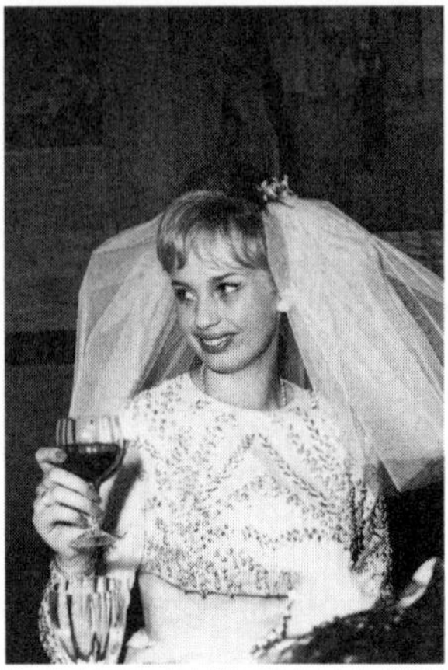

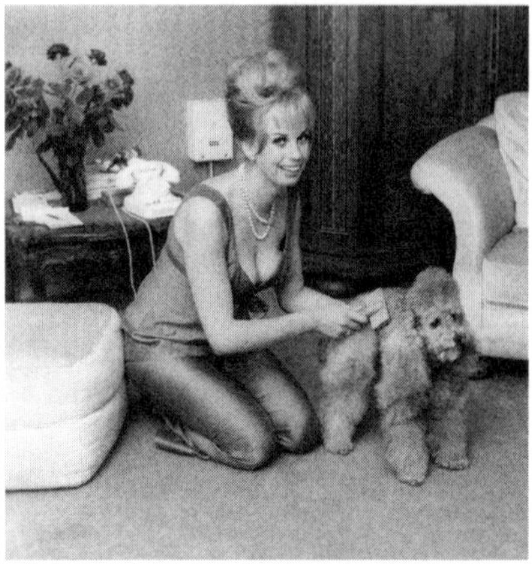

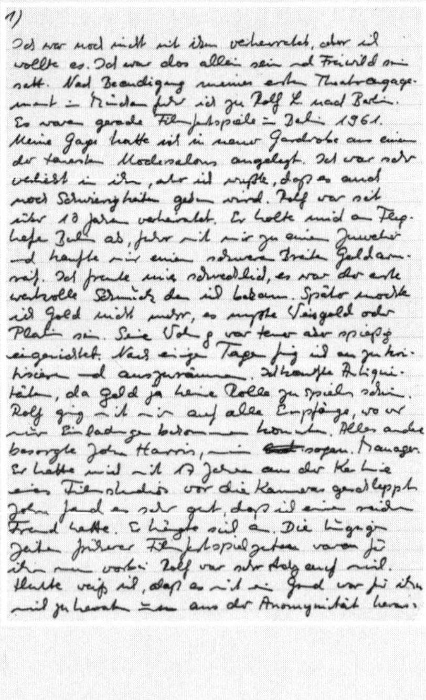

1)

Ich war noch nicht mit ihm verheiratet, aber ich wollte es. Ich war das Alleinsein und Freiwild sein satt. Nach Beendigung meines ersten Theaterengagements in München fuhr ich zu Rolf L. nach Berlin. Es waren gerade Filmfestspiele in Berlin 1961. Meine Gage hatte ich in neuer Garderobe aus einem der teuersten Modesalons angelegt. Ich war sehr verliebt in ihn, aber ich wußte, daß es auch noch Schwierigkeiten geben wird. Rolf war seit über 10 Jahren verheiratet. Er holte mich am Flughafen Berlin ab, fuhr mit mir zu einem Juwelier und kaufte mir einen schweren breiten Goldarmreif. Ich freute mich schrecklich, es war der erste wertvolle Schmuck, den ich bekam. Später mochte ich Gold nicht mehr, es mußte Weißgold oder Platin sein. Seine Wohnung war teuer aber spießig eingerichtet. Nach einigen Tagen fing ich an zu kritisieren und auszuräumen. Ich kaufte Antiquitäten, da Geld ja keine Rolle zu spielen schien. Rolf ging mit mir auf alle Empfänge, wo wir nur Einladungen bekommen konnten. Alles andere besorgte John Harris, mein sogen. Manager. Er hatte mich mit 17 Jahren aus der Kantine eines Filmstudios vor die Kamera geschleppt. John fand es sehr gut, daß ich einen reichen Freund hatte. Er hängte sich an. Die hungrigen Zeiten früherer Filmfestspielzeiten waren für ihn nun vorbei. Rolf war sehr stolz auf mich. Heute weiß ich, daß es mit ein Grund war für ihn, mich zu heiraten – um aus der Anonymität heraus-

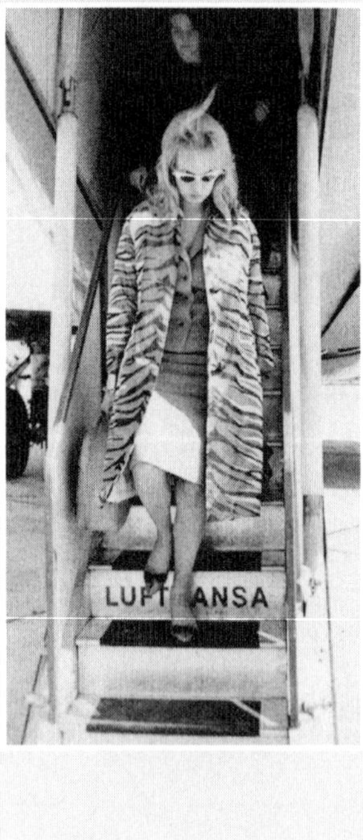

7. Unvollendete Memoiren

2001

Die Leitzordner zeigen ihr Bild in der Öffentlichkeit, jetzt soll sie selbst zu Wort kommen. In einem handgeschriebenen Manuskript, das ich kurz nach ihrem Schlaganfall 2001 in einer Schublade fand, erzählt sie selbst von ihrer Busenwunder-Zeit, Ende der fünfziger, Anfang der sechziger Jahre. Sie muss es wohl etwas später, Anfang der siebziger Jahre, geschrieben haben. Das Kapitel, etwa drei Jahre ihres Lebens, im Wortlaut, ohne Absätze, nur wenige Wörter durchgestrichen, atemlos heruntererzählt:

> »Ich war noch nicht mit ihm verheiratet, aber ich wollte es. Ich war das Alleinsein und Freiwildsein satt. Nach Beendigung meines ersten Theaterengagements in München fuhr ich zu Rolf L. nach Berlin. Es waren gerade Filmfestspiele in Berlin 1961. Meine Gage hatte ich in neuer Garderobe aus einem der teuersten Modesalons angelegt. Ich war sehr verliebt in ihn, aber ich wusste, dass es auch noch Schwierigkeiten geben wird. Rolf war seit über zehn Jahren verheiratet. Er holte mich am Flughafen Berlin ab, fuhr mit mir zu einem Juwelier und kaufte mir einen schweren breiten Goldarmreif. Ich freute mich

schrecklich, es war der erste wertvolle Schmuck, den ich bekam. Später mochte ich Gold nicht mehr, es musste Weißgold oder Platin sein. Seine Wohnung war teuer, aber spießig eingerichtet. Nach einigen Tagen fing ich an zu kritisieren und auszuräumen. Ich kaufte Antiquitäten, da Geld ja keine Rolle zu spielen schien. Rolf ging mit mir auf alle Empfänge, wo er nur Einladungen bekommen konnte. Alles andere besorgte John Harris, mein sogenannter Manager. Er hatte mich mit 17 Jahren aus der Kantine eines Filmstudios vor die Kamera geschleppt. John fand es sehr gut, dass ich einen reichen Freund hatte. Er hängte sich an. Die hungrigen Zeiten früherer Filmfestspielzeiten waren für ihn nun vorbei. Rolf war sehr stolz auf mich. Heute weiß ich, dass es mit ein Grund war für ihn, mich zu heirateten, um aus der Anonymität heraus zu kommen. Es gefiel ihm, wenn die Leute auf der Straße mich erkannten und alle Zeitungen mit meinen Bildern übersät waren. Ich trug noch immer die auffallendsten und tiefdekolltiertesten Kleider. Damit hatte ja alles mal angefangen. Es war noch immer nicht überholt, obwohl ich nun anfing, das nicht mehr zu mögen. Ich wollte ernst genommen werden. Ich wollte dieses verfluchte Skandalnudel-Image loswerden. Ich glaubte, es nun zu schaffen mit einem, wie ich meinte, seriösen Geschäftsmann an meiner Seite. Ich war zwanzigeinhalb Jahre alt, aber mein Stiefvater Dr. Valentin ließ meine Mutter in Berlin anreisen. Als Anstandswauwau. Ich wohnte inzwischen bei Rolf. Meine Mutter bei meiner Patentante, bei der ich auch offiziell wohnte. Aber meine Mutter hatte Verständnis, dass ich bei dem

Mann, der mich ja heiraten wollte, wohnte. Rolf lernte durch mich viele Leute aus dem Filmgeschäft kennen. Schauspieler, Produzenten, die es damals noch in Mengen gab. Bald sprach sich herum, dass Lüder ein reicher Mann war und die verschiedensten Angebote für Finanzierungen von Filmen wurden an ihn herangetragen. Seriöse Produzenten, wie ich glaubte, wollten Geld für ihr nächstes Projekt und ich sollte natürlich dafür eine Hauptrolle bekommen. Rolf hatte in Hannover und Berlin eine Straßenreinigung, die sehr gut ging. Was er tatsächlich verdiente, wusste ich nicht. Er lebte jedenfalls auf sehr großem Fuß. Sein Freundeskreis bestand aus merkwürdigen Figuren, größtenteils seine Angestellten und Zuhälter und Leute, die sich von ihm aushalten ließen, dafür stets für seine Unterhaltung sorgten. Ich weigerte mich, mit diesen Leuten zu verkehren. Es gab die ersten Unstimmigkeiten in unserem Verhältnis. Im Laufe von einem Jahr habe ich es geschafft, dass all diese Leute wegblieben. Ich konnte nicht mitansehen, wie sie nur sein Geld zogen. Er hatte keine Freunde. Er kaufte alles. Wir fuhren nach Hannover, er wollte mit seiner Frau sprechen wegen einer Scheidung. Sie wollte erst nicht, stellte dann zu hohe Forderungen in Bezug auf Geld und willigte schließlich ein, als Rolf handgreiflich wurde. Sie tat mir leid, aber ich wollte auch nicht zurück. Es hätte auch nichts genützt. Er wollte mich nicht mehr aufgeben. Er hatte Gefallen gefunden an dem Leben mit mir. Es erschienen die ersten Artikel über mich mit sogenanntem Verlobten, der von Hunter in der A.Z. München als Millionär bezeichnet wurde. Dies aber nur aufgrund der Tatsache, dass Rolf einen Cadillac fuhr, der aber auf Wechseln lief, wie ich viel später erfuhr. Eigentlich hätte mir die Auseinandersetzung mit seiner ersten Frau zu denken geben müssen, aber ich sah darin Liebe zu mir. Er warf sie in der Hannoverschen Wohnung die Treppe hinunter. Sie hatte den Arm gebrochen und eine Gehirnerschütterung. Als er zu mir ins Hotel kam, erzählte er mir den Vorfall. Ich war entsetzt und veranlasste ihn, Blumen ins Krankenhaus zu schicken. Inzwischen tat ihm das alles wieder leid und er weinte. Was mich wiederum veranlasste, meine Koffer zu packen. Ich wollte zurück nach Berlin. Mehr wusste ich nicht. In Berlin saß ich dann völlig verzweifelt in seiner Wohnung, bis nach einem Tag ein Anruf von Rolfs Mutter aus Hannover kam. Er läge im Bett mit einem Nervenzusammenbruch und ich sollte sofort zurück nach Hannover fliegen. Sein Stiefvater und Mutter, sowie Stief- bzw. Halbschwester empfingen mich sehr nett. Ich wurde herzlich in die Familie aufgenommen. Rolf fuhr dann mit mir nach Travemünde, um chic auszugehen. Im Casino von Travemünde merkte ich bald, dass Rolf hier ein gerne gesehener Gast war. Er duzte sich mit den meisten Kellnern. Mir waren Spielcasinos bis auf eine Ausnahme unbekannt, ich sah auch keinen Sinn und Reiz im Spiel mit Geld. Rolf spielte Roulette und hatte nach circa 30 Minuten 10 000 Mark verloren. Ich war entsetzt, machte ihm Vorwürfe und ließ mich in diesem Streit dazu hinreißen, ihm eine Ohrfeige zu geben. Wir gingen ins Hotel, diskutierten den Rest der Nacht und waren übereingekommen, uns zu trennen. Am Bahnhof

von Travemünde schließlich versöhnten wir uns wieder. Rolf setzte seine Anwälte ein, seine Scheidung zu betreiben. Wir hatten uns in den Kopf gesetzt am 15. Dezember 1961 an meinem 21. Geburtstag zu heiraten.
Ich fing an, in München alle Brücken abzubrechen. Meine Wohnung aufzulösen. Männergeschichten hatte ich schon zu Beginn unserer Bekanntschaft abgebrochen. Was mir am schwersten fiel, war meine bis dahin größte Liebe Dr. Gianni Fuchs. Ich kannte ihn seit meinem 18. Lebensjahr. Durch John Harris lernte ich ihn in einem Münchner Café kennen. Er war Halbitaliener, Halbfranzose, sprach fließend deutsch. Er produzierte Filme, aber er war kein großer Fisch in der Branche. Er war Ende 30, klein und zierlich, hatte schwarze Haare, sehr elegant, eine ruhige, sanfte Stimme und strahlte auf mich eine ungeheure Wirkung aus, die mich dann jahrelang fasziniert hat. Das zweite Mal trafen wir uns in Berlin, als ich das erste Mal mit Harris zu Filmfestspielen fuhr. Im Hilton Hotel sprach er mich an und lud mich auf eine Gartenparty zu einem Berliner Schokoladenfabrikanten ein. Es dauerte eine Stunde, bis wir uns absetzten und in einem der Schlafzimmer der Wannseevilla verschwanden. An diesem Tag im Sommer 1959 begann meine Romanze mit Gianni. Natürlich war er verheiratet. Er war zauberhaft und zärtlich zu mir. Wir trafen uns in München, Paris und Rom. Wir schrieben uns die wahnsinnigsten, traurigsten Liebesbriefe. Unsere Liebe war so hoffnungslos, wir trafen uns alle zwei bis drei Monate, aber zu Beginn dieser Affäre haben wir täglich telefoniert und ich sehr viel geweint. Ich habe

ihn betrogen, aber das zählte nicht, ich empfand für ihn trotzdem eine tiefe romantische Liebe. In diese Gedanken flüchtete ich mich immer, wenn ich unglücklich, enttäuscht und einsam war. Ich habe geträumt, mit ihm verheiratet zu sein und ein Kind von ihm zu haben. Ich wusste, dass er seine Frau nicht aufgeben würde, warum weiß ich auch nicht. Scheidungen gab es damals in Italien sowieso nicht. Sie war Italienerin. Sie wusste von mir. Sie rief mich an und beschimpfte mich. Gianni kaufte mir, als ich eines Tages sehr deprimiert war, einen Hund. Ich brachte ihn zum Flughafen, wir hatten noch Zeit und er fuhr mit mir zu einem Pudelzwinger in der Nähe des Flughafens und kaufte eine silbergraue Pudelhündin. Ich suchte das Tier aus, nach einem Gesichtspunkt, der für meine seelische Verfassung sprach. Ich nahm das kleinste und schwächste Tier. Als es fünf Wochen alt war, holte ich es ab. Ich nannte es Giannina. Ich zog sie mit der Flasche auf und schleppte sie überall mit hin. Als ich eines Tages in Heidelberg zu tun hatte und im besten Hotel abstieg, hatte ich Giannina mit. Nachts wollte ich sie vors Hotel rauslassen, sie aber wollte nicht, da es regnete und setzte sich während ich im Regen stand und sie lockte, direkt in die Halle vor den Portier. Der entrüstet über das kleine Tier: »So ein Schweinchen.« Von nun an hieß Giannina Schweinchen. Schweinchen ging elf Jahre mit mir durchs Leben, dann starb sie schon blind vor zwei Jahren an Weihnachten. Ich war sehr traurig und mit ihr starb ein Lebensabschnitt von mir. Gianni Fuchs habe ich am Telefon von meinen Heiratsplänen erzählt. Ich gab ihm aber auch meine Telefonnummer von Berlin. Er hatte dort zu tun und rief an. Ich ließ mich überreden zu einem Treffen, bin aber dann nicht hingegangen. Ich hatte Angst, dass alles wieder auflodert. Ich hatte vor, mit meinem früheren Leben zu brechen und meinem zukünftigen Mann treu zu sein. Daran glaubte ich fest und hielt es auch für sehr wichtig. Rolf konnte das anscheinend nicht, ich wusste von vielen Mädchen, meist Striptease-Tänzerinnen. Es kamen die merkwürdigsten Anrufe. Eines Abends verschwand er aus dem Büro und kam nicht zu mir nach Hause. Irgendwann begann ich, in die Stadt zu fahren und ihn zu suchen. Ich landete auch im Eden Saloon. Der Besitzer Rolf war ein Verehrer von mir und eine meiner kleinen Episoden aus den ersten beiden Filmjahren. In Rolf hatte ich einen wunderbaren Freund gefunden, obwohl ich ihn als Ehemann abgelehnt hatte. Ich lernte an diesem Abend Don Jaime, den Bruder der belgischen Königin kennen. Ich begann zu trinken und zog mit ihm dann durch Berliner Bars, noch immer dabei nach Rolf Ausschau haltend. Don Jaime war charmant und witzig und außer eines großen Alkoholgenusses war der Abend harmlos. Er brachte mich um drei Uhr nachts nach Hause. Rolf sah, dass ich einem Rolls Royce entstieg. Er muss kurz vor mir gekommen sein. Ich öffnete die Tür und bekam die erste Ohrfeige von ihm. Damals hätte ich wirklich gehen sollen und alles beenden. Später folgten noch schlimmere Schlägereien, die mit Polizei und Krankenhaus endeten. Ich war sehr betroffen. Es war das erste Mal, dass mich ein Mann geschlagen hat, für den ich alles tat und dem ich zeigte, dass ich ihn liebe. Er war in dieser Nacht bei einem seiner früheren Mädchen. Er stritt es ab, aber es war eindeutig. Am 15.12.61 heirateten wir mit viel Pomp. Ich hatte ein wasserblaues Brautkleid, das nach Abnahme des bestickten hochgeschlossenen Boleros schulterfrei und recht gewagt war. Wir heirateten vormittags standesamtlich im Schmagendorfer Standesamt. Rolf hatte mir Tage zuvor einen dunkelbraunen Nerzmantel gekauft. Der erste in meinem Leben. Als Hochzeitsgeschenk machte er sein Versprechen wahr. Ein Auto. Ein Jaguar E Typ für circa 30 000 Mark. Ich hatte mir kurz bevor ich Rolf kennenlernte, im Frühjahr 61 einen Rino Florida gekauft. Als wir noch in München in meiner Einzimmerwohnung zusammen lebten, benutzte er ab und zu meinen Wagen. Eines Tages wollte er mit meinem Wagen tanken fahren nur eine Straße weiter. Er kam zu Fuß zurück. Er hatte an der Tankstelle einen Mann kennengelernt, der ihm für 3000 Mark bar den Wagen abkaufte. Ich sollte nur noch die nötigen Papiere abliefern und den Vertrag unterschreiben. Rolf meinte, das wäre sowieso ein zu popeliger Wagen für mich und man müsste froh sein, ihn so gut los zu werden. Er würde mir einen viel teureren Wagen kaufen. Ich war entsetzt, aber habe es hingenommen. Es war mein erstes selbstverdientes Auto, auf das ich sehr stolz war. Was ich allerdings nicht wusste, war, dass er am selben Abend, während ich Theater spielte, mit einem Freund von mir, einem Filmproduzenten, nach Wiessee fuhr und den Erlös meines Autos verspielte. Warum sollte ich nicht auch etwas finanziell in die Waagschale werfen. Ich hatte mich nun mal in die Idee vernarrt, mit ihm zu bleiben, trotz aller anfänglichen Schwierigkeiten. Ich lernte Rolf durch den französischen Schauspieler Alex D'Arcy kennen. Alex war mein Partner in zwei Spielfilmen, die in Jugoslawien gedreht wurden. Wir mochten uns sehr und waren Freunde. Alex hatte den Münchener Cinema Club. Da er aber finanziell den Club nicht hatte halten können, hatte er durch Zufall eines Nachts einen Käufer gefunden: Rolf Lüder. Rolf war, als er den Club kaufte, völlig betrunken, hatte sich auf Versprechungen eines Berliner Nachtclub-Besitzers verlassen, der den Cinema-Club leiten wollte. Dieser war aber nach der Eröffnungsnacht nicht mehr gesehen. Bei der Eröffnungsfeier lernten wir uns kennen. Ich fand ihn ganz gut aussehend und er bemühte sich mit viel Charme um mich. Ich war interessiert, ihn wiederzusehen. Er fragte mich, ob ich ein Fernsehgerät besäße. Ich hatte eines gerade 14 Tage alt auf Abzahlung gekauft. Mein Eineinhalb-Zimmer-Appartement in Schwabing war zwar nicht luxuriös, aber es hatte Atmosphäre. Er wollte am nächsten Abend ein Fußballspiel sehen. Vorher wurde ein komplettes Essen und Champagner von einem Hotel geliefert. Alles perfekt arrangiert. Alles wunderbar nur über die Halbzeit des Fußballspiels kamen wir nie hinaus. Wir landeten im Bett. Der Fernseher lief weiter. Dies war wahrscheinlich auch der Grund, dass unser erstes Erlebnis keines war. Halb Fußball, halb Liebe. In der Liebe war er ein totaler Versager und die Tore im Spiel hat er auch nicht mitbekommen. Wir waren beide geschockt. Er hatte Komplexe wegen seiner Potenz, ich betrachtete mich ebenfalls als Versagerin, dass ich es nicht geschafft hatte, den Fußballfan genug vorm Fernseher abzulenken. Rolf blieb über Nacht und all die folgenden Nächte. Aber es passierte nichts. Wir waren beide von nun an verklemmt und hatten Angst vor einer Wiederholung dieser Versagernacht. Wir sprachen nicht darüber, sondern lebten fünf Wochen keusch nebeneinander her. Ich fand das einerseits sehr reizvoll, denn das war mir noch nicht passiert, ich wollte noch etwas warten, bis ich mir wieder einen Korb holte. Inzwischen spielte ich jeden Abend Theater. Es gab einen spielfreien Tag, an dem schlug ich Rolf vor, in die Berge zu fahren. Ich hoffte auf die Hotelatmosphäre. Mit Recht. Unsere anfänglichen Probleme begannen sich zu lösen. Ich hatte, bevor ich Rolf kennen lernte, eine Affäre mit einem Schauspieler, der zu der Zeit, als ich Rolf traf, in Amerika filmte und den Oscar verliehen bekam. Er schrieb mir noch immer, ich hatte noch alles offen gelassen und ihm nichts von meinem Freund geschrieben. Es kam ein Telegramm: »Eintreffe morgen Mittag, hole mich ab.« Jetzt musste ich Farbe bekennen. Ich fuhr nicht zum Flughafen. Er rief an und Rolf, der neben mir im Bett lag, verlangte, dass ich ihm am Telefon die Wahrheit sagte und diese Verbindung sofort abbrach. Ich tat es. Ich war mir noch nicht so sicher und meine Gefühle zwischen den beiden Männern. Ganz zu schweigen von Gianni, der meine sentimentale Liebe war. Ich war jetzt nur noch für Rolf da. – Unsere Hochzeit machte einen Riesenwirbel in der Presse. Es war sehr kalt an diesem 15.12.61 in Berlin. Nach der kirchlichen Trauung war im Hotel Kempinski ein großes Essen für unsere Gäste vorbereitet. Nach Verlassen der Kirche bestiegen Rolf und ich eine weiße Hochzeitskutsche mit zwei Schimmeln und zwei Kutschern, die uns an den Kudamm zum Hotel bringen sollte. Unsere Gäste, circa 50 Personen, waren mit Taxen und eigenem PKW dorthin gefahren. Ein Weg mit dem Wagen circa zehn Minuten. Mit der Kutsche vielleicht zwanzig Minuten. Wir fuhren. Draußen war es bereits dunkel. Ich war sehr glücklich über meine Märchenhochzeit. Es war kalt in der Kutsche, Rolf nahm mich in den Arm, nach einer Fahrt von circa 45 Minuten schauten wir aus dem Fenster, es war ganz düster, keine Straßenbeleuchtung, nur ab und zu uns überholende Autos. Wir klopften an die Scheibe vor dem Kutschsitz. Sie hörten oder wollten uns nicht hören. Allmählich beunruhigte uns das. Rolf öffnete die Tür der schnell fahrenden Kutsche, fragte erst höflich, dann bestimmt, was los wäre. Keine Antwort. Die Kutscher trieben die Pferde zu schneller Fahrt. Wir waren mit der unbeleuchteten Kutsche auf der Autobahn circa zwei Kilometer vor dem Zonengrenzübergang. Lastwagen hupten, weil sie erst im letzten Moment die Kutsche erkennen konnten. An einer der nächsten Kreuzungen oder Ausfahren wollten wir die Gelegenheit wahrnehmen, aus der Kutsche herauszukommen. Was nicht leicht war. Ich im bodenlangen hautengen Hochzeitskleid mit Schleier und Blumen, Rolf im Cut. Wir drohten den Kutschern mit Prozess und Polizei. Es beeindruckte sie überhaupt nicht. Es war die reinste Geisterfahrt, ich war schon blau gefroren. Als sich die Autobahn in mehrere Richtungen teilte, ein Schild wies zum Grenzübergang 500 Meter, sprangen wir aus der fahrenden Kutsche ab. Die Kutsche fuhr weiter, als hätten sie unsere Flucht nicht bemerkt. Aber was sehr sonderbar war, aus einem Gebüsch am Straßenrand sprang ein Mann, blitzte mehrere Male mit einem Fotoapparat. Dann verschwand er in der Dunkelheit. Rolf versuchte, ihn noch zu verfolgen. Umsonst. Ich hatte Angst. Es war doch alles sehr merkwürdig. Inzwischen waren wir eineinhalb Stunden unterwegs. Mein Kleid durch den Sprung bis zum Schritt aufgerissen und beschmutzt, meine Haare völlig zerzaust und mein Orchideenstrauß bei minus 18 Grad erfroren. So derangiert liefen wir auf dem Mittelstreifen der Autobahn und versuchten einen Wagen anzuhalten. Nach einiger Zeit hielt ein PKW an. Kritisch musterte uns der Fahrer und, nachdem wir unser Abenteuer kurz geschildert hatten, ließ er uns einsteigen, zwar skeptisch und ungläubig, aber er brachte uns zum Hotel Kempinski nach Berlin zurück. Bei unseren Gästen war ziemliche Unruhe ausgebrochen über unser langes Fernbleiben. Die meisten glaubten, wir hätten die Hochzeitsnacht vorverlegt. Der Kutschenvorfall wurde trotz Einschaltung der Polizei und Staatsanwaltschaft wegen Freiheitsberaubung nie geklärt. Wer immer diesen üblen Scherz verursacht hat, haben wir nie erfahren. Nur eines Tages in einer Ostberliner Zeitung erschien ein Foto von uns beiden auf der Autobahn. Im Artikel dazu wurde erklärt, dass der Berliner Großkapitalist die deutsche Sexbombe B.V. geheiratet hat und man könne nur abwarten, bis auch R.L. Berlin verlassen werde. – Als wir gegen zwei Uhr früh das Hotel Kempinski verlassen wollten, kam es in der Halle des Hotels zu einer Schlägerei. Ein Betrunkener pöbelte mich an. Rolf, auch nicht mehr nüchtern, schlug den älteren Herrn zu Boden. Es stellte sich heraus, dass dieser ein berühmter Wissenschaftler war, der kurz zuvor den Nobelpreis verliehen bekam. Wir gingen vors Hotel, um ins Taxi zu steigen, es war Glatteis. Wir fuhren vom Hotel in Rolfs Büro und er begann seine Wagen zum Einsatz zu schicken. Ich blieb bis fünf Uhr bei ihm im Büro und schlief dann in einer Ecke zwischen Schneeschiebern und Sandsäcken ein. Dann brachte mich ein Fahrer im Lkw nach Hause. Ich war total erschöpft. Rolf kam am Nachmittag gegen 15 Uhr nach Hause zurück, legte sich ins Bett und schlief wie ohnmächtig bis zum nächsten Tag. Das war also meine Hochzeitsnacht. Da es Winter war, das heißt Rolfs Hauptgeschäft, gab es auch keine Hochzeitsreise. Die sollte im Frühjahr stattfinden. Es war eine Reise durch Europas Spielcasinos.«

Ich weiß nicht, warum Barbara nicht weiterschrieb. Diese drei Jahre ihres Lebens lesen sich sehr unterhaltsam, vor allem für einen Sohn, der viele von den Geschichten bislang noch nicht kannte, oder sie schon lange wieder vergessen hatte. Erstaunlich schön schreibt meine Mutter da, die ich nie schreiben sah, in einer gut leserlichen Schrift.

Barbara war schon ein paar Jahre tot, da erkundigte ich mich bei der Birthler-Behörde in Berlin, ob es vielleicht irgendwelche Unterlagen über sie und den rätselhaften Vorfall in der Hochzeitsnacht gab. Mein früheres Kindermädchen konnte sich noch daran erinnern, dass zu dieser Zeit auch ungewöhnlich viele Autos vor Barbaras Wohnung parkten, oft mit Leuten auf dem Fahrersitz wartend. Sie war ebenfalls fest davon überzeugt, dass Barbara von irgendjemandem observiert wurde. Bei der Birthler-Behörde fand man allerdings nichts. Wenn es nicht die Stasi gewesen war, dann vielleicht bloß ein paar Paparazzi.

Ob sie an Gianni dachte, wenn sie später im Film auf Kommando anfing zu weinen? So zärtlich wie in den wenigen Zeilen über ihn habe ich sie jedenfalls von keinem ihrer verflossenen Liebhaber oder Ehemänner erzählen hören.

Ich kann mich auch noch gut an den blöden Pudel erinnern, den er ihr schenkte. Er wurde sehr alt, war die letzten Jahre seines Lebens blind und schnappte nach uns Kindern.

Im Sommer 2010 schicke ich mein begonnenes Manuskript gemeinsam mit dem oben wiedergegebenen Text meiner Mutter drei Verlagen zur Ansicht. Einer winkt sofort ab, Barbara Valentin sei heute zu unbekannt. Ein weiterer zeigt keinerlei Interesse. Als ich den Verleger anrufe, nachdem ich drei Monate auf eine Antwort per E-Mail gewartet habe, stellt er am Telefon in den Raum, ich hätte wohl Barbaras Manuskript selbst geschrieben, sei ja in einem ähnlichen Stil wie meine Manuskriptteile geschrieben. Ich als Fälscher meiner Mutter? – So ein Idiot. Oder sollte da tatsächlich was dran sein? Rede und erzähle und schreibe ich vielleicht wirklich so ähnlich wie meine Mutter?

Der dritte Verleger zeigt zwar Interesse, bietet mir Vertrag und Vorschuss an, gar nicht mal eine geringe Summe, aber ich lehne trotzdem dankend ab. Ich gebe vor, langsam weiterschreiben zu wollen, will mich aber noch zu nichts verpflichten, von dem ich nicht weiß, ob ich es auch zu Ende bringe, und will mich auf keinen Fall selbst unter Druck setzen. Ich schreibe ja noch drumherum, habe mit der eigentlichen Geschichte noch gar nicht begonnen und habe überhaupt keine Ahnung, wie ich über die späteren Drogenjahre Barbaras berichten soll.

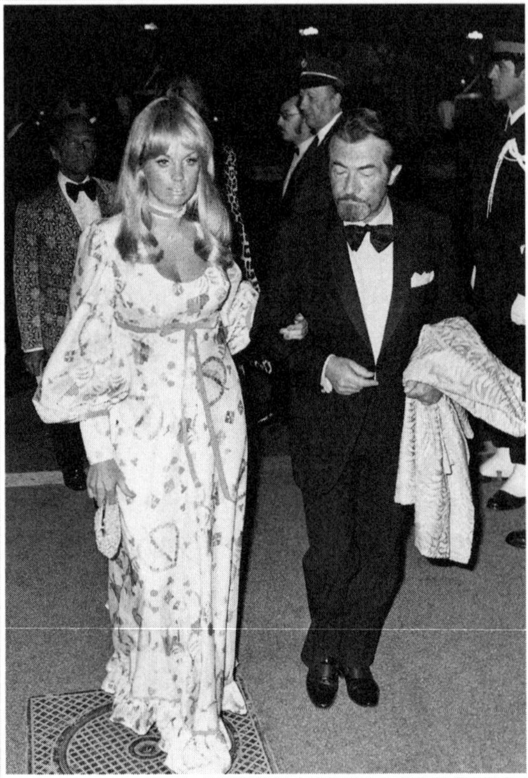

8. Vor der Kamera

Winter 2011

Es ist kalt draußen, und ich verziehe mich zurück in den Keller, zu den Leitz-Ordnern mit den Zeitungsartikeln. Langweilige Archivarbeit mit ungewissem Ergebnis. Im Winter 2011 verbringe ich einige Wochenenden mit dem Blättern in den Ordnern. Oft schaue ich dabei fern, lese Geschichten höchstens an oder quer, in seltenen Fällen auch mal zur Gänze durch. Ganz schön langweilig, dieses Prominentenleben, zumindest wie es in der Boulevardpresse nachzulesen ist.

Ich muss mich immer wieder überwinden, weiß nicht, wofür ich das alles mache. Interessantes über meine Mutter erfahre ich nur sehr wenig aus den Klatschblättern. Ein Buch scheint in diesen Wochen in weiter Ferne. Ich quäle mich durch viel Schund. Warum sollte irgendjemand lesen wollen, was damals in der Presse über einen heute längst vergessenen Fernsehstar stand? Meine leise Hoffnung: Die Presseschau zeichnet ein präzises Abbild der Zeit. Vielleicht erfährt man aus der Boulevardpresse sogar mehr darüber, was Menschen aus unterschiedlichen Gesellschaftsschichten gemeinsam bewegt, als aus der seriösen Berichterstattung.

Aber wie konnte Barbara den ganzen Quatsch bloß sammeln? Sie muss stolz gewesen sein über den Ausstoß an Meldungen über sie. Der Ausschnittsdienst hat sie nicht viel gekostet. Ernst, mein Stiefvater, hat das Archiv geführt und jeden zugeschickten Ausschnitt auf DIN-A2-Papier eingeklebt und penibel abgeheftet.

Eine Erleichterung: Die Zeitungsartikel der noch anstehenden Ordner behandeln inzwischen eine Zeit, an die ich erste Erinnerungen aus meiner Kindheit habe. Ich muss nicht mehr alles glauben, was ich über sie lesen kann. Die absurdesten Falschmeldungen kann ich mittlerweile selbst erkennen und aussortieren.

Barbaras Post-Busenstar-Jahre beginnen Mitte der sechziger Jahre, und sie dauern bis in die siebziger hinein, in denen sie einen festen Platz in der Münchner Schickeria einnimmt. Post-Busenstar heißt: Sie ist einer breiten Öffentlichkeit immer noch als die Skandalnudel mit dem großen Busen in Erinnerung, die jetzt aber verheiratet ist und den Begriff Skandalnudel oder Busenstar schon nicht mehr hören mag.

In Berlin gehen die Studenten gegen den Schah auf die Straße, und Barbara erzählt gleichzeitig, offenbar in der gleichen Stadt, der Zeitschrift *Constanze*, wie gern sie Gräfin du Barry gewesen wäre und im Rokoko gelebt hätte. Die Synonyme für sie werden immer fantasievoller: Sex-Schnuckel. Zelluloid-Skandalnudel. Gegen den Begriff Skandalnudel strengt Barbara offenbar einige Prozesse an, sogar mit Erfolg. Schon praktisch, wenn man mit einem

Anwalt verheiratet ist. Aber seltsam, warum ausgerechnet der Begriff Skandalnudel justiziabel sein soll, ein Begriff wie Sex-Schnuckel hingegen nicht.

Jetzt heißt es in den Berichterstattungen über den Filmball also: »So offenherzig wie immer, Ex-Skandalnudel Barbara Valentin.« Ihre Mutter, meine Oma, schwärmt in der Zeitung von der Musterehe ihrer Tochter mit Ehemann Nummer zwei, ein richtiger Traummann sei der. Oma macht sich in der Zeitung auch ganze sieben Jahre jünger. Sie genießt es, die Mutter eines Stars zu sein. Endlich hört ihr mal jemand zu, so wirken ihre Erzählungen in verschiedenen Zeitschriften. Ernst gibt ein Interview über das Stiefvatersein: »Mein erwachsener Sohn hat mich nie so geliebt wie Lars.« Recht hat er.

Auch die nähere Umgebung eines Stars wird irgendwann für die Presse interessant, und Barbaras nähere Umgebung genießt das Interesse ganz offensichtlich.

Ernst begleitet Barbara auch auf den Filmball und verschiedene Partys, sogar in die Prominentenbar »Ricci«, die kurze Zeit später abbrennt. Der Rummel um seine junge Frau gefällt ihm. Auch wenn kaum eine Zeitung seinen Nachnamen richtig buchstabiert oder sein Alter korrekt angibt, klebt er unentwegt alle Zeitungsmeldungen über seine Frau in die großen Leitzordner. Der Ausschnittsdienst schickt inzwischen einmal die Woche ein Päckchen. Oft wird ein und dieselbe Agenturmeldung in bis zu zwanzig Zeitungen veröffentlicht. Ernst klebt sie trotzdem alle ein. Ordnung muss sein. Sonntags. Das Briefmarkensammeln hat er dafür aufgegeben. Barbara ist am Wochenende oft nicht da. Sie ist meist irgendwo beim Drehen. Wir Kinder lümmeln auf der Couch herum, während Ernst die Zeitungsausschnitte einklebt. Ich habe seine Briefmarkensammlung übernommen. Rührendes Familienleben, aber eben ohne Mutter.

Sehr häufig gedruckt wird eine Meldung über einen Wohnungseinbruch am 10. Juli 1969, bei dem Barbara angeblich Schmuck im Wert von 100 000 Mark gestohlen wird. »Babsi: Ich zahle 10 000 DM Belohnung«, steht dann da. Es hat eben auch Nachteile, wenn in der Zeitung ganz genau steht, wer bei welcher Abendveranstaltung erwartet wird und wann seine Wohnung wahrscheinlich bis auf ein paar schlafende Kinder leer ist.

Wir wohnen in Grunewald, dem Westberliner Villenviertel. Zuerst noch in einem kleinen Reihenhaus, das überhaupt nicht stargemäß ist, aber eben auf dem Markt, als Barbara und Ernst nach der unverhofften Schwangerschaft mit Minki überstürzt zusammenziehen. Später dann ziehen wir in einen modernen Flachbau mit großen Fensterflächen zum Garten hin. Wir wohnen zur Miete. Draußen steht ein Sandkasten. Im Nachbarhaus hat Barbara eine Freundin, mit deren Kindern wir wiederum befreundet sind. Wir spielen Cowboy und Indianer im Garten. Die Eltern gehen am Wochenende gemeinsam in irgendeine der Bars am Ku'damm. Barbaras Freundin Jutta ist Hausfrau mit drei Kindern und eine der wenigen Freundinnen, die nichts mit der Filmbranche zu tun haben. Sie erzählt später, Ernst sei in dieser Zeit ein richtiger Hitzkopf gewesen, der in der Kneipe keiner Schlägerei aus dem Weg gegangen sei. Wer Barbara blöd ansah, riskierte einen Kinnhaken. Die Frauen machen bei den Raufereien munter mit und hauen mit ihren Stöckelschuhen um sich. Jutta und Barbara führen die Familien in den siebziger Jahren noch mehrmals in Seefeld im Winterurlaub zusammen, aber irgendwann nach Barbaras Umzug zurück nach München verlieren sie sich aus den Augen.

Ich erinnere mich an einige Fotografen, die Homestorys bei uns machten. Mit sechs Jahren will ich schon nicht mehr fotografiert werden. Es dauert mir zu lange, und ich habe keine Lust zu posen. Auf vielen späteren Fotos ist Barbara deshalb nur mehr mit Minki zu sehen.

Die Schlagzeilen dieser Jahre plätschern so dahin: »Lange Zeit war's ruhig geworden um Barbara ›Babsi‹ Valentin, den einstigen Kurven- und Busenstar. Aber jetzt greift sie wieder an.« Und: »Deutschlands Jungfilmer greifen auf die alten Stars zurück.« Alt mit 28.

Urlaub auf Sylt. Alle fahren damals auf die neu entdeckte Urlaubsinsel in der Nordsee. Besser: Alle, die nicht in Deutschland auf die Straße gehen, um gegen den Schah oder die große Koalition und alte Nazis im neuen Deutschland zu protestieren – und die sich Sylt eben leisten können. Barbara, der Altstar, samt Familie, genau wie Berthold Beitz, der Krupp-Manager, samt eigenem Fitness-Trainer. Die Frauen verzichten auf den BH unter der Bluse, ein neuer Modetrend. »Nur die Valentin kann nicht mehr ohne.«

Ich erinnere mich auch an einen FKK-Strand. So etwas findet ein sechsjähriger Junge natürlich peinlich, aber die großen Wellen versöhnten mich mit dem Ort. Ernst konnte toll schwimmen. Ich erinnere mich auch an ein großes Feuer, ein Nachbarhaus mit Strohdach brannte nachts ab. Es war das erste Haus, das ich in meinem Leben brennen sah. Im Nachhinein wollte ich darin oft ein Zeichen gelesen haben, dass meine wohlbehütete Kindheit schon bald mit der Scheidung meiner Eltern ein Ende nehmen würde.

Barbara dreht zu dieser Zeit eine Krimiserie mit Uwe Friedrichsen und Hellmut Lange, sie spielt in einem Film mit dem Titel: »Beiß mich, Liebling«. Der Regisseur beklagt sich über Barbaras Prüderie, sie weigert sich immer noch, ihren nackten Busen im Film zu zeigen.

Sie plaudert einer Zeitung gegenüber von einem dritten Kind. »Dafür würde ich meine Karriere aufgeben. In ein, zwei Jahren, wenn Lars und Nikola schon etwas älter sind.«

Im Sommer 1970 passiert der Umzug nach München, in den Vorort Gauting, der eine halbe Stunde mit dem Auto von der Innenstadt entfernt ist. München hat Berlin als Zentrum des deutschen Films längst überholt. Ernst zieht Barbara zuliebe mit und gibt seine gut gehende Anwaltskanzlei am Kurfürstendamm auf. Ingrid van Bergen, auch sie Schauspielerin, wohnt in Gauting um die Ecke. Sie und Barbara werden gute Freundinnen. Ernst bleibt noch ein paar Monate in Berlin, bis er seine Kanzlei verkaufen kann. »Sexstar Barbara Valentin fühlt sich in Gauting pudelwohl. Barbara Valentin, die in ihrem Leben schon 100 000 Autogramme gegeben hat, kennt keine Starallüren«, schreibt der *Münchner Merkur*. Zum ersten Mal fällt der Spitzname meiner Schwester in der Zeitung, sie wird ihn nie wieder los: »Die dreijährige Tochter Minki ist Barbaras ganzer Stolz: Die wird wie ich.« Vom Aussehen sicherlich, vom Charakter her eher nicht.

Über sich selbst sagt Barbara: »Ich bin bürgerlich und richtig spießig geworden.« Ach ja. »Die ehemalige Sexbombe zündet nur noch im eigenen Heim.« Ihre Oberweite wird jetzt mit 110 Zentimetern kolportiert.

Das spießige Heim ist wieder ein moderner Flachbau mit großem Wohnzimmer, einem Anbau, in dem ab diesem Zeitpunkt Irmgard bei uns wohnen wird, und mit einem Swimmingpool im Garten. Beides finden wir Kinder großartig.

Barbara und Ernst haben oft Gäste am Abend. Im Keller gibt es ein großes Gästezimmer, es ist durchgehend belegt mit Leuten, die teils wochenlang dort wohnen bleiben. Eine Freundin, die vor ihrem Mann flüchtete; Barbaras Patentante, die auf Wohnungssuche in München ist; die hässliche Kartoffel, die die dicke Telefonrechnung hinterlässt; Barbaras viel jüngerer Halbbruder.

Minki und ich ziehen Alfred auf, weil er ein Fan von Chris Roberts ist, dem deutschen Schlagersänger. Natürlich kennt ihn Barbara und besorgt Alfred umgehend ein Autogramm und seine Privatnummer. Meine Schwester und ich liegen lachend auf dem Boden, als Alfred, gerade mal elf Jahre alt, bei Chris Roberts anruft, um ihm zu sagen, wie toll er ihn findet. Alfred findet prominente Menschen aufregend. Meine Schwester und ich überhaupt nicht.

Berühmte Leute sind für uns Kinder nicht besonders interessant. Sie reden in unserer Gegenwart nur über ihre Filme, die wir nicht kennen und die uns auch nicht interessieren. Berühmte Leute sind oft Narzissten. Ausnahme: Gus Backus, der Schlagersänger. Er konnte wunderbare selbst erfundene Geschichten erzählen. Wenn er bei uns in Gauting zu Besuch war, kam er einige Male noch zu mir ans Bett und fing an zu erzählen. Ingrid van Bergen fand ich interessant, weil ich ihre hübsche Tochter mochte. Carolin war nur ein Jahr jünger als ich. Wenn Barbara ihre Freundin Ingrid besuchte, kam ich deshalb gern mit. Uwe Friedrichsen mochte ich auch. »Hunter« Obermaier und Michael Graeter, die beiden Klatschreporter, konnte ich als Kind nie leiden, sie ignorierten mich an der Seite meiner Mutter und grüßten kaum.

Die ersten Jahre in Gauting werden die schönsten Jahre meiner Kindheit. Wir haben Kindermädchen, die oft schlecht kochen, uns aber sonst jeden Wunsch erfüllen: Sie leihen uns ihr Mofa, für das wir eigentlich noch viel zu jung sind. Wir sind frech zu ihnen. Wir sind verwöhnte Gören. Wenn Barbara verreist ist, weil sie drehen muss, dann zaubert Ernst Spielsachen hervor, sobald er aus dem Büro in München kommt. Barbara ist immer öfter beim Drehen. An meinem zehnten Geburtstag schickt sie ein riesiges Paket mit Spielzeug und Süßigkeiten. Minki und ich bekommen alles, was man sich als Kind nur wünschen kann. Alles, außer viel Zeit mit ihr. Meine neuen Freunde beneiden mich.

Nachts streiten sie und Ernst immer öfter, Barbaras zweite Scheidung zeichnet sich ab. Sie haben sich auch finanziell übernommen mit dem Hausbau. Aber wir Kinder können nicht einordnen, wie ernst die Lage ist. Wir kümmern uns nicht drum.

Immer wieder legt Barbara in verschiedenen Zeitungen freimütige Geständnisse über ihre wilde Vergangenheit ab: ein Selbstmordversuch mit 17, weil ein 25 Jahre älterer Liebhaber droht, ihre Affäre öffentlich zu machen. Ihre Eltern zeigten sich damals eher peinlich berührt als besorgt. Ein andermal bekennt sich Barbara zur ehelichen Treue, verbunden mit der Bekräftigung, früher viele Liebhaber gehabt zu haben. Sie lässt sich zitieren, noch nie einen gleichaltrigen Liebhaber gehabt zu haben, ihre Männer seien immer älter, klein und eher hässlich gewesen. Armer Ernst.

Die Party-Berichterstattung findet weit häufiger statt: Barbara zeigt sich auf Abendveranstaltungen mit Gunter Sachs, Mario Adorf, Senta Berger, Corny Collins, Curd

Jürgens (der brachte laut *Neue Revue* gerne seinen eigenen Whisky mit).

Der Filmball ist 1970 schon länger nach München gezogen, Michael Graeter tritt seinen Job bei der *Abendzeitung* an und berichtet über Barbaras jüngste Freundin Jutta von Preußen, eine ehemalige Stewardess, die Prinz Michael, den Enkel von Kaiser Wilhelm II. heiratet, der wegen dieser Hochzeit wiederum auf seine Titelansprüche verzichtet. Schöne Frau, die Prinzessin, sehr nett zu Kindern. Ich erinnere mich gern an sie und auch an den etwas steifen Prinzen. Jörg Bobsin, Reporter für die *Wochenend*, entlockt Barbara die Zeile: »Sex im Treppenhaus finde ich aufregend.«

Es folgen: erste Diät-Geschichten (»800 Gramm von einem Tag zum anderen, ihr Trick: Tartar ohne Salz und nur Mineralwasser«), eine Geschichte über »die Perle der Sexbombe« (unser Kindermädchen Carola) und »Barbara Valentin besucht am Valentinstag die Fallschirmspringer der Bundeswehr«. Im Herbst 1972 berichtet der *Stern* über den Streit in der Bar des Münchner Feinkostladens »Käfer«: Barbara soll Uschi Glas vorgeworfen haben, sie habe sich von der CSU kaufen lassen. Uschi Glas befiehlt ihrem Begleiter, alles sorgsam zu notieren. Sie informiert die CSU-Landesleitung über den »ungeheuerlichen Vorwurf«. Uschis Anwalt Dr. Peter Gauweiler telefoniert mit Barbaras Anwalt Dr. Ernst Reichardt, aber mehr war nicht. Der Skandal, der nie einer war, verläuft im Sande. Eigentlich überhaupt nicht erwähnenswert. Keine Ahnung, was da wirklich passiert ist.

Vieles von dem, was geschrieben wird, ist hanebüchener Unsinn. Dauerbrenner ist die Geschichte: Vom Sexstar zur Hausfrau.

Barbara macht das alles bereitwillig mit. Homestorys gehören damals zum Starsein in Deutschland. Sie wird sich nichts dabei gedacht haben. Niemand weiß, warum genau sie ein Star sein soll, aber sie füllt diese Rolle zur Zufriedenheit aller aus. Alle profitieren. Die Klatschpresse ist noch nicht bösartig geworden. Es gibt ja auch noch nicht so viele Prominente wie in den achtziger Jahren, als das Privatfernsehen für konstanten Nachschub sorgt. Mit den wenigen bekannten Gesichtern geht die Presse in den siebziger Jahren noch relativ behutsam um. Auch Barbara wird pfleglich behandelt.

Seit Anfang des Jahrzehnts ist Barbara auch ein Werbestar. Für eine Seife und einen Schnaps, Fa und Jägermeister. Die Seife schickt man ihr danach für zehn Jahre lang gratis nach Hause. Für eine Filmparty bekommt sie ein Collier geliehen und trägt es werbewirksam zur Schau. Das Collier umfasst einen Smaragd, der 124 Karat wiegt und aus dem Besitz eines indischen Maharadschas stammen soll, man nennt ihn den Smaragd von Bombay. Der Juwelier, dem das Collier mit dem Schätzwert von zwei Millionen Mark gehört, und zwei Bodyguards lassen Barbara an dem Abend nicht aus den Augen.

Barbara ist in diesen Jahren so beliebt, wie sie es später nie wieder sein wird. Man feiert sie als Schauspielerin. Und befragt sie zu jedem und allem. »Günter Netzer ist klasse, ein richtiger Kerl«, wird sie für ein Porträt des Fußballers zitiert und somit insinuiert, sie habe eine Affäre mit ihm gehabt. Lächerlich. Barbara hat nicht mal gewusst, dass ein Spiel neunzig Minuten dauert, und soll Günter Netzer gekannt haben?

Die Post-Busenstar-Jahre sind ruhige, harmlose Jahre für Barbara. Sie hätte wahrscheinlich noch lange so weitermachen können. Sie hat Nebenrollen, unter anderem in einer Western-Serie mit Uwe Friedrichsen, Auftritte in einer Samstag-Abend-Show der Jacob-Sisters und etwas später bei Dietmar Schönherr und Vivi Bach. Hier und da eine Homestory, bis sie irgendwann in Vergessenheit geraten wäre. Barbara war ja eine junge Frau, die im Grunde genommen gar nicht so viel erlebt hatte, wenn man die Bekanntschaft mit vielen berühmten Menschen nicht schon als Abenteuer an sich gelten lassen möchte. Aber den deutschen Zeitschriften reicht genau das. Wer viele Stars kennt, muss selbst ein Star sein. Und alles, wirklich alles, was ein Star sagt, erscheint auch berichtenswert.

Zu Weihnachten 1972 kauft sich Barbara einen Chinchilla-Mantel. Das ist sieben Zeitschriften eine Meldung wert. Sie hat ihn sich selbst verdient, weiß die Münchner *Abendzeitung* exklusiv. Beim Münchner Filmball, 1973 nennt man ihn etwas aufgeblasen »Soiree der Stars«, wird Johannes Heesters nicht hereingelassen, der Portier erkennt ihn nicht. Barbara zieht bei der Tombola ihr eigenes Los und gewinnt den Peugeot, den sie sofort wieder verkauft, um sich besagten Wagen zu kaufen, den sie nicht fahren kann, den sie dann bei meinem Vater eintauscht, der bald sehr über seinen neuen Wagen flucht.

Barbara dreht mit Walter Sedlmayr und schon wieder Uwe Friedrichsen. Über eine Faschingsparty schreibt die *Abendzeitung*: »Barbara Valentins Busen (links) stach alle aus. Hier amüsiert sie sich mit Busenfreundin Ilona Dörr, Ehemann Dr. Hans (sic!) Reichardt und Eis-Star Bäumler, der mit Freundin Minka erschienen war.«

Ein neuerlicher Diät-Tipp von Barbara: »Ich esse sechs Tage lang nur Eier, sechs pro Tag.« Alles Unsinn. Ich habe meine Mutter nie irgendeine Diät machen sehen.

Aber das Leben eines Post-Busenstars wurde ihr offenbar schon langweilig, bevor andere Barbara langweilig finden konnten.

Im März 1973 erzählt Rainer Werner Fassbinder, warum er gerne mit Altstars arbeitet, die ihre beste Zeit vor 10, 15 Jahren hatten: Sie seien ungeheuer professionell und konzentriert, und die Zusammenarbeit verlaufe meist einfacher als mit Jungstars. Zwei der Altstars, die er für die WDR-Produktion »Welt am Draht« engagiert, sind Klaus Löwitsch und eben Barbara, die zu dem Zeitpunkt gerade mal 32 ist.

Im Mai beginnen die Dreharbeiten zu »Nora«, die *Bunte* schreibt von Scheidungsgerüchten um Barbara.

Im besagten Sommer 1973 feiert »Hunter« Obermaier im Kreise seiner 400 besten Freunde im italienischen Terracina seinen fünfzigsten Geburtstag. *Bild* druckt die komplette Gästeliste ab. Mit dabei: Curd Jürgens und Soraya, Anneliese Friedmann, die Münchner Verlegerin, und Falk Volkhardt, der Besitzer des Hotels Bayerischer Hof, Mario Adorf und Blacky Fuchsberger, Uschi Glas und Barbara, es werden keine besonderen Vorfälle zwischen den beiden erwähnt.

Nach Italien ist Barbara noch mit ihrem zweiten Ehemann angereist. Kurze Zeit später fragt Ernst Barbara laut in dem Schwabinger Lokal »Neuer Simpel«, als sie dem jungen Fassbinder gegenüberstehen: »Was, mit diesem pickligen Jungen betrügst du mich?«, woraufhin am anderen Ende des Lokals Klaus Löwitsch aufspringt und ruft: »Nein, *ich* bin das Verhältnis Ihrer Frau.«

Soll ich das glauben? Könnte durchaus sein, dass das so passiert ist, wie es in der Zeitung steht.

Im Juni 1973 werden Ernst und Barbara jedenfalls geschieden. Viele Zeitschriften schreiben seinen Nachnamen immer noch falsch.

Immer noch spekulieren Zeitungen über den wahren Scheidungsgrund: Barbara will keine »Sex-Biene« mehr sein, sondern eine ernsthafte Schauspielerin werden, das war mit dem besitzergreifenden Ehemann nicht zu machen.

Ich habe die Lust an den Zeitungsausschnitten schon längst verloren. Ich erfahre wenig, die Artikel wiederholen sich.

Angeblich teilt das frisch geschiedene Paar immer noch Haus und Bett. Ich kann mich nicht erinnern, ob das stimmte. Zum Filmball im Januar 1974, ein halbes Jahr nach dem Gerichtstermin, erscheinen sie laut *Abendzeitung* gemeinsam.

Hunter notiert ausführlich:

»Nach ein paar Jahren ungetrübten Glücks war Barbara ihre Mutter-Hausfrauen-Rolle leid. Sie wollte wieder filmen, tat es auch, kaufte sich von ihren Gagen sündteure Pelze – einen bodenlangen Chinchilla darunter – und war wieder ganz Filmstar. Beim Film hat man auch Partner. Einer bemühte sich besonders um Barbara: Klaus Löwitsch. Meist in Schurkenrollen auf dem Bildschirm zu sehen. Ernst war rasend eifersüchtig. Einmal fuhr er non Stopp nach Dubrovnik, nur um dann festzustellen, dass Barbara und Löwitsch im gleichen Hotel logierten.

Nach längerem Hickhack kam es zur Scheidung. Am Abend des Scheidungstages besuchten mich Barbara und Ernst im ›Zweitbüro‹.

Nach einigen Drinks hatte ich eine Idee. Ein ›Scheidungsgeschenk‹ für die beiden. ›Ihr seid meine Gäste, verbringt noch eine Nacht im Hotel, ich miete euch ein Appartement. Probiert's noch mal. Wenn ihr euch wieder vertragt, ruft mich an und sagt einfach: ding, dong.‹ Die beiden gingen wie Flitterwöchner aufs Appartement.

Es dauerte nicht lange, da läutete mein Telefon an der Bar. Barbara war dran. ›Danke, Hannes, es hat geklappt, ding, dong, ding, dong.‹

Ein paar Wochen lang lebte das ›geschiedene‹ Ehepaar daraufhin noch wie ein ›verheiratetes‹ in Gauting. Das ›Scheidungsgeschenk‹ hatte eine aufschiebende Wirkung gezeigt. Über Klaus Löwitsch ging man zur Tagesordnung über. Und es wäre durchaus möglich gewesen, dass die beiden noch einmal den Standesbeamten bemüht hätten – wenn nicht der TV-Regisseur Dietl aufgetaucht wäre. Ein vollbärtiger, sehr begabter Jungfilmer, der es verstand, in Barbara künstlerische Impulse zu wecken, die in Gauting am häuslichen Herd verkümmerten. Ernst wollte keinen Filmstar, sondern eine Ehefrau. Dietl sah in Barbara nicht nur die Vollblutfrau, sondern die Schauspielerin.

Erstaunlich, aber wahr: Barbara wird heute nicht nur von R.W. Fassbinder in ›Nora‹ beschäftigt, sie spielt auch Theater, gibt sich komisch bei Pfleghars Klimbin (sic!). Aus der ›Skandalnudel‹ ist heute eine echte Schauspielerin geworden.

Ding, dong, Barbara ...«

Hannes Obermaier, genannt Hunter, war kein gewöhnlicher Klatschreporter, er verstand sich wohl auch als Dichter. Keine Ahnung, ob es stimmt, was er geschrieben hat.

»Welt am Draht« wird ihr zweiter Film unter der Regie von Rainer Werner Fassbinder, der fünf Jahre jünger ist als sie. Er hatte sie als Teenager im Kino gesehen, nun engagiert er sie über Barbaras Agentur, die ebenso überrascht reagiert wie Barbara selbst. »Babsis Mut zur Hässlichkeit« schreibt die *Zeit*, als »Nora Helmer« von Fassbinder Premiere hat. Es ist ein Gesellschaftsdrama frei nach Henrik Ibsen, Fassbinder hatte den Titel abgeändert, und Barbara hat auch wieder mitgespielt. Kurz darauf dreht sie schon in Fassbinders nächstem Film, »Angst essen Seele auf«. Sie spielt die Geliebte eines Gastarbeiters, und sie zeigt sich zum ersten Mal nackt im Film. »Angst essen Seele auf« läuft in Cannes, Fassbinder bekommt dadurch internationale Aufmerksamkeit. Auch Barbara bekommt gute Kritiken. Sie ist jetzt 33 Jahre alt und lässt sich nun auch zum ersten Mal oben ohne in der Badewanne für die *Neue Revue* fotografieren. Sie arbeitet so viel wie nie zuvor in ihrem Leben und braucht offenbar dennoch Geld.

Schon bald nach der Scheidung taucht das Gerücht auf, Fassbinder und Barbara würden heiraten. Beide dementieren. Vergeblich. Das Gerücht wird auch noch lange nach ihrem Tod immer wieder abgeschrieben. Juliane Lorenz, die letzte Freundin und Lebensgefährtin Fassbinders vor seinem Tod, meint im Jahr 2016, an dem Gerücht sei was dran. Harry Baer, ein Freund und enger Mitarbeiter von Fassbinder und Freund auch von Barbara, sagt, er habe nie davon gehört.

»Fontane Effi Briest« ist Barbaras fünfter Film mit Fassbinder. Barbara spielt eine Nebenrolle, die Sängerin Marietta Tripelli. Hanna Schygulla spielt die 17-jährige Effi, die von ihren ehrgeizigen Eltern mit dem 20 Jahre älteren Baron Geert von Instetten verheiratet wird. Instetten ist eine

»gute Partie«. Er ist Landrat in dem pommerschen Städtchen Kessin. Doch Effi ist sowohl in ihrer neuen Heimat an der Ostsee als auch in ihrer Ehe unglücklich. Natürlich wird Barbara bei den Dreharbeiten an ihre eigene Ehe gedacht haben.

Hans C. Blumenberg heißt ein Kino-Journalist, der mehrere Porträts über Barbara »und ihre aufregende Wandlung« schreibt, zuletzt für das *Zeit-Magazin*. Er beschreibt, wie sie auf einem Filmball Willy Brandt die Show stahl und entdeckt wurde von einem Mann, der hauptberuflich Bibeln an amerikanische GIs in Bayern verkaufte und sich nun zu ihrem Manager erklärte: John Harris, die hässliche Kartoffel. Über Barbaras frühe Filme schreibt Blumenberg: »Damals galten sie als so schlimm, 1974 würden sie als ebenso naiv wie jugendfrei gehandelt: Bikini-Sex aus einer schamhaft lüsternen Zeit, längst von einer historischen Patina umgeben, eher komisch als aufregend. Barbara Valentin, die eben nie eine ›Skandalnudel‹ war, sondern eigentlich nur immer die willige Imitation internationaler Kurvengrößen im Format der Ära Adenauer, meint heute mit resignativem Lächeln, sie sei halt zur ›Abklatsch-Monroe‹ geworden.« Und weiter: »Barbara Valentin ist eine kluge, selbstbewusste Frau geworden. Mit den Klischees muss sie leben, aber nicht zuletzt lebt sie ja auch von ihnen.« Blumenberg zitiert sie abschließend mit den Worten: »Niemand hält sich 15 Jahre in dem Geschäft mit nichts weiter als einem schönen Busen.«

Blumenberg schreibt nicht, warum er Barbara eigentlich für eine gute Schauspielerin hält, aber er mag sie.

Im Sommer 2012 warten immer noch fünf ungelesene Leitzordner im Keller. Wen soll das alles interessieren? Der Weg führt mich nicht weiter, ich sehe keinen Sinn mehr darin, weiter in den Leitzordnern zu blättern. Immer noch habe ich keine Ahnung, wie ich Barbaras Depression und Drogenerfahrung recherchieren könnte, geschweige denn darüber schreiben. Immer noch zögere ich, nach Rolf Eden weitere alte Bekannte meiner Mutter aufzusuchen. Immer noch schreibe ich drumherum. Wahrscheinlich aus Angst vor Schmerz.

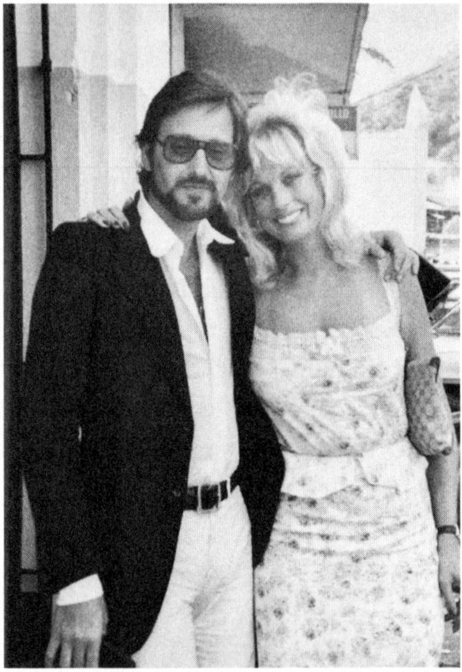

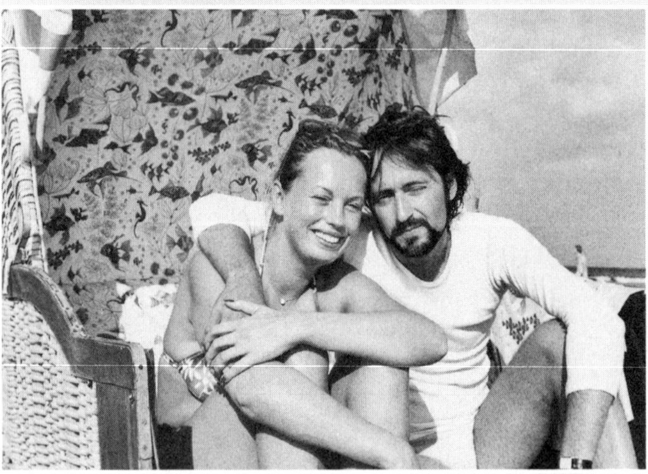

9. Schickeria

Herbst 2012

Der Duden führt den Begriff Schickeria das erste Mal 1973. Bedeutungsgleich gebraucht werden: Establishment, alles, was Rang und Namen hat, Jetset, High Society, die oberen Zehntausend, Oberschicht, in der Mode und im gesellschaftlichen Leben tonangebende Schicht.

Schickeria ist meist abwertend gemeint, weil man ihren Mitgliedern ein gewisses Maß an Eitelkeit unterstellt. Das Wort ist eine Mischung aus dem italienischen *sciccheria*, das Schick, Eleganz bedeutet und dem französischen *chique*. Zuerst ist das Wort wahrscheinlich in München benutzt worden, wo sich Anfang der siebziger Jahre eben »alles, was Rang und Namen hat« regelmäßig auf Festen, Partys und Empfängen versammelt.

»In München sind Verbindungen von Leuten möglich, die sich in Hansestädten völlig voneinander absondern.« Das sagt Hans-Hermann Weyer, der sich selbst Konsul nennt und im München der siebziger Jahre diplomatische Titel verkauft. Er tritt in weißer Uniform auf und wird meist nur »der schöne Konsul« genannt, wobei dieser das graue dünne Haar lang trug, um seine Geheimratsecken zu verstecken, und alles andere als schön war.

Adelige, Industrielle oder reiche Erben gehören nicht zwangsweise zur Schickeria, aber können – wie Gunter Sachs und der Fürst von Thurn und Taxis – durchaus dazugehören. Allerdings muss man nicht reich sein, um Einlass in die Schickeria zu finden, es ist eher so, dass man etwas Besonderes vorweisen können muss, das einen in den Augen des Publikums zum Schickeria-Mitglied qualifiziert: eine Fähigkeit, einen Namen, Schönheit, einen besonderen Ruf oder – wie im Fall von Fürstin Gloria von Thurn und Taxis – einfach den Mut zu Nonkonformismus. Alles in allem dürften das im München der siebziger Jahre nicht mehr als vier-, fünfhundert Leute gewesen sein, schätzt der Reporter Herbert Riehl-Heyse, der das Phänomen zuerst ernst nimmt und Anfang der siebziger Jahre auf der Seite Drei der *Süddeutschen Zeitung* analysiert.

Wer in der Leute-Kolumne von Michael Graeter vorkommt, darf sich der Schickeria zugehörig fühlen. Auch die Menschen, die auf der Gästeliste des Herzogs Albrecht von Bayern stehen, tun das.

»Zur Gesellschaft gehört, wessen Name man dem Leser nicht erklären muss«, definiert Michael Graeter die Schickeria. Die Grenzen sind allerdings fließend. Sein Vorgänger, »Hunter« Obermaier, hielt Discjockeys und Friseure noch für nicht gesellschaftsfähig, Graeter tut es.

Barbara, nicht vermögend, nicht adelig, ohne einen Titel oder einflussreichen Mann, gehört zweifelsohne dazu. Niemand muss irgendeinem Leser in den siebziger Jahren erklären, wer sie ist. Die Leute interessieren sich einfach für sie. Sie bekommt Einladungen zu allen Festen, Partys und Empfängen. Ich glaube, dass sie sich nicht viel daraus gemacht hat, denn sie war es schon lange gewohnt, im Mittelpunkt zu stehen. Außerdem geht sie für ihre Verhältnisse wenig aus, nachdem sie einen neuen Freund findet.

Barbaras Lieblingslokale in dieser Zeit heißen »Kulisse« und »Roma«, beide liegen in der Maximilianstraße. Sie geht gerne bei »Feinkost Käfer« essen und ins »Trader Vic's«, ein polynesisches Lokal im Keller des Hotels Bayerischer Hof. Barbara sitzt in Schwabinger Eiscafes und geht bei »Dallmayr« gegrillte Hähnchen einkaufen. Man kennt sie in München, sie ist überall ein gern gesehener Gast. Etwas schwierig, etwas zickig mitunter, aber immer herzlich. In vielen Reinigungen, Metzgereien oder Bars hängt zu dieser Zeit ihre Autogrammkarte neben der von Franz Beckenbauer oder Uschi Glas. Sie ist so prominent, dass sich die Leute auf der Straße nach ihr umdrehen. In Cafés gibt sie bereitwillig Autogramme, natürlich auf eigenen Autogrammkarten.

Nach der Scheidung ist sie allein nach München gezogen. Wir Kinder blieben beide bei Ernst in Gauting. Mitte der siebziger Jahre ist es sehr ungewöhnlich, wenn Kinder nach einer Scheidung beim alleinerziehenden Vater bleiben. Heute befürchte ich, dass Ernst Barbara das Zugeständnis abgepresst hat, uns Kinder bei sich behalten zu dürfen, angesichts erster Drogengerüchte, die damals aus der Fassbinder-Clique in Umlauf kamen. Wir hätten ohnehin keine

Lust gehabt, die Schule zu wechseln und uns in der Stadt neue Freunde zu suchen. Barbara konnte so kurz nach ihrer Trennung auch keine Kinder um sich gebrauchen.

Sie wohnt für ein paar Monate im Arabellapark im Münchner Nordosten in einer kleinen Zweizimmerwohnung. Meine Schwester und ich übernachten im Wohnzimmer, wenn wir sie am Wochenende besuchen. Oder bei Oma, die mittlerweile nach Schwabing gezogen war. Die Besuche erfolgen unregelmäßig. Sie holt uns zu sich, wenn sie Zeit und Lust hat. Wir sind Kinder auf Abruf. Sie versucht das mit Geschenken wiedergutzumachen. Bald stellt uns Barbara ihren neuen Freund vor: einen unbekannten Regisseur, vier Jahre jünger als sie, aber er ist klug, charmant und witzig, und sie schaut zu ihm auf. Aus erster Ehe hat er eine Tochter im Alter von Minki. Helmut Dietl trägt einen Vollbart wie Ernst, und er ist nett zu uns, wir mögen ihn. Ein Teddybär ist auch er nicht.

1975 zieht sie mit Helmut in eine Querstraße der Maximilianstraße, die Kammerspiele liegen gleich gegenüber am selben Hinterhof. Es ist eine große Altbauwohnung im vierten Stock mit einem Gästezimmer. Barbara fängt an zu drängeln, wir sollten doch zu ihr ziehen.

Die Schickeria-Jahre sind glückliche Jahre für Barbara. Sie hat einen Mann, den sie bewundert. Er liebt sie wohl auch, in jedem Fall findet er bei den Bekannten seiner Freundin auch interessante Studienobjekte für seine Fernsehserien. Er lässt sich gerne mit ihr sehen, schnuppert in die Schickeria, mit ihr taucht er erstmals in der Boulevardpresse auf. Er beginnt allmählich, seinen Weißtick zu inszenieren: weiße Hosen, weiße Jacketts, weißer Schal. Ein junger Gesellschaftsreporter namens Paul Sahner stellt besorgt fest: »Ohne Hochzeit bleibt ein Rest Unmoral.«

Barbara umsorgt ihren jungen Mann, der allmählich bekannter wird. Sie ist fröhlich und ausgeglichen, sie ist nett zu den Leuten, sie zeigt wenig Starallüren. Man sieht ihr an, dass sie glücklich ist.

Barbara begreift sich das erste Mal in ihrem Leben als Schauspielerin. Sie nimmt ihre Arbeit ernst, aber nicht allzu wichtig, sie arbeitet gern und viel, aber sie lehnt jetzt erstmals auch Angebote ab. Sie kann es sich auch finanziell leisten, nicht mehr zu Hans Rosenthals Ratequizzshow »Dalli Dalli« oder zum »Blauen Bock« von Heinz Schenk zu gehen. Unterhaltungssendungen, die in Zeiten vor dem Privatfernsehen riesige Einschaltquoten besaßen. Für Barbara ist jetzt auch die Zeit der Homestorys vorbei. Jeder will mit ihr arbeiten. Sie spielt in der Verfilmung von Bert Brechts »Happy End«. Herbert Achternbusch, der Regisseur und Maler, sagt ihr, er müsse seinen VW-Bus verkaufen, um ihre Gagenvorstellung erfüllen zu können. Sie ist im besten Sinne arriviert, und man lässt sich gerne sehen mit ihr. Niemand kommt mehr auf die Idee, sie noch Ex-Busenstar zu nennen.

Barbara wird häuslich. Sie fängt an zu stricken. Lange, weite Strickjacken, dicke, bunte Schals, jeder ihrer Freunde und jedes Kind im Bekanntenkreis bekommt einen. In ihrer Wohnung stehen immer noch die schweren, dunklen Eichenmöbel, die sie entweder bei ihrem Auszug von Oma aus Bruchsal mitbekommen oder sich in Berlin gekauft hat. Schränke, Tische, Kommoden und wacklige, hundert Jahre alte Bauernstühle. Die Antiquitäten werden jetzt durch moderne Glas- und Plastikmöbel ergänzt. Sie kauft abstrakte Grafiken für die Wände und stellt jede Menge Pflanzen auf. Helmut bringt lediglich ein paar Biedermeier-Möbel mit. Stilistisch passt nichts zusammen, wirkt aber sehr gemütlich. Sie hält penible Ordnung, leert Aschenbecher immer gleich aus und bügelt mitunter sogar selbst.

Sie raucht jetzt etwas mehr, immer noch Lord Extra. Sehr leichte Zigaretten. Sie trinkt nur in Maßen, wenn sie ausgeht. Auch zu Hause trinkt sie wenig, aber es stehen immer ein paar Flaschen Sancerre in der Küche herum, gelegentlich ein Cognac der Marke Hennessy, den sie mit Cola mixt. Sie liebt Coca-Cola, auch tagsüber, und Buttermilch am Morgen. Sie wird dicker, trägt weite, bunte Blusen. Sie ist eine schöne Frau Mitte dreißig, zufrieden, charmant, offen. Sie fährt mit ihrem Mann in den Urlaub, meist nach Frankreich. Er spricht gut Französisch, sie nimmt Französisch-Unterricht, natürlich privat. Wann immer sie zu Dreharbeiten länger verreisen muss, versucht sie, uns Kinder nachkommen zu lassen. Ich besuche sie in Wien, als sie »Bomber und Paganini« dreht, eine Komödie mit Tilo Prückner und Mario Adorf. So kam ich auch nach Düsseldorf, als sie am Theater in Recklinghausen spielt, »Kasimir und Caroline«

von Ödön von Horváth. Den hatte ich gerade in der Schule gelesen, natürlich war ich stolz auf meine Mutter, als ich sie als Caroline auf der Bühne spielen sah.

Als ihre beste Freundin Dora in Italien ertrinkt, fährt sie mit mir zwei Wochen nach Paris, wo Dora gelebt hatte, um den Witwer und seine Kinder zu unterstützen. Dora, das habe ich schon geschrieben, war die beste und engste Freundin, die Barbara je hatte. Nachts schleppt meine Mutter mich mit ins »Alcazar«. Ich bin dreizehn Jahre alt und bekomme rote Ohren, als ich die nackten Revue-Tänzerinnen sehe. Ein andermal fahren wir zu Freunden von ihr an die Côte d'Azur nach Saint-Tropez. Natürlich gehen wir an den Nacktbadestrand.

Barbara fängt um diese Zeit herum an, selbst zu kochen. Ein schwieriges Unterfangen, denn sie hasst Zwiebeln und Knoblauch, isst selten anderes Fleisch außer magerem Kalbfleisch oder Hühnchen. Auch scharfes Essen mag sie nicht. Ihr Mann leidet ohnehin an einem Magengeschwür. Sie kocht also Fisch, Nudeln, nur wenig Gemüse.

Huhn Bombay mit Pfirsich esse ich damals am liebsten von ihr. Eigens für dieses Gericht hatte sie einen Römertopf gekauft. Ein anderes Rezept hat sie einem befreundeten Schwulenpaar aufgeschrieben: Tagliolini alla Barbara.

Die Zutaten: 400 g Tagliolini, 400 g Hähnchenbrust, 100 g Erbsen, 50 g getrocknete Steinpilze, 1/2 Glas Weißwein, 1 Becher Sahne oder Crème double, Pecorino, Salz, Pfeffer, Muskat. Tagliolini al dente kochen, Hähnchenbrust in Streifen schneiden und in etwas Öl mit einer Butternuss anbraten. Steinpilze und Erbsen dazu und mit dem Weißwein ablöschen. Sahne dazu, alles salzen und pfeffern und etwas Muskat dazu geben. Nudeln dazu. Alles in eine feuerfeste Form, Pecorino drüber und kurz gratinieren.

Voilà. Keine leichte Küche.

Barbara und Helmut haben gerne und oft Gäste: Dieter Hildebrandt, der Kabarettist, jede Menge Schauspieler: Helmut Fischer, Christine Kaufmann und immer wieder Freunde aus der Fassbinder-Clique, die sich bei Barbara ausheulen, weil Fassbinder sie so schlecht behandelt. Kurt Raab etwa, zehn Jahre lang Schauspieler und Ausstatter in den ersten Filmen, wird 1977 regelrecht verstoßen.

Das passierte vielen. Irgendwann rief Fassbinder: »Weißt' was, ich kann dich einfach nicht mehr sehen. Ich kann dein Gesicht für ein paar Jahre nicht mehr ertragen.« Barbara blieb der Bann erspart. Nach »Fontane Effi Briest« kam lediglich eine große Pause. Ich weiß nicht, warum. Erst 1979 ist sie wieder in »Berlin Alexanderplatz« zu sehen, als Bieberkopfs Frau, die gleich zu Beginn ermordert wird. 1980 spielt sie in »Lili Marleen« und soll 1982 auch in Fassbinders Film über die Neue Deutsche Welle mitmachen.

Der Fassbinder-Clique bleibt sie ab Mitte der siebziger Jahre lose verbunden. Der aber ist laut Barbara beleidigt, dass sie sich von ihm und seiner Gesellschaft zurückzieht, um in einer spießigen Zweierbeziehung ihr Glück zu suchen.

Kurt Raab hatte das Ausstattungsbudget überzogen. Fassbinder glaubte, er habe sich seine maßgeschneiderten Seidenanzüge auf Kosten eines Films gekauft. Deshalb wird Raab vom Clan verstoßen und verliert Arbeit, Familie und Freunde auf einmal. Barbara kümmert sich rührend um ihn, sie nennt ihn Emma; damals beginnt sie mit dem Spleen, sich für alle homosexuellen Freunde Frauennamen auszudenken, die dann auch bereitwillig von den Betroffenen selbst übernommen werden.

Manchmal rückt Patrick Süskind bei uns an, ein Freund von Helmut, sein Co-Autor bei den frühen Fernsehproduktionen und später Autor des weltweiten Bestseller-Romans »Das Parfum«. Er bringt seine Nudelmaschine mit, knetet den Nudelteig, hängt die Nudeln auf einer Wäscheleine auf, die dafür quer durch die offene Küche gespannt wird, bis er dann zum Essen ruft. Süskind kocht allein. Wenn ich ihn währenddessen nach seinem Geschichtsstudium frage, antwortet er mürrisch. Er raucht viel beim Kochen, mit einer Zigarrettenspitze, und er redet wenig. Aber seine Nudeln schmecken gut. Nach dem Essen arbeiten er und Helmut. Sie reden und rauchen. Helmuts Arbeit gefällt mir.

Süskind lädt uns alle einmal an den Starnberger See in sein Elternhaus ein und spielt lange mit mir Tischtennis. Dabei können meine Mutter und er sich nicht ausstehen, das erzählt sie mir später, als wir allein sind. Er hingegen erzählt es öffentlich, 14 Jahre nach ihrem Tod, im Nachwort zu den 2016 postum erschienenen Erinnerungen Helmut Dietls:

»Den Stempel hatte dieser [Helmuts] Wohnung offensichtlich die Dame des Hauses aufgeprägt, die der Hausherr ›Püppilein‹ nannte und die einem größeren, die Boulevardpresse lesenden Publikum als Schauspielerin, ›Sexbombe‹ oder ›Skandalnudel‹ unter dem Namen Barbara Valentin bekannt war, bekannter damals als Dietl selbst. Von einem Püppchen hatte sie freilich, außer einem vollen runden Gesicht, so gar nichts an sich: eine Frau von dominanter, aggressiver Weiblichkeit, eine starke, manchmal furchterregende Persönlichkeit, gewohnt und fordernd, im Mittelpunkt zu stehen und begehrt zu werden, dazu eifersüchtig und gelegentlich, nein, häufig zu Äußerungen und Ausbrüchen unfassbarer Vulgarität neigend. Da auch der junge Dietl eher zur Kategorie der eifersuchtsgeplagten Choleriker zählte, kam es zwischen den beiden sowohl im heimischen Boudoir als auch in der Öffentlichkeit – etwa einem Restaurant – nicht selten zu Auseinandersetzungen der lautesten und derbsten Art, sodass der anwesende Dritte sich nur eilends empfehlen konnte, um nicht vor Scham im Boden versinken zu müssen.«

Ich habe nie gehört, dass Helmut seine Frau »Püppilein« genannt hätte. Ich habe sie nie streiten hören, ist aber sicher irgendwann so gewesen.

Süskind verachtet die Schickeria. Barbaras Freundin Christine Kaufmann, die Schauspielerin und Ex-Frau von Tony Curtis, mag er dagegen sehr. Die beiden beginnen eine Affäre, und plötzlich gehört Patrick Süskind, der Intellektuelle, irgendwie selbst dazu.

Man spielt Gesellschaftsspiele, Monopoly, oder schaut Fernsehen oder redet darüber, was beim deutschen Film alles falschläuft. Für sie ist es vier Jahre lang ein einfaches, unbeschwertes, auch ziemlich gesundes Leben. Sie würde sicherlich noch leben, wäre alles in diesem Trott weitergegangen.

Barbara und Helmut heiraten 1976 in Panama. Zwei Jahre später gebe ich endlich Barbaras Drängen nach und ziehe zu ihnen in die Stadt. Meine kleine Schwester hat den Übertritt aufs Gymnasium nicht geschafft, Ernst schickt sie ins Internat. Kaum bin ich bei Barbara und Helmut eingezogen, trennen sie sich. Ich kenne keinen genauen Grund, aber soweit ich weiß, verlässt er sie. Sonst war es immer andersherum gewesen

Im Dezember 1978 diktiert Helmut der jungen *AZ*-Gesellschaftsreporterin Marie von Waldburg in die Feder: »Es ist eine berufliche Trennung. Ich muss meine Fernsehserie zu Ende schneiden, deswegen bin ich in ein Drei-Zimmer-Appartment im Hotel Residence gezogen.«

Während der Kinofilm »Flammende Herzen« mit Barbara in einer Hauptrolle läuft, dreht sie schon eine Rockoper mit dem gleichen Regisseur, Walter Bockmayer, an der

Seite von Eddie Constantine. Udo Kier spielt darin einen unglücklichen Clown, der von seinem Vater zur Zirkusarbeit genötigt wird. Bei den Dreharbeiten fliegt Kier vom Karussell und verletzt sich. Das ist das Einzige, was von dem Film in Erinnerung bleibt. Sie spielt die Wahrsagerin in »Neues vom Räuber Hotzenplotz«. Im März trifft sich Federico Fellini mit ihr. Es kommt aber nichts dabei heraus. Sie macht bei »Klimbim« mit, wo sie Elisabeth Volkmann kennenlernt. Die beiden befreunden sich.

Zum Filmball im Januar 1979 erscheint sie noch ein letztes Mal mit ihrem letzten Ehemann. *Bild* meldet: »Barbara Valentin tanzte zärtlich mit ihrem Mann Helmut Dietl – obwohl sie zur Zeit von ihm getrennt lebt. Er im Hotel, sie zu Hause.« 980 Prominente sind angeblich in den Bayerischen Hof gekommen. *Bild* nennt Barbara als einen von nur zwanzig mit Namen. Die anderen lauten: Klaus Kinski, Paul Hubschmid, Silvester Stallone (er machte Petra Schürmann den Hof), Hellmut Lange und eine unbekannte Blondine, die als Marilyn Monroe auftritt.

Auf der Geburtstagsparty von Christine Kaufmann Ende Januar sichtet Michael Graeter sie nur noch allein. Man sammelt für Abi Ofarim, den Schlagerstar. Er musste wegen Drogenbesitzes in U-Haft. Ende Februar beginnt Barbara eine Affäre mit Sascha Kahana, einem Cousin von Abi Ofarim. Sascha wird vorgestellt als russischer Schuhverkäufer, sieben Jahre jünger als sie. In der Presse steht bald auch: »Das hat Babsi nun davon. Nach der Trennung schneidet ihr Mann ihre Rolle in seiner Fernsehserie immer kleiner.« *Bild München* meldet: »Barbara Valentins Ehemann: Ein Baby von der Sekretärin.« Gleich darunter heißt es: »Ilja Richters Pudel vergiftet.«

Die Boulevard-Presse behandelt Barbara immer noch pfleglich. Sie hat sich rar gemacht während ihrer Ehe. Keine Skandale, keine Homestorys, nur Arbeit und Privatleben, sie besucht eher wenige Veranstaltungen, Empfänge oder Partys, die mit der Schickeria in Verbindung gebracht werden, doch Barbara zählt immer noch dazu.

»Kir Royal« wird die Fernsehserie heißen, die Helmut Dietl 1980 über die Münchner Schickeria drehen wird. In ihr spielt Franz-Xaver Kroetz, der Schriftsteller und Schauspieler, den Klatschreporter Baby Schimmerlos, der wiederum an den realen Klatschreporter Michael Graeter angelehnt sein soll, so hat das zumindest Graeter dargestellt, Dietl versuchte erst spät, die Legende mit dem Hinweis auf Hunter zu korrigieren. Die berühmteste Szene der sehr erfolgreichen Fernsehserie spielt vor dem Schwimmbad des Bayerischen Hofs im sechsten Stock. Ein von Mario Adorf gespielter Klebstofffabrikant aus Düsseldorf versucht, seinen Namen in die Klatschspalte von Baby Schimmerlos einzukaufen – und sich damit einen Platz in der Schickeria zu erschleichen. Er sagt: »Ich scheiß dich zu mit meinem Geld.« In der Fernsehserie gelingt es ihm nicht, dauernden Einlass zu finden.

Nicht dass die Schickeria nicht käuflich wäre, aber Geld allein genügt im Zweifel eben nicht.

Die Schickeria sucht sich ihre Mitglieder selbst aus. Einer, der zumindest sagte, ihm liege gar nichts daran, dazuzugehören, wurde dennoch aufgenommen: Helmut Dietl gehörte nach dem Erfolg seiner Fernsehserie und erst recht während der Beziehung mit Veronica Ferres dazu.

Zu der Zeit bewegt sich Barbara längst in anderen Kreisen. Die Schickeria, so sieht es aus, hat sie gelangweilt.

Beruflich befindet sich Barbara auf dem Höhepunkt ihrer Karriere. Ihr wahrscheinlich größtes persönliches Unglück fällt in die Zeit ihres größten beruflichen Erfolgs. Man nennt sie inzwischen »Charakterdarstellerin«. Ein Filmmuseum in Nordrhein-Westfalen sammelt ihr Kostüm aus »Flammende Herzen« ein. Sie wird mit dem Regisseur Walter Bockmayer auf ein Filmfest nach Montreal eingeladen. Ich darf mit. Es ist der Film, in dem sie eine verzweifelte Prostituierte spielt, die sich heulend in der New Yorker U-Bahn auf den Boden wirft.

Für ihre Rolle hätte sie um ein Haar den Bundesfilmpreis bekommen. Das hat zumindest Helmut so gesehen. Der *Spiegel* druckt eine große Geschichte über sie, Marie-Luise Scherer schreibt fast schon eine Hommage:

> »Im Kinosessel hinter Barbara Valentin sitzt ein junger Mann. Die Dunkelheit ermutigt ihn, sie, in ihren Nacken hineinsprechend, um eine Locke zu bitten. Sie sagt: ›Wenn Sie eine Schere haben.‹ Dieser Bescheid lässt ihn wie den Sieger einer Wette kurz aufspringen, und

neben ihm wird gelacht. Dadurch dreht sich das Anliegen scheinbar zu einem abgesprochenen Männerspaß. Auf der Leinwand läuft ›Flammende Herzen‹ von Walter Bockmayer und Rolf Bührmann, ein mit dem Bundesfilmpreis ausgezeichnetes Märchen über den Jammer von Hänsel und Gretel in New York. Es ist der Beginn einer Retrospektive von Filmen mit Barbara Valentin, welche das Düsseldorfer Filmforum veranstaltet. Sie spielt diese Gretel, eine todtraurige Kleingeldhure aus Kaiserslautern.

Nach der Vorführung werden die Besucher noch zu Altbier und einem Imbiss eingeladen. Da der junge Mann keine Schere hat finden können, erübrigt sich die Locke. Aus einer stellvertretenden Empfindlichkeit heraus, einem Humoristen nicht mit einer als romantisch rangierenden Geste gefällig zu sein, bin ich froh darüber. Diese innerliche Einmischung hat mit der Privatperson der Barbara Valentin zu tun. Sie war mal Skandalblondine mit einem knochenlos scheinenden Jugendgesicht, berühmt durch statisch überlastete Spaghettiträger, ein Popanz aus dem gesteppten Kulturbeutel der fünfziger Jahre. Und die Zuteilung von bösem Leumund, die für sie abfiel, kann als knapp vermiedene Ermordung gelten. Aus dem cineastischen Publikum mit den vierfach geschlungenen und dennoch die Kniekehlen berührenden Schals hebt sich ein etwa fünfzigjähriger Mann in einem grauen Wintermantel ab. Er hält einen Briefbogen, der zur Hälfte mit einem Valentin-Foto beklebt ist. Er will ein Autogramm von ihr, sein für den Ordner vorgelochtes Leinenpapier zu einem Dokument aufwerten lassen.

Wahrscheinlich ist die Art, mit der er auf Abstand bleibt, eine von vielen Erregungsstufen, die er einhalten will, bevor er das Blatt mit dem Bild ihr auf den Tisch legt. Doch die übrigen Anwesenden stören sein Ritual. Diese lockeren Leute in bunter, renitenter Winterkleidung unterhalten längst sachliche Kontakte mit seiner Heiligen. Sie haben Stühle zu ihr auf Lücke gerückt und heben sich den Teller unters Kinn für die herabfallenden Zwiebeln der Mettbrötchen.
Barbara Valentins Rolle in ›Flammende Herzen‹ gilt als ihre beste. Die Zeitrechnung für diese Wertung ist 1973 anzusetzen; Rainer Werner Fassbinder engagierte sie für seine Serie ›Welt am Draht‹. Es folgten statuarische Nebenrollen in seinen Filmen ›Nora‹, ›Martha‹ und ›Effi Briest‹. In ›Angst essen Seele auf‹ war sie schon ausgiebig agierend.
Vor dieser Zeitrechnung liegen etwa 40 Filme, an die sich Barbara Valentin nur grob erinnert. Es müssen ausnahmslos bebende Angebote aus dem Drahtverhau der Büstenhalterkörbchen gewesen sein. Ihr erster Film hieß ›Du gehörst mir‹, das ist 21 Jahre her, wo sie, gerade 17, im Schaubehälter einer schwarzen Corsage dazustehen hatte. Barbara Valentin ist jetzt 38, und die fortdauernde Erwähnung ihrer Wandlung beginnt sie zu ärgern; als ob sie früher ein hirnloser Einzeller gewesen wäre. Sie habe, sagt sie, sich nur keinen Moment lang als Schauspielerin empfunden, diesbezüglich nichts von sich gehalten. Eher war sie darauf gefasst, ›dass die mal aufwachen, dass morgen Ende ist‹. Und ein Selbstmord wäre daraus nicht geworden.

Ihre ursprüngliche Gewissheit, nie ein verfeuertes Talent gewesen zu sein, sondern mehr ein unaufgedeckter Irrtum, ist sicher keine gemütliche Geschichte. Doch sie mildert diese behauptete, magdalenenhafte Kehrtwendung einer Darstellerin, deren Busen mal ein Scherzpaket in dünnen Filmen war und deren Busen jetzt, in gedankenvollen Filmen, in der Himmelsrichtung der Kunst gezeigt wird.

Barbara Valentin ist im Sinne ihrer Wirkung und ihres täglich an die Medien verfütterten Rufes immer ein Star gewesen, jemand, der ohne künstlerisches Ansehen eine magnetische Eigenständigkeit hat.

In der Vorstellung ihres Entdeckers John Harris sollte sie wie Jayne Mansfield werden. Harris war ein glückloser Märchenerzähler aus Hollywood, der sich für einen Alchimisten hielt. Er traute sich zu, die optische Übertreibung einer Frau zu fabrizieren.

Seine Einfälle zur Erschaffung dieses Geschöpfes waren jedoch kleiner als sein Ziel hoch war. Vor allem verrieten sie Ungeduld. Er trieb Barbara Valentin im Bikini vor die Rotte der Festival-Fotografen. Sie rannte ins Wasser und zeigte sich bei der Rückkehr in dem probaten nassen Hemd.

Die Idee einer Karriere als unberührbarer Sündenfetisch verflachte durch mangelnde Dosierung. Barbara Valentin wurde eine vielgeknippste Anwesende, eine verfügbare Provokation. Und sie behandelte diese eher kleine Existenz auch nie als sei es eine große. Arrangierte Skandale buchte sie als Vergnügen. Die ehrabschneidenden Texte in den Boulevardblättern ertrug sie als Preis ihrer

Öffentlichkeit. Sie hatte in keinem dieser Blätter, denen sie als Titelköder immer gut war, nur ein bisschen Hausmacht, keinen zeilenschindenden Spezi, der zu ihren Gunsten auf eine Verzerrung verzichten mochte.
Barbara Valentin war nicht mal die annähernde Wahrheit wert. Zum Beispiel lancierte aus Gründen der Selbstreklame ein Berliner Barbesitzer die Meldung, in der Nacht nach seiner Verlobung mit ›Babsie‹ sei das Bett gekracht. An dieser Meldung ist weniger schlimm, dass ein abgetakelter Kerl ein federnder Bock gewesen sein will, unter dem eine Sexbombe auf die Dielen geht, als dass diese Sexbombe diesen Mann nur per Handschlag kannte.
Juristisch veranlasste Gegendarstellungen konnten die jeweilige Schmach nur verdoppeln, weil das Wiederholen des Unzutreffenden dem Leser die gleiche sättigende Vesper gab. Einmal hieß es, Barbara Valentin habe sich im Kölner Dom lieben lassen. Diese Lüge sollte gelöscht werden, indem eine Berichtigung die Überschrift trug: ›Sie war nie im Kölner Dom.‹ Das klang wie ein Vorwurf, ein Herzstück der abendländischen Kultur versäumt zu haben.
Barbara Valentin begriff ihr spezielles Martyrium, als die ›Bild‹-Zeitung mit anzüglicher Ermunterung an die Leser ihre Telefonnummer abdruckte. Sie wurde anonym von Männern angerufen, die, nachdem sie durchgeatmet hatten, ihren sexuellen Wagemut wie eine Rotzschleuder auf sie zielten.
Vor sechs Jahren, als Fassbinder über Agentur bei ihr anfragte, lebte Barbara Valentin in zweiter Ehe mit Sohn

und Tochter in einer Münchner Villa. In den Illustrierten erschienen kontemplative Bildberichte, in denen Bauernschränke und Esstische erwähnt wurden als Belege ihrer Läuterung.

Die Valentin, wurde geschrieben, hat sich gefangen. Doch gerade, als ihr breit gelebtes Glück ein Thema war, hatte sie undeutliche Anfälle von Angst, dass außer guten Büchern und Enkelkindern nichts mehr auf sie zukäme. Nach der ungefähren Datierbarkeit ihrer Anfälle kam Fassbinder pünktlich. Barbara Valentin geriet in einen ganz neuen Zusammenhang.

Sie fand in einer Sphäre Verwendung, der sie anmerkte, es gibt noch was. Ihre alte Bestimmung, ausschließlich für krachend feilgebotene Körperformen gut zu sein, wurde aufgelöst in die Nuancen dieses Fachs. Das heißt, sie blieb die Frau, die von Hause aus kein Dach hat und mit beschädigtem Renommée keinen Aufwand im bürgerlichen Mitfühlen verdient. Doch sie durfte das Gemüt dieses Typs ausspielen, die seelische Schlagseite einer Person mit einem Vergnügungskörper, die Prozedur des Erfrierens als Objekt in außerehelichen Männerträumen.

Der Vorgang, für eine Schauspielerin genommen zu werden, machte Barbara Valentin, die von sich sagt ›ich bin intelligent, das heißt, ich bin nicht doof‹, misstrauisch. Sie empfand sich zuerst nur kurios, als Hinterbliebene einer überlebten Gattung, als archetypisches Schmuckstück aus der durch Tropfkerzen verdunkelten Kellerbar.

Ich glaube auch nicht an die pure, vom Himmel angezeigte Wiederentdeckung Barbara Valentins, sondern mehr an Fassbinders pünktliche Vorführung aus der Mode geratener Darsteller. Im Spiel ist jenes antizyklische Entzücken, welches, konträr zu ihrer Zeit, sowohl Menschen wie Gegenstände auslösen können. Es ist das trendhafte Schönfinden eigentlich ausgereizter Gesichter, und als Entsprechung für die Gegenstände ist es der geschmackliche Salto für einen Cocktailsessel.

Fassbinders Einfall, Barbara Valentin zu besetzen, darf deshalb aber nicht zu einem Gebot der Stunde verkleinert werden. Denn er ist ja eher Anführer oder Erfinder solcher Pointen als deren Nachahmer, also ein Entdecker. Um den Dingen nicht mehr Namen zu geben als sie verdienen: Fassbinders gute Reputation verursachte Barbara Valentins neuen Marktwert. Das ist eine ganz normale, jedem Erfolg innewohnende Begebenheit, da sich kein Mensch durch Selbstentzündung zu steigern vermag.«

Marie-Luise Scherer hielt Barbara zwar nicht unbedingt für eine gute Schauspielerin. Sie hält ihr das aber nicht vor, sondern meint, Barbara sei nur zur rechten Zeit da gewesen, als Fassbinder einen neuen Trend setzte.

Nur kurze Zeit nach dem Erscheinen dieses Artikels, während der Dreharbeiten zu »Lola«, stellt Fassbinder eine Hitliste zusammen mit seinen besten, wichtigsten, schönsten Filmen, den besten Schauspielern und Schauspielerinnen. Diese letzte Liste lautet: Hanna Schygulla, Margit Carstensen, Barbara Sukowa, Brigitte Mira, Eva Mattes,

Barbara Valentin, Ruth Drexel, Karin Baal, Gisela Uhlen, Ingrid Caven. Die Liste seiner schönsten Filme beginnt mit »Angst essen Seele auf«. Allerdings steht bei den enttäuschendsten Filmen auch »Flammende Herzen«, in dem Barbara ja auch mitspielt.

Fassbinder hat solche Listen sehr ernst genommen. Mit Akribie hatte er auch eine solche für die Fußball-Europameisterschaft 1980 erstellt, in der er alle Paarungen, Zwischentabellen und Final-Begegnungen vorausgesagt hat. Deutschland tippte er als Europameister und behielt damit Recht.

Harry Baer hat diese Listen in seinem Buch veröffentlicht, das er kurz nach Fassbinders Tod mit dem Titel »Schlafen kann ich, wenn ich tot bin« geschrieben hat. Baer war Freund und engster Mitarbeiter Fassbinders, lange Jahre sein Regieassistent und auch Schauspieler in einigen seiner Filme. Er beteuert, dass Fassbinder Barbara wirklich für gut hielt. Aber was ist eine gute Schauspielerin?

Harry Baer sagte mir dazu: »Wenn man jemanden spielt, der man nicht unbedingt selbst ist, sondern in den man sich verwandelt. Deine Mutter war in einigen Rollen sehr gut. In ›Angst essen Seele auf‹ hat sie nicht einfach sich selbst gespielt, sondern eine Rolle gespielt, als sie sich über Salem lustig macht, weil der mit der Alten eine Beziehung hat. In ›Berlin Alexanderplatz‹ war Barbara auch sehr gut, obwohl sie da nur eine kleinere Rolle hatte. Der Rainer fand sie in jedem Fall gut. Er wollte sie auch in seinem nächsten Film über die Neue Deutsche Welle wiederbesetzen, aber dazu kam es ja leider nicht mehr.«

Barbara ist Schauspielerin geworden, ohne zu wissen, um was es in diesem Beruf geht. Sicherlich entwickelte sie irgendwann auch den Ehrgeiz, gut zu werden. Als sie schließlich so weit war, hat der Erfolg ihr nur nicht mehr viel bedeutet.

Wieder einmal ändert sie ihr Leben radikal. Den Lebensabschnitten als Busenwunder, als Schauspielerin, die ernst genommen werden will, und als Schickeria-Mitglied folgen zwei Jahre im Schwabinger Nachtleben, bevor sie zur Schwulenmutter im Glockenbachviertel wird.

Ich war zu meiner Mutter in die Stadtmitte gezogen in Erwartung, mit ihrem dritten Ehemann regelmäßiger die Spiele des FC Bayern im Olympiastadion verfolgen zu können. Stattdessen landete ich in einer Schwulen-WG mit einer Mutter, die nachts ständig unterwegs ist und tagsüber schläft.

Barbara hatte kurz nach Helmuts Auszug Untermieter aufgenommen. Zwei Modedesigner, ein schwules Pärchen, Rolf Albrecht, genannt Albi, und Freddie Zimmermann, von Barbara Schnebbele genannt. Sie bewohnen eineinhalb Jahre lang das Gästezimmer, solange ihre Wohnung im Lehel kernsaniert wird. Diese ersten Untermieter sind also Freunde, und sie verlangt keine Miete von ihnen.

Rolf Albrecht und Barbara kennen sich seit ihrer Jugend. Er ist ein Jahr älter als sie und in Karlsruhe aufgewachsen, wohin Barbara nach der Mittleren Reife auf die Steiner-

Schule geschickt wurde. Noch in Karlsruhe hatte er Barbara in Kleider eingenäht, damit sie extrem eng anliegen konnten. Sobald Barbara auf die Toilette musste, ging sie nach Hause und schnitt ihr Kleid auf.

Sie ziehen in etwa zur gleichen Zeit nach München, sie gehen öfter gemeinsam aus. Rolf wird bald Modedesigner und Kostümbildner beim Film, Anfang der siebziger Jahre eröffnet er mit einem Partner das Modegeschäft »Sweetheart« auf der Leopoldstraße – jenen Laden, in dem sich später Gloria von Thurn und Taxis ihre schrillsten Kostüme entwerfen lassen wird.

Barbara geht nach der Trennung von Helmut ständig aus. In Discos wie das »Sugar Shack«, ins »Why not« oder in die legendäre »Klappe«, ein Nachtlokal, von dem es heißt, man könne dort jede Art von Drogen bekommen. Die meisten Lokale schließen um ein Uhr nachts, in München gibt es immer noch eine Sperrstunde. Wenn diese Lokale schließen müssen, bringt Barbara die letzten Gäste oft mit zu sich nach Hause. Ich lerne sie dann beim Aufstehen um sieben Uhr kennen, ich gehe ja zur Schule. Udo Kier sitzt eines Tages in der Küche, den kenne ich aus dem Fernsehen. Er ist sturzbetrunken und macht schöne Augen. Migk, ein Kellner aus der »Deutschen Eiche«, fragt, wie ich die Pasta-Sauce gemacht hätte, deren Reste er gerade aufgegessen hat.

Roger Fritz, der Fotograf, und seine Frau Margit Friedrich sind oft dabei. Dolly Dollar und Wolfgang Fierek, der mir doch glatt erklärt, wie großartig seine Zeit bei der

Bundeswehr war. Die betrunkenen Morgengäste von Barbara erzählen alle wahnsinnig viel Unsinn.

Vor allem Theo Crash, ein DJ aus dem »Sugar Shack«, mit langen grauen Haaren, der dafür bekannt ist, seine Titel anzumoderieren wie im amerikanischen Radio: marktschreierisch und auf Englisch. Er ist so gefragt, dass er in der Disco mitgeschnittene Tapes für 100 Mark das Stück verkauft; Barbara bekommt sie umsonst und lässt sie eine Zeit lang Tag und Nacht laufen. Grauenhaft für meinen Geschmack. Aber Minki versichert mir, als ich ihr erzähle, über wen ich gerade schreibe, wie nett Theo doch ist und dass ich nicht schlecht über ihn schreiben darf.

Conny Froboess treffe ich eines Morgens, sie hätte Lust, sich mit mir zu unterhalten, aber ich erstarre vor Ehrfurcht. Eine Lehrerin im Alter meiner Mutter macht mir Avancen. Da bin ich 16, sie Ende dreißig.

»Pension Leopard« nennt Barbara ihre Wohnung im Scherz. Aber Barbaras Wohnung ist eher eine Bar als ein Hotel.

Elisabeth Volkmann ist Stammgast. Sie singt gerne am frühen Morgen. Ein anderer Gast, ich kann mich nicht an seinen Namen erinnern, geht an einem Wochenende nach durchzechter Nacht mit mir zum Fußballspielen in den Englischen Garten, aber die meisten von Barbaras neuen Freunden kann ich irgendwie nicht leiden.

Albi und Schnebbele sind nur gelegentlich bei Barbaras morgendlichen Trinkrunden dabei. Barbara arbeitet in dieser Zeit nicht, aber die beiden führen unter der Woche ein bürgerliches Leben und stehen den Tag über im Laden.

Abends gehen sie erst etwas essen und dann »auf einen Drink zu Edith« ins »Why Not« oder in die »Klappe«. Mich nehmen sie mit, zeigen mir die wenigen Discos, die es damals in München gibt. Sie kümmern sich um mich und sagen: »Lass deine Mutter ein bisschen rumspinnen, sie wird sich schon wieder fangen.«

Freddy leiht mir sein Mofa und kleidet Minki am Wochenende bei »Sweetheart« neu ein, Albi bringt mir das Kochen bei und besorgt mir Jacketts und Hemden von Flohmärkten in London, Paris oder Ibiza. Die beiden laden mich in den Urlaub nach Ibiza und Formentera ein, interessieren sich für meine ersten Freundinnen, hören sich meinen Liebeskummer an. Sie tun all das, was Barbara nur mehr selten tut. Ich bin oft bei ihnen im Laden, sonntags schauen wir zu dritt im Bett Fernsehen, und Albi kocht.

Barbara ist unglücklich, das erkenne ich sogar mit gerade einmal 15 Jahren. Die Leute um sie finden sie amüsant, echte Freunde sind es aber wohl nicht. Wenn Barbara nachmittags aufwacht, trinkt sie Buttermilch, bleibt im Bett liegen, sieht stundenlang fern. Wenn sie frühmorgens Gäste hat, läuft Musik, die sie zuvor nie hörte: Die Pretenders oder Grace Jones und vor allem die dämlichen Disco-Mitschnitte von Theo, dem ersten DJ, den Michael Graeter zur Schickeria zählt.

Irgendwann in diesem Jahr lese ich dann in der Zeitung von der Hausdurchsuchung bei Barbara. An einem Vormittag, ich muss in der Schule gewesen sein. Die Polizei hat nichts gefunden. Dabei hatte Freddy, der Untermieter, Kokain in seinem Zimmer versteckt, das erzählt er mir noch am gleichen Abend.

Natürlich erzählen die Freunde der Mutter dem Sohn wenig, wenn es um deren Drogenkonsum geht. Natürlich verharmlosen sie die Droge, denn wenn sie davon wissen, dann nehmen sie es selbst. Wie schlimm es um meine Mutter bestellt war, erfuhr ich erst nach dem Befund, den das Krankenhaus nach ihrem Schlaganfall erstellte. Und die ganze Wahrheit sogar erst acht Jahre später, als mir Albi sagte, dass es nach der Trennung meiner Mutter von Helmut kaum eine Woche verging, in der sie seiner Meinung nach kein Kokain nahm.

Ende der Siebziger, Anfang der Achtziger war ich ein Teenager. Die eigene Erinnerung an diese Zeit hat eingesetzt und macht das Blättern in den Zeitschriftenartikeln überflüssig. Barbara hat immer mehr schwule Freunde, einige leben noch im Jahr 2014, als ich versuche, mehr über ihre Zeit als Schwulenikone zu erfahren. Albi hat München schon Anfang der neunziger Jahre den Rücken gekehrt und ein Hotel in Playa del Carmen, Mexiko, gebaut. Ich treffe ihn auf Ibiza, wo er immer noch eine Wohnung hat. Harry Baer ist nach dem Tod von Fassbinder nach Berlin gezogen.

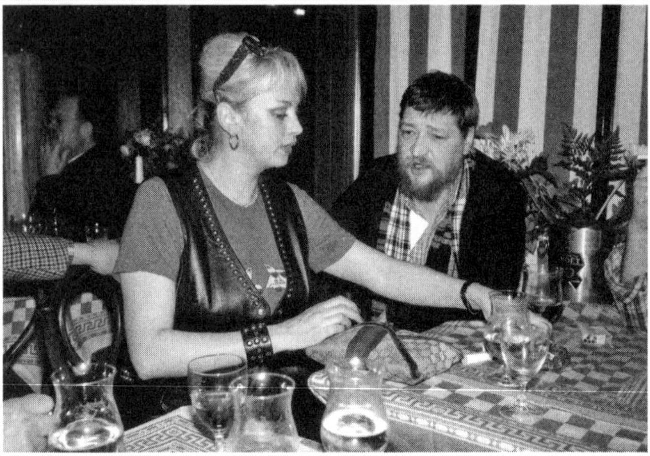

10. Wohnzimmer

Herbst 2013

Die »Deutsche Eiche« in der Münchner Reichenbachstraße, um 1890 gegründet, war bis weit in die zweite Hälfte des 20. Jahrhunderts ein ganz normales bayerisches Wirtshaus, das von drei Frauen geführt wurde. Über und hinter der Wirtschaft befand sich das gleichnamige Hotel. Das Essen war schon immer einfach und günstig gewesen, wie auch die Zimmer. Vor den Fenstern zur Straße hin hingen Vogelkäfige, und am »Vogerltisch« unter dem Käfig soll schon Adolf Hitler gesessen haben, aber diese Auskunft ist nicht sonderlich vertrauenswürdig, denn mit diesem fragwürdigen Gast kokettieren in München eine ganze Reihe von Lokalen. Während des Krieges zerstörte eine Fliegerbombe das Haus. Doch Ende der Vierziger wurde es Stockwerk für Stockwerk wieder aufgebaut.

Ein Tänzer vom nahen Gärtnerplatz-Theater war Ende der fünfziger Jahre angeblich der erste schwule Mann, der sich ein Zimmer in dem Hotel nahm und vier Jahre dort mit seinem Freund lebte. Andere schlecht bezahlte Tänzer vom Gärtnerplatz und von der Oper folgten. Bei der Wirtin durften sie regelmäßig bis zum Ersten des folgenden Monats anschreiben lassen. Irgendwann fanden sich unter den Gästen der Wirtschaft nur mehr Männer, die – wie eine der drei Frauen das mal ausdrückte – »von den Frauen enttäuscht« waren. Das alles ist überliefert, weil Harry Baer, Fassbinders langjähriger Mitarbeiter und selbst längste Zeit Stammgast in der »Eiche«, Ende der neunziger Jahre ein Buch über das Lokal veröffentlicht hat.

1960 feierten die Gäste den ersten Fasching mit einer Schwanensee-Parodie, eigens für die »Deutsche Eiche« inszeniert. Mit der »Moulin Rouge« im folgenden Jahr wurde eine Münchner Tradition begründet und die »Deutsche Eiche« endgültig als Schwulenlokal bekannt. 1971 heißt das Motto »Cabaret«, als der Film mit Liza Minnelli gerade in der Bavaria bei München gedreht wird. Einige Tänzer aus dem Film machten auch bei der Faschingsaufführung der »Eiche« mit.

Toni Reichenbach, die dicke Bedienung, tanzte bei jeder Aufführung mit. Auch Migk, früher Tänzer und ab Anfang der siebziger Jahre Kellner in der »Eiche«. Ella Reichenbach, die Köchin und Besitzerin und Tonis Schwägerin, hat Angst davor, in der Küche auszurutschen, und lässt es sich auch nach Jahren nie nehmen, Zeitungspapier auf dem Boden auszulegen. Sie kocht einfache bayerische Hausmannskost, gut und preiswert: Schweinebraten oder Kalbsbraten mit Knödel und Blaukraut, Ente oder Gans. Ihr zur Seite steht ein weiterer Koch, Olaf, dem Harry Baer ein Verhältnis mit Udo Kier nachsagt. Sonja Neudorfer, Ellas Tochter, kümmert sich die ersten Jahre vor allem um das gute Dutzend Zimmer des Hotels.

Alle drei Frauen pflegen einen bayerisch-derben Ton. Tonis überlieferte Antwort, als ein distinguierter Schwuler aus Norddeutschland die Weinkarte verlangt: »Wos wuisst? Mir ham an Weißn und an Rotn, und wennst den ned mogst, dann schleichst di.« Fassbinder betritt laut Baer 1973 das erste Mal die »Eiche«. Kurt Raab, sein langjähriger Mitarbeiter, schleppt ihn mit. Fassbinder verliebt sich in den Kellner Armin Meier und erscheint über Wochen jeden Abend. Obwohl er in München schon damals eine Berühmtheit ist, darf er sich nicht gleich an den Stammtisch setzen, sondern wartet auf dieses Privileg einige Monate. Irgendwann stößt auch er zur Faschingsmannschaft und inszeniert eine Vorstellung. Das Drehende von »Bolwieser« mit Kurt Raab in der Hauptrolle lässt Fassbinder 1976 in der »Eiche« feiern und auch einige seiner Geburtstage. Viele Jahre wohnt er sogar direkt gegenüber in der Reichenbachstraße. Beim Fasching 1981 verkleidet sich Toni schon als Rainer Werner Fassbinder.

Fassbinder bringt wiederum Barbara in die »Eiche«. Sie wird sofort an den Stammtisch gelassen. Oft kommt sie in Begleitung von Elisabeth Volkmann, die beiden haben sich beim Drehen kennengelernt. Michael Graeter gibt ihnen den Spitznamen Geschwister Fürchterlich: Sie spielen Theater, wenn sie gemeinsam ausgehen. Sie beschimpfen sich oder nehmen sich auf den Arm. »Ist die dicke Frau schon da?«, ruft Elisabeth oft, wenn sie die »Eiche« betritt. Oder sie fängt ohne Vorwarnung an zu singen. Häufig Operettenpassagen. Als eine der ganz wenigen Frauen im Lokal sitzt lange Zeit auch Brigitte Mira mit am Stammtisch. Die

Schauspielerin hat ein Zimmer bezogen, wie schon Donna Summer Ende der sechziger Jahre. Barbara kennt Brigitte Mira von den Dreharbeiten zu »Angst essen Seele auf«.

Nach ihrer Trennung von Dietl im Winter 1978 stellt Barbara das Kochen zu Hause komplett ein. Sie geht in die »Eiche«, wann immer sie warm essen möchte oder sichergehen will, dass ihr Sohn eine warme Mahlzeit bekommt. Ich treffe sie dort meist mittags. Kein Mann erlaubt es sich, mir Avancen zu machen. Ich bin 15 Jahre alt und in der Pubertät, aber als Barbaras Sohn unantastbar. Im Gegenteil, alle Gäste sind sehr hilfsbereit: Ein schwuler Auktionator führt mich durch die Pinakotheken. Harry Baer, bei Fassbinder oft Regieassistent, verspricht mir einen Job als Komparse, Kurt Raab hilft mir ein Jahr lang bei meinen Französisch-Hausaufgaben.

Barbara nennt die »Eiche« einige Jahre lang ihr Wohnzimmer. Sie geht in die Küche, schaut neugierig in die Töpfe, ob auch wirklich keine Zwiebeln oder Knoblauch mitgekocht werden. Sie prüft, ob der Schweinebraten ihr auch mager genug ist. Am liebsten isst sie Spargel, wenn die Zeit gekommen ist. Sie begrüßt, tadelt oder beschimpft neu eintreffende Gäste und streitet sich laut, mit wem immer sie dazu Lust verspürt. Sie parkt in der Einfahrt. Sie kuscht nicht vor Sonja und auch nicht vor Fassbinder, was ihr den Respekt einer Mehrzahl der Gäste einträgt.

Sie beschimpft ihn laut, als er mir 1981 anbietet, sein Auto zu leihen. Ich habe am Vormittag gerade den Führerschein bestanden, fühle mich geschmeichelt, so ein teures Auto angeboten zu bekommen: eine große BMW-Limousine, Fassbinder sagt, Luggi Waldleitner, der Produzent von »Lilli Marleen«, habe die ihm gerade geschenkt. Er schmeißt mir die Schlüssel zu, aber Barbara schreit ihn an: »Willst du jetzt meinen Sohn umbringen? Du spinnst ja. Das Ding hat 200 PS. Ich erlaube das nicht.« Fassbinder lächelt und freut sich, dass was los ist.

Was für ein umgänglicher, freundlicher Mensch, könnte man meinen, wenn man ihn mit ein paar Freunden oder Bekannten in der »Eiche« sitzen sieht. Er sitzt ruhig da, raucht, trinkt und lacht, sobald ihn jemand mit einer Geschichte oder einem Witz unterhält. Er trägt meist schmuddelige Jeans und Holzfällerhemden, in deren Brusttasche ein offenes Bündel Geldscheine steckt, das er sofort zückt, wenn eine Rechnung kommt oder jemand am Chinesischen Turm im Englischen Garten eine neue Runde Bier holt. Fassbinder zahlt immer. Als ob er gern bereit ist, für die ihm gebotene Unterhaltung zu bezahlen, aber ohne den Leuten das Gefühl zu geben, sie zu bezahlen.

Armin Meier, Fassbinders Freund, bringt sich 1978 in dessen Wohnung um. Fassbinder hatte deswegen in der »Eiche« Hausverbot bekommen, es heißt, er habe seinen Liebhaber in den Tod getrieben, zumindest aber sich nicht genügend um ihn gekümmert. Nach einem halben Jahr vergeben ihm die Gäste der »Eiche«, und Sonja hebt das Hausverbot wieder auf. Später begeht offenbar auch Migk, der Kellner, Suizid, nachdem er sich mit Ella verstritten hat. Er stirbt an einer Überdosis Heroin. Ein Stricher wird im Hotel ermordet, und im Mai 1982 stirbt Fassbinder nach einem Gehirnschlag.

Schon vor dessen Tod besucht Barbara immer seltener die »Eiche«. Sie hat Freddie Mercury kennengelernt, den Sänger der Rockgruppe Queen. Wenn sie mit ihm ausgeht, muss sie auch in dessen Lieblingslokal mit dem Namen »Sebastianseck« essen. Mercury ist mit dem Koch und Besitzer der anderen schwulen bayerischen Wirtschaft in der Münchner Altstadt liiert, Winnie Kirchberger.

Winnie schenkt Minki, meiner Schwester, kurz nach dem Tod unseres Vaters einen riesigen Blumenstrauß. Das vergisst sie ihm nie.

In der »Eiche« sieht man gar nicht gerne, dass Barbara immer öfter bei Winnie verkehrt. 1993 verkauft Sonja das Lokal an zwei junge Unternehmer. Die Wirtschaft wird von Grund auf saniert und ist heute nicht mehr wiederzuerkennen. Dem internationalen Ruf des Lokals tut das keinen Abbruch. Nach wie vor kommen schwule Gäste aus der ganzen Welt, um einmal die neu eingerichtete Sauna des »Deutschen Eiche« zu besuchen oder im Hotel darüber zu schlafen.

Franz Prost, der letzte Kellner der alten »Eiche«, zieht ein paar Straßen weiter und eröffnet in der Holzstraße das kleinere Lokal »Beim Franz«, die meisten Stammgäste ziehen mit, auch Barbara. Sonja setzt sich zur Ruhe und stirbt kurze Zeit nach Barbara.

Wie wird man eine Schwulenmutter? Barbaras Veränderung geschieht allmählich. Sie hat schon immer viele schwule Freunde und Bekannte gehabt. In der Zeit nach der Trennung von Dietl werden es allmählich immer weniger heterosexuelle Männer in ihrer Umgebung. Findet sie normale Männer uninteressant? Trauen die sich nicht mehr an sie heran? Barbara wird zunehmend launisch und zickig. Wer sie nicht kennt, findet sie zumindest anstrengend, wenn nicht unerträglich und arrogant. Morgens treffe ich immer mehr Schwule in Barbaras Wohnung. Nicht solche wie Albi, dem man es kaum anmerkt, ich schon gar nicht. Echte Tunten, die übertrieben sprechen und beim Laufen mit den Hüften wackeln, kannte ich schon einige. Kurt Raab etwa.

Neu in ihrem Bekanntenkreis sind die Ledertunten, so nennt Barbara sie selbst; sie tragen Lederhose und Ledermütze, oft auch noch eine Lederweste. Eine alberne Uniform, die mit Halstüchern sexuelle Vorlieben signalisiert. Barbara hatte Anfang der siebziger Jahre noch elegante, weit geschnittene Hippiemode getragen. In ihrer Disco-Zeit ging sie zu Leggins über, jetzt trägt sie selbst oft eine Lederweste und ein Kopftuch über der Stirn. Oft auch karierte Baumwollhemden. Sie kleidet sich wie ein Kerl, als ob sie Männern bedeuten möchte, dass sie keine Frau mehr ist. Albi sagt, sie interessiert sich seit Helmut nicht mehr für Männer und hat ihren Glauben an die Liebe verloren.

Sie verkehrt bald so gut wie ausschließlich in Schwulenkneipen, -discos und -bars. Oder in Schwulensaunas. In eine Schwulensauna gehen Männer nicht, um zu saunieren, erklärt mir Albi, sondern um Sex zu haben. Ich habe keine Ahnung, was Barbara dort sucht.

Albi trifft sie einmal zufällig in der Sauna an der Bar. Nachts um zwei Uhr. Die beiden fangen an zu heulen, scheinbar grundlos. Die beiden Jugendfreunde aus der Kleinstadt Karlsruhe heulen im großen München. Keiner verrät warum, keiner fragt beim anderen nach. Sie heulen gemeinsam bis in den frühen Morgen. Was für eine gespenstische Szene das gewesen sein muss.

»Petit Café« heißt ein bekanntes Schwulencafe im Tal gleich um die Ecke vom Viktualienmarkt. Das »Frisco« ist in den achtziger Jahren die bekannteste Schwulendisco. »Henderson« heißt eine andere. Der »Ochsengarten« ist mir geläufig, weil ich Feuerzeuge mit dem Logo bei Barbara herumliegen sehe. Aus eigener Erfahrung kenne ich neben der »Eiche« nur das »Sebastianseck«. Ich gehe gern mit Barbara in ihre Stammkneipen essen, wo sie die Küche kennt und nicht am Essen herummeckert.

Sie arbeitet immer weniger. Ein Engagement an den Kammerspielen hat sie Anfang der achtziger Jahre abgelehnt: Das Stück hieß »Der Affenmörder«, geschrieben von Ludwig Fels. Sie sagt erst zu und dann wieder ab. Sie erfindet als Entschuldigung eine Kehlkopfentzündung, die sie sich in Rio zugezogen habe, als sie Freddie zu seinem Konzert dort begleitet hatte. Mir gegenüber sagt sie nur: »Ich schaffe das körperlich nicht mehr.« Ich begreife nicht, warum. Die

Kammerspiele liegen gerade mal fünfzig Meter durch den Hinterhof entfernt. Warum schafft sie das nicht? Sie schafft es nicht mehr, regelmäßig frühmorgens aufzustehen und lange zu arbeiten, weil sie zu dem Zeitpunkt schon stark drogenabhängig ist. Aber das sagt sie nicht. Sie sagt: »Theater interessiert mich nicht mehr.« Wahrscheinlich war das noch nicht mal gelogen.

Sie dreht immer weniger. In »Meister Eder und sein Pumuckl« hat sie eine ihrer letzten größeren Rollen. Selten hat sie mehr als ein, zwei Drehtage in Vorabendserien: »Der Fahnder«, »Gute Zeiten, schlechte Zeiten«, »Soko«, »Großstadtrevier«, »Ein Schloss am Wörthersee«, »Ein Fall für zwei«, »Kasse bitte!«, »Der kleine Vampir«, »Ein Mann für meine Frau« und »Der Schwammerlkönig«.

Barbara hat seit 1989 eine kleine Eigentumswohnung im Glockenbachviertel. Ein, zwei Drehtage oder Auftritte in Talkshows jeden Monat dürften gereicht haben. Sie engagiert sich in der Aidshilfe und tritt sogar dem Tierschutzverein bei. Langweilig ist ihr in diesen Jahren jedenfalls nicht.

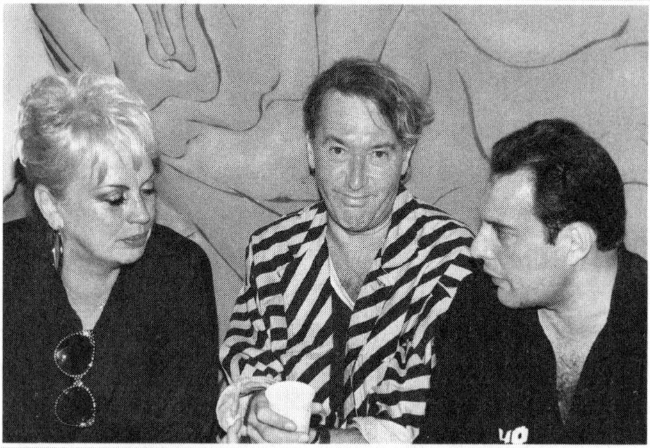
40

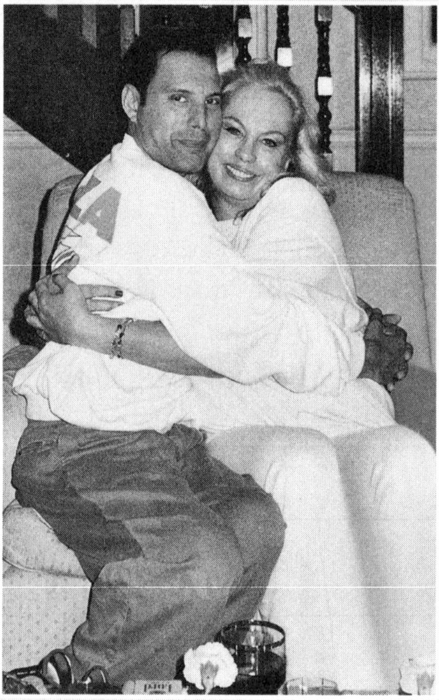

11. Schwulenmutter

Oktober 2014

Hape Kerkeling hat Barbara als kleiner Junge einmal kurz gesehen und offenbar nie wieder vergessen. Im Jahr 2014 veröffentlicht er ein Buch über seine Kindheit in Recklinghausen und den traumatischen Tod seiner Mutter. Am Ende schreibt er die nettesten Zeilen über Barbara, die seit ihrem Tod über sie veröffentlicht wurden:

> »Allen herzlichen und ehrlichen Bemühungen meiner Großeltern zum Trotz empfinde ich die Tatsache, ohne meine Mutter aufgewachsen zu sein, als einen gewaltigen Makel. Es ist ein Stigma. Das Fehlen der Mutter macht mich anders und sonderbar. Muttertage streiche ich aus meinem geistigen Kalender. Ich fühle mich meiner Kindheit beraubt. Das ständige Bedauertwerden hängt mir bald zum Halse raus.
>
> ›Och, du Armer, du hast keine Mama!‹, ist ein Satz, den ich irgendwann nicht mehr hören kann.
>
> Nur ein einziges Mal begegne ich, einige Monate nach dem Tod meiner Mutter, völlig überraschend einer faszinierenden und wildfremden Frau, von der ich denke: Sie wäre eine tolle Mutter für mich.

Eines Nachmittags betrete ich unseren Milchladen, um wie jeden Tag frisch gezapfte Milch mit einer Kanne zu holen. Vor der Tür ist mir bereits ein offenes Mercedes-Cabriolet mit weißen Ledersitzen und Münchener Kennzeichen aufgefallen. Derartige Wagen sieht man im Recklinghausen der frühen Siebziger sonst nicht, deshalb sticht er mir ins Auge wie eine außerirdische Erscheinung. So etwas kenne ich sonst nur aus dem Fernsehen, genau wie die Frau, die da im Innern des Geschäfts nun als einzige Kundin etwas nervös vor mir an der Ladentheke steht.

Sie trägt einen hellen, fast weißen Trenchcoat und eine knallrote Sonnenbrille, ihre langen und voluminösen blonden Haare versucht sie unter einem bunten Seidenkopftuch zu verstecken. Erst als sie zu sprechen beginnt und ein paar Lebensmittel und Kaugummi ordert, erkenne ich sie. Dieses Timbre ist unverkennbar.

Das ist Barbara Valentin, die berühmte Schauspielerin. Mit offenem Mund staune ich sie von hinten an und denke: Wow! Die gibt es ja wirklich und nicht nur im Fernsehen!

Ich liebe Barbara Valentin. Sie ist für mich ein Idol. Auch erinnert sie mich in Gestus und Auftreten kolossal an meine Mutter. Als sie sich für einen kurzen Moment umdreht, um zu sehen, wer da nach ihr in den Laden gestiefelt ist, lächelt sie mich kurz an, um sich dann wieder der Verkäuferin zuzuwenden.

Ich könnte sie doch einfach fragen, ob sie meine Mutter sein will? Sie wäre sicher eine starke und lustige Mutter. Für einen Moment spiele ich ernsthaft mit dem Gedanken, ihr einfach meine Geschichte zu erzählen und mich dann selbst zur Adoption freizugeben. Als sie ihre Waren bezahlt hat und den Laden schnell wieder verlässt, laufe ich statt zur Ladentheke kurz entschlossen hinter ihr her. Sie verstaut ihre Lebensmittel auf dem Rücksitz und steigt in ihr Cabriolet. Während sie den Motor anlässt, rufe ich ihr stolz zu: ›Du bist Barbara Valentin! Ich kenne dich. Du bist toll.‹

Sie dreht sich verdutzt zu mir um, lüpft kurz ihre dicke Sonnenbrille und schenkt mir das breiteste Lächeln, das man einem neunjährigen Jungen nur schenken kann, und ruft dann amüsiert kokett: ›Danke, kleiner Mann!‹ Und schon braust sie in Windeseile davon. Hätte ich sie fragen sollen? Was hätte sie wohl gesagt? Persönlich sind wir uns danach leider nie wieder begegnet.

Als knapp zwanzig Jahre später Rosa von Praunheim seinen Auftritt in der RTL-Sendung Der heiße Stuhl dazu nutzt, um unter anderem mich als homosexuell zu outen, ist dort als einzige Frau in der Runde Barbara Valentin geladen. Ich traue meinen Augen nicht.

Rosa von Praunheim kommt im Verlauf der Diskussion auf mich zu sprechen, und Barbara Valentin springt ihm an dieser Stelle fast an die Gurgel und sagt in etwa folgende Worte: ›Lassen Sie Hape Kerkeling aus dem Spiel! Wollen Sie hier etwa seine Karriere ruinieren? Nein, also, das lasse ich nicht zu! Sie sollten sich was schämen!‹ Sie verteidigt mich wie eine Löwin. Ich hatte recht. Sie wäre eine ideale Mutter gewesen.«

Barbara galt Anfang der achtziger Jahre in München allmählich als Schwulenmutter. Sie hatte immer schon schwule Freunde, ohne sich dabei etwas zu denken. Sie ist schon mit Ehemann Nummer drei die ersten Male in die »Deutsche Eiche« zum Essen gegangen, aber nach der Trennung wurde ihr Freundeskreis immer schwuler. Irgendwann verkehrte sie eigentlich nur mehr in Schwulenlokalen. Das war in dieser Zeit immer noch sehr ungewöhnlich für Frauen, erst recht für prominente.

Psychologen der Texas Christian University haben einmal ernsthaft versucht zu definieren, was eine Schwulenmutter so ausmacht, und in einer Studie die Beziehung zwischen homosexuellen Männern und ihren Schwulenmüttern untersucht. Ihr Ergebnis: Solche Freundschaften seien besonders stark, weil sie »von einem einzigartigen Austausch unvoreingenommener Ratschläge in Beziehungsfragen charakterisiert sind, die es in anderen Beziehungen nicht gibt«. Homosexuelle Männer trauen einer Schwulenmutter mehr als Lesben oder heterosexuellen Männern – sie glauben sogar, dass ihnen die heterosexuellen Frauen eher dabei helfen können, einen Partner zu finden, als andere schwule Männer. Als Grund führen die Autoren an: »Es ist wahrscheinlich, dass schwule Männer denken, dass heterosexuelle Frauen viele enge Kontakte mit anderen schwulen Männern haben, mit denen Liebesbeziehungen möglich sind.«

Die Autoren erklären etwas betulich, dass sich schwule Männer und ihre Schwulenmütter nicht um Geschlechtspartner streiten müssten und daher ehrlicher zueinander seien.

Schwule gingen dabei eher auf heterosexuelle als auf homosexuelle Frauen zu, weil sie mit Lesben im gesellschaftlichen Leben weniger zu tun hätten und weniger Interessen mit ihnen teilten als mit heterosexuellen Frauen. So weit die Theorie.

In diesem Sinne war Barbara aber sicher keine klassische Schwulenmutter. Ich kann mir nicht vorstellen, dass sie sich über Beziehungsprobleme ihrer Freunde den Kopf zerbrach oder sie gar verkuppelte. Und bei Weitem waren nicht alle ihre Freundschaften mit Schwulen so eng und intensiv, wie die Wissenschaftler sich das vorstellen. Barbara verfluchte ihre »Tunten« immer wieder. Wenn sie ihr zu langweilig, zu spießig, zu hässlich, zu doof, zu aufdringlich in ihrer Verehrung waren. Aber sie zeigte keine Berührungsängste, sie behandelte schwule Männer normal, gab sich oft burschikos, riss gelegentlich obszöne Witze, war ihnen oft eine verlässliche Freundin und sammelte ganze Cliquen um sich, gern auch Handwerker, die zwischen zwei Drinks etwas in der Wohnung reparierten. Elektro-Max nannte sie einen, Gummi-Max einen anderen.

Schon früher hatte sie damit begonnen, sich schwul zu kleiden. Gleichzeitig ging sie dazu über, sich immer stärker zu schminken. Das Cartier-Feuerzeug wandert in die Schublade, sie benutzt Plastikfeuerzeuge, die man ruhig mal beim Ausgehen irgendwo vergessen kann.

Sie genoss es offensichtlich, zumindest eine Zeit lang, nicht begehrt zu werden, nicht mehr als Busenwunder oder Sexobjekt wahrgenommen zu werden. Sie zeigte, dass sie von normalen Männern offensichtlich genug hatte. Sie traf ja auch keine mehr. Gleichzeitig beschwerte sie sich auch darüber, keine normalen, heterosexuellen Männer zu treffen.

Schwule Männer bewunderten sie, weil sie in München ein bekannter Star war, der keine Scheu hatte, sich mit ihnen zu zeigen, oder sich als eine der Ersten in der Münchner Aidshilfe zu engagieren. Schwulsein war damals bei weitem nicht so akzeptiert wie dreißig Jahre später.

Sie machte keine Unterschiede, ob ein Schwuler gebildet, dumm, reich, jung oder alt war. Wenn sie jemanden mochte, stand sie zu ihm. Aber sie mochte nicht jeden. Das zeigte sie ebenso. Die Betroffenen hielten sie dann für arrogant.

Barbara machte Schwule in München in jedem Fall ein Stück gesellschaftsfähiger. Der Paragraph 175, der Sex zwischen Männern unter Strafe stellte, wurde erst 1988 ganz abgeschafft. Bis dahin versteckten sich Schwule in ihren eigenen Lokalen, in denen Heteros nicht erwünscht waren.

Eltern fragen sich manchmal, was ihre halbwüchsigen Kinder wohl anstellen, mit wem sie sich rumtreiben, was sie wohl trinken oder gar rauchen. Manchmal rufen sie andere Eltern an, öfters fragen sie ihre Kinder am nächsten Tag, manchmal fragen sie auch deren Freunde aus. Bei meinen Kindern blieb mir das weitgehend erspart. Sie hatten eine sanfte Pubertät, sofern ich das mitbekommen habe. Von meiner Mutter wusste ich dagegen nicht, wo sie sich rumtrieb. Ich fragte sie auch nicht danach, solange sie am Leben war. Ich stellte Fragen erst, lange nachdem sie gestorben war.

Viele von Barbaras Freunden und Bekannten sind selbst schon tot, als ich begann, über sie zu schreiben. Aids und Drogen forderten ihren Tribut. Einige wenige wollen nicht mit mir reden, sei es, weil die Erinnerung sie schmerzen könnte, sei es, weil sie fürchten, ich könnte Dinge verbreiten, die sie lieber nicht veröffentlicht sehen.

Andere Quellen erscheinen dubios und sind nur mit Vorsicht zu genießen: Soweit ich weiß, ist Michael Graeter nicht homosexuell, und er wird das Wenige, was er über die Schwulenszene Münchens geschrieben hat, auch nur vom Hörensagen gekannt haben. Immer noch besser als nichts.

Franz Prost, der mit Barbara annähernd zwanzig Jahre in der Münchner Schwulenszene ausging, ist da sicherlich eine seriösere Quelle.

Barbaras typischer Ausgehabend beginnt laut Prost Anfang der achtziger Jahre in der »Deutschen Eiche«, wo er selbst kellnert. Er ist elf Jahre jünger als Barbara, kräftig, trägt einen Schnauzer und einen kleinen Bauch. Er machte damals wie heute einen ernsten Eindruck, ich habe ihn nie lachen sehen. Franz hat reich geerbt und »recht flott gelebt damals« – und lange nicht gearbeitet. Er war mit Fassbinder befreundet, war mit ihm gemeinsam oft Gast in der »Eiche« und als Ende der siebziger Jahre einmal eine Bedienung krank ausfiel, ist er gern eingesprungen, als Toni ihn darum bat. Kurze Zeit später wurde Migk, der andere Kellner, gefeuert, und Franz musste abermals aushelfen. Dieses Mal ist er hängen geblieben. Das war 1982.

Franz trug nie einen Frauennamen, er hasst diese Art Humor. Er befreundete sich schnell mit Barbara, die da schon an den Stammtisch vorrücken durfte. »Ihre Freundin, die Elisabeth Volkmann, durfte erst viel später aufrutschen.« Barbara ist inzwischen mit Sonja, der Wirtin, gut befreundet – »Zwei Frauen halten da schon zusammen bei fünfzig Männern im Raum« –, sie hat von Sonja sogar einen Schlüssel vom Lokal bekommen und betritt es meist über den Hintereingang. »Den großen Auftritt durch den Vordereingang mied sie, sie hasste es, wenn die Tunten sich nach ihr umdrehten und über sie tuschelten. Die Rote, die Volkmann, war da ganz anders. Die trat durch die Tür und fing an zu trällern, damit es auch ja jeder mitbekam.«

Barbara bleibt oft, bis das Lokal schließt, und dann »sind wir halt um die Häuser gegangen«, sagt Franz. Sie gehen ins »Frisco«, eine lange, enge Bar in der Nähe des Sendlinger Tors. »Im ›Frisco‹ war damals die Musik etwas leiser, und man konnte sich noch unterhalten.« Es gab zwei Tresen, Franz und Barbara standen meist bei Walter am rechten. Sie trinkt Cognac Cola, und wenn kein Cognac da ist, dann bestellt sie Rüscherl, also Asbach mit Cola. Schmeckt schauderlich, heute trinkt das kein Mensch mehr. Manchmal läuft Barbara damals mit einer Flasche Hennessy-Cognac in der Handtasche herum, damit sie nicht in die Verlegenheit kommt, Rüscherl zu bestellen. Sie trinkt kein Bier, davon bekommt sie Sodbrennen, keinen Wein, keinen Wodka. Franz bestellt sich nach der Arbeit gern Gin Tonic.

Anfang der neunziger Jahre steht Barbara dort eine Zeit lang jeden Samstag sogar hinter dem Tresen am Zapfhahn. Mir erzählte sie, das sei praktisch, die Drinks bekomme sie umsonst, und wenn sie eh da sei, könne sie sich ja ruhig nützlich machen. Sicher konnte sie auch das Geld gut gebrauchen.

In den achtziger Jahren gibt es in München noch eine rigide Sperrstunde. Das »Frisco« und das »New York« in der Sonnenstraße dürfen immerhin bis drei Uhr nachts geöffnet bleiben, das »Henderson« in der Rumfordstraße eigentlich nur bis eins. Im »Frisco« läuft Discomusik, auch einige wenige junge Mädchen tanzen hier gern. Das »New York« ist eine reine »Herrendisco«, so nennt Franz das. Nur zu besonderen Anlässen, etwa wenn die »Village People«, eine amerikanische Disco-Band, oder »Divine«, in den achtziger Jahren eine bekannte Drag Queen, am Wochenende auftreten, haben Sonja und Toni, die Wirtinnen der »Eiche« Zutritt. Barbara ist lange Zeit die einzige Frau, die die Disco an Wochentagen betreten darf. Es gibt allerdings auch Lokale, die sie nicht reinlassen: der »Ochsengarten« in der Müllerstraße etwa. Nach drei Uhr nachts gehen Franz und Barbara oft noch ins »Henderson«, wo der Wirt zwar die Eingangstür abschließt, aber hinten heimlich weiter ausschenkt. Oder man geht zu Barbara nach Hause.

Mit Franz besucht sie oft auch eine Schwulensauna am Isartor, die »Caesar-Sauna« hatte 24 Stunden lang geöffnet. Barbara unterhält sich an der Bar, sagt Franz. Da bekommt man zwar keinen Alkohol, aber den kann man reinschmuggeln und aus der Kaffeetasse trinken. Auch das kann man mit Barbara machen, und deswegen mag Franz sie so gern: »Sie war echt, nicht so aufgesetzt wie die Volkmann, ihre Freundin. Die war sehr oberflächlich und egoistisch. Wenn du Hilfe gebraucht hast, war sie nie da, die Barbara schon. Sie hat sogar Geld für eine Kaution gesammelt, als die Martha wegen einer Drogengeschichte einsaß. Und sie hat mit Rat und Tat in den Kneipen geholfen, wenn ihr jemand im Suff sein Leid geklagt hat. Aber sie hat nicht jeden an sich herangelassen. Mit Recht. Gibt ja viele Deppen. Die haben sie dann natürlich für arrogant gehalten. Stimmte aber nicht.«

Franz sagt während unseres Gesprächs auch, sie sei eine »irrsinnig starke Frau« gewesen. Er habe sie nie weinen sehen.

Aber anstrengend war sie: Einmal gibt sie bei Franz eine Suppe immer wieder in die Küche zurück, weil sie entweder zu heiß oder zu kalt war, bis er sich weigert, die Suppe zurückzutragen. Bei einem gemeinsamen Urlaub in der Toskana mit Billie Zöckler, Harry Baer und noch zwei, drei weiteren Freunden verlangt sie von Franz und Harry, dass die ihr jeden Morgen frische Milch in einem zwanzig Kilometer entfernten Laden besorgen, weil sie pasteurisierte Milch nicht ausstehen konnte. Sie trank ja literweise

Milch, wenn sie einen Kater hatte. »So war sie halt. Dafür hat sie uns am ersten Tag erst mal neue Badehosen gekauft, ganz enge Slips, obwohl wir auch nicht mehr die Schlankesten waren, aber Barbara meinte, unsere alten Badehosen seien zu hässlich, da würde sie sich nicht mit uns an den Strand trauen.«

Franz erträgt Barbaras Launen mit Gleichmut. Ihre Drogenexzesse in den achtziger Jahren will er nicht mitmachen. Er unterhält sich nicht einmal mit ihr darüber. Natürlich weiß er von ihrem Konsum: »Wenn sie mal wieder unpünktlich war, ahnte ich schon, dass wahrscheinlich ihr Dealer Verspätung hatte. Ohne Kokain verließ sie nie das Haus. Jeder nahm es damals. Ich mochte das Zeug nicht, ich mochte auch die Leute nicht, die es nahmen.«

Er erinnert sich auch, wie Barbara einmal frühmorgens ihre Handtasche in der Nähe einer Polizeiwache verlor. Als sie bemerkt, dass die Tasche weg ist, geht sie auf die Wache, Franz begleitet sie. Die diensthabenden Polizisten begrüßen sie mit den Worten: »Ah, Frau Valentin, wir haben Ihre Tasche schon gefunden.« Franz sagt, sie müssten das Kokain in der Tasche beim Öffnen entdeckt haben. Er glaubt deswegen, es könne durchaus etwas an dem Gerücht dran gewesen sein, dass sie mit der Polizei oder mit einem Staatsanwalt gekungelt und sich als Informantin geschützt habe. »Dass sie Kokain nahm, war ja stadtbekannt, aber die Polizei ließ sie merkwürdigerweise in Frieden.« Das stimmt weitgehend, mit zwei Ausnahmen: 1980 findet bei ihr in der Wohnung die bereits erwähnte Hausdurchsuchung statt –

ohne Ergebnis –, und Ende der neunziger Jahre wird sie zu einer Geldstrafe verurteilt, als ihre Telefonnummer im Handyspeicher eines Dealers entdeckt wird.

Eines Abends im »Frisco« fragt Sissi, der Wirt, ob und wo Franz und Barbara im Anschluss noch hingehen würden? »Ins ›New York‹ wahrscheinlich«, antwortet Franz, »oder die ›Fishermen's Sauna‹, vielleicht auch in den ›Ochsen‹, aber da kommt die Barbara ja nicht rein.« Darauf der Wirt: Er hätte da noch einen Engländer, der kennt sich nicht aus und sitzt allein da. »Könnt's ihr den nicht mitnehmen?« – Darauf Franz: »Hast denn keinen Schöneren für uns? Der war so schiach mit seinen schiefen Zähnen. Und hatte noch die langen Haare im Gesicht, einen Pony, der damals schon lang nicht mehr Mode war. Wir haben ihn dennoch ins ›New York‹ mitgenommen, ich musste irgendwann gehen, Barbara blieb noch, und sie haben sich wieder verabredet. So fing das alles an.«

Freddie und Barbara haben sich in dieser Nacht stundenlang auf der Damentoilette eingesperrt, auf den Boden gesetzt und unterhalten, weil die Musik in der Disco so laut war und das Damenklo so gut wie unbenutzt blieb. Als das Lokal schloss, waren sie eingesperrt.

Queen war 1982 schon eine bekannte Band, doch Freddie Mercury kennen damals noch wenige Menschen in München, zumindest erkennt man ihn nicht auf der Straße oder in den Clubs. Er wird erst später mit dem Disco-Hit »Radio Gaga« allmählich so berühmt, dass er auch überall erkannt wird. Freddie war erst seit ein paar Tagen in der Stadt. Er hatte vor, im »Musicland« eine Platte aufzunehmen. Das Studio lag im Arabellapark, schon Mick Jagger hatte dort gearbeitet. Nach der Arbeit an dem Album geht er aus. Später hieß es dann: Mercury genoss es, seine Homosexualität in München offen zeigen zu können. Deswegen habe er in den folgenden Jahren seine Platten nur in München aufnehmen wollen.

Er mochte Barbaras Humor. Sie nennt ihn »Melina Mercouri«. Franz glaubt: »Freddie hat es genossen, dass sie Gott und die Welt kannte und ihm München zeigte. Manchmal hat er sich versteckt hinter uns, er war ja so klein, und wenn ich vor ihm gegangen bin, hat ihn auch später niemand gleich erkannt. Er wollte ja seine Ruhe haben.«

Freddie hatte sich ein Apartment in der Stadtmitte gemietet, schräg gegenüber von Barbaras Wohnung im Stollberg Plaza. Für einige Wochen wohnt er auch bei ihr, und sie gehen regelmäßig gemeinsam aus. Sie reden von Hochzeit, kein Mensch weiß, wie ernst sie es meinen. Ein ulkiges Paar: Er eher klein, kleiner als sie, die für eine Frau mit einem Meter dreiundsiebzig recht groß ist. Beide tragen sie Lederjacken, er hat ihr seine alte geschenkt: Seine ist weit geschnitten an den Schultern, das lässt ihn etwas kräftiger aussehen. Bei ihr hat man den Eindruck, dass sie den Reißverschluss über ihrem Busen nicht schließen könnte, so klein sieht seine alte Jacke an ihr aus. In ihrer Art sind sie ohnehin gegensätzlich: Sie laut und launisch, er höflich, leise, bescheiden – zumindest in der Öffentlichkeit.

Freddie liebt das »Käfer's«, und trägt dort oft nur ein Unterhemd unter der Lederjacke, Feinripp. Bei ihrem ersten Besuch besteht der Geschäftsführer darauf, Freddie ein Jackett überzuziehen, bis ihm eine Frau im Service erklären kann, dass der Herr ein wirklich sehr berühmter Rockstar sei, der schon aus Imagegründen kein Jackett in der Öffentlichkeit tragen dürfe. Manchmal gehen die beiden in »Schumann's Bar« in der Maximilianstraße. »Haben sich immer gut benommen, die beiden«, erinnert sich Charles Schumann dreißig Jahre später.

Der Rockstar liebt Kaviar mit Kartoffeln. Dabei sagt Barbara, er esse eh nur wie ein Vögelchen. Und er trinkt vorzugsweise Wodka, wenn er ausgeht. Aber er ist diszipliniert und geht nachts nicht aus, wenn er am nächsten Tag arbeiten muss. Auch deswegen sind Barbara und Freddie ein ungleiches Paar: Sie arbeitet immer weniger. Im Zweifel sagt sie auch mal einen Job ab, wenn sie verkatert ist und es nicht schafft aufzustehen. Er ist sechs Jahre jünger als sie und hat den Höhepunkt seiner Weltkarriere noch nicht erreicht. Sie ist mit Anfang vierzig längst darüber hinweg, in Deutschland ein Star zu sein.

Sie besuchen oft die »Eiche«, nicht zum Essen, denn meist isst er bei sich, der Catering Service vom Hotel Vier Jahreszeiten beliefert sein Apartment. Bei besonderen Anlässen lässt er ohnehin seinen eigenen Koch aus London einfliegen. Barbara benutzt mit Freddie immer noch den Hintereingang der »Eiche«. Später bekommt er einen eigenen Schlüssel. Erst als er Winfried Kirchberg, genannt Winnie, den Wirt des Lokals »Sebastianseck«, im »New York« kennenlernt, besucht er Franz in der »Eiche« seltener. Winnie stand immer an der anderen, der linken Bar, deswegen dauerte es so lange, bis sie sich kennenlernten. Winnies Kneipe liegt am Jakobsplatz, direkt in der Stadtmitte. Winnie kocht bayerisch deftig, und er redet auch so. Ein Fingerglied fehlt ihm, ein Unfall in der Küche, soweit ich mich erinnere.

Oft taucht Freddie bei Barbara mit Phoebe auf, seinem Assistenten, Sekretär, Leibwächter, Gelegenheitskoch, Mädchen für alles. Phoebe bleibt immer nüchtern, er sitzt meist still in der Küche. Ein höflicher, hilfsbereiter, sympathischer Mann, nicht ganz so schüchtern wie sein Chef.

Freddie und Winnie trennen sich 1986. Freddie findet in London schnell einen neuen Freund und kommt nun immer seltener nach München. »Das letzte Mal, 1989, hat er schon sehr krank ausgesehen, er selbst hat keinen Ton von seiner Krankheit gesagt. Wir haben ja eh nur Small Talk geredet. Dabei fand ich ihn irrsinnig sympathisch, er war immer nett, hat nie Allüren gezeigt. Er hat mich auch öfters nach London eingeladen, aber ich war nie da. Barbara hat ihn öfter besucht«, sagt Franz Prost.

Freddie hatte am gleichen Tag Geburtstag wie ich. Jahrelang habe ich meine Mutter am fünften September nicht gesehen. War auch gut so. Ich war froh, dass sie jemanden hatte, der ihr wichtig war. Seinen vierzigsten Geburtstag feierte Freddie im Jahr 1986 im »Henderson«. Michael

Graeter schrieb darüber: »Auf dem exzentrischen Fest zum 40. Geburtstag des Superstars, der seinen Body gern im engen Feinripp-Unterhemd präsentierte, wurde im ›Henderson‹ ein Video gedreht, das Freddie später für einen seiner Weltsongs verwendete. Champagner ›Dom Perignon Rosé‹ zum Flaschenpreis von 300 Mark floss in Strömen, während die Service-Kräfte von ›Käfers‹ unaufhörlich Kaviar aus der 1,8-Kilo-Dose verteilten. Freddie war mit einer Schar Londoner Freunde erschienen, darunter die Gruppe ›Frankie goes to Hollywood‹. Alle hatten ihre Hosenböden herzförmig ausgeschnitten und das blanke Hinterteil mit rotem Lippenstift bemalt. Obwohl eigentlich Freddies Geburtstag gefeiert wurde, bekam Winnie einen 2,5-karätigen Brillantring geschenkt, den er sich allerdings wieder vom Finger riss, als es plötzlich zum Streit zwischen den beiden kam. Das 20 000 Mark teure Schmuckstück kullerte zu Boden und ward nie mehr gefunden (zumindest nicht von seinem Besitzer). Es war sowieso nicht Freddies Abend, denn irgendjemand hatte ihm irgend etwas in den Drink gekippt, und das Geburtstagskind erlitt arge Schlagseite. Kurz zuvor waren noch mehrere Kameras an der Decke entlanggeschwebt: für Filmaufnahmen zum neuen Queen-Song ›Living on My Own‹. Im entsprechenden Video ist das wilde Treiben tatsächlich verewigt.«

Albi sagt später, Graeter habe größtenteils Unsinn über die Party geschrieben. Die Bilder dieses Festes gelten dennoch im Hinblick auf Dekadenz und Hedonismus und Exzess bald als Inbegriff der achtziger Jahre. Natürlich ist auch Barbara im Video zu sehen.

Meist feiert sie mit Freddie auf Ibiza oder in London seinen Geburtstag. Sie ist 1985 auch im Londoner Wembley-Stadion beim Live-Aid-Konzert, und sie besucht ihn oft in Montreux, wo Queen Mitte der achtziger Jahre ihr eigenes Tonstudio einrichten. Sie begleitet ihn auch zum Konzert in Rio.

Die anderen Bandmitglieder hatten schon lange keine Lust mehr, für die Plattenaufnahmen nach München zu kommen und von ihren Familien in London getrennt zu sein. In München hat Mercury sein erstes Solo-Album aufgenommen. Die Band stand schon kurz vor der Trennung. Offenbar gaben sie Barbara die Schuld an Freddies Drogenkonsum. Sie hassten München, und sie hassten Barbara. Wie auch Freddies erste Frau sie nicht mochte, die nach seinem Tod – laut Phoebe – dafür sorgt, dass Barbara, anders als viele weitere Freunde, nicht bedacht wurde.

Im November 1991 stirbt Freddie Mercury, einen Tag, nachdem er sich zu seiner Homosexualität und Aids-Erkrankung öffentlich bekannt hat. Barbara weint, als ich sie nach ihrem letzten Besuch bei ihm in London vom Flughafen abhole. Ich habe ihren Schmerz nicht ernst genommen. Dabei hat sie oft davon gesprochen, wie sehr sie ihn liebt. Wie soll das gehen?, habe ich mich gefragt. Kann eine Frau einen schwulen Mann lieben, oder meinte sie vielleicht so etwas wie Geschwisterliebe?

Elisabeth Volkmann meinte wenig romantisch: »Den liebt sie nur, weil der genauso stark ist wie sie und sie den nicht so herumkommandieren kann, wie sie das mit anderen macht.«

Ich habe mich jedenfalls nie getraut zu fragen, ob sie auch ein Liebespaar gewesen waren oder vielleicht sogar mal Sex hatten. So etwas fragt man seine Mutter nicht. Das habe ich erst nach ihrem Tod getan. Phoebe antwortete, er wisse es nicht genau, denke aber nicht, denn Freddie hätte sicherlich damit vor ihm geprahlt.

Seit Mitte der Achtziger sind viele ihrer Freunde und Bekannten an Aids erkrankt. Am 6. Juni 1983 erscheint der *Spiegel* mit der Titel-Reportage »Aids: Eine Epidemie, die erst beginnt«. – »Ganze Cliquen starben weg, ich war teilweise alle drei Wochen auf dem Friedhof. Besonders in der ersten Zeit, als es noch keine wirksamen Medikamente gab«, erzählt Franz. Barbara hörte irgendwann auf, die Namen in ihrem Telefonbuch durchzustreichen. Es wurden zu viele. Winnie stirbt Ende der achtziger Jahre. Freddie Zimmermann, der bei Barbara gemeinsam mit Albi gewohnt hat, etwas später. Helmut, der Barmann aus dem »New York«. Ein Nachbar von Barbara, sein Freund schenkt mir dessen Mantel.

Nach Freddies Tod wurde ihr Bekanntenkreis in Franz' Augen immer zwielichtiger, er weigerte sich bald, sie in Absturzbars wie die »Feuerwache« oder das »Pimpernel« zu begleiten. »Da verkehrten viele Stricher, und im Nebenzimmer wurde gezockt. Die Kellner haben da drinnen teilweise ihre ganze Gage verspielt. Nicht mein Ding.«

Franz hat Barbara noch am Abend vor ihrem Schlaganfall gesehen. »Sie saß mit der Volkmann an der Bar hier.« Er weiß nicht, wo sie ihre Drogen gekauft hat. Er war einer der wenigen, die sie auch im Rollstuhl gesehen haben: »Wir haben sie gefüttert, aber es war so schlimm, sie hat mich gar nicht mehr erkannt. Ich hab das nicht ausgehalten.«

Blass sieht er heute aus, und schlank. Seitdem er mehrere Stents am Herzen und an der linken Seite sogar eine künstliche Aorta eingesetzt bekommen hat, raucht und trinkt er nicht mehr. An einer Wand hinten im Lokal hängen ein paar alte Fotos von Fassbinder, von Elisabeth Volkmann, von Barbara. »Junge Schwule kennen ihren Namen überhaupt nicht mehr, denen sagt höchstens noch der Name Mercury etwas.«

Das Geschäft geht schlecht. Die ruhige Lage in einer kleinen Straße mit Blick auf den Glockenbach ist nicht gut, und nach dem Rauchverbot blieben viele Stammgäste weg. Gut laufende, reine Schwulenlokale gibt es nur noch wenige in München. Schwule mischen sich heute unters normale Volk. »Hat ja auch seine guten Seiten«, sagt Franz. »Wir brauchen uns nicht mehr zu verstecken.«

Auch Schwulenmütter sind heute überflüssig geworden.

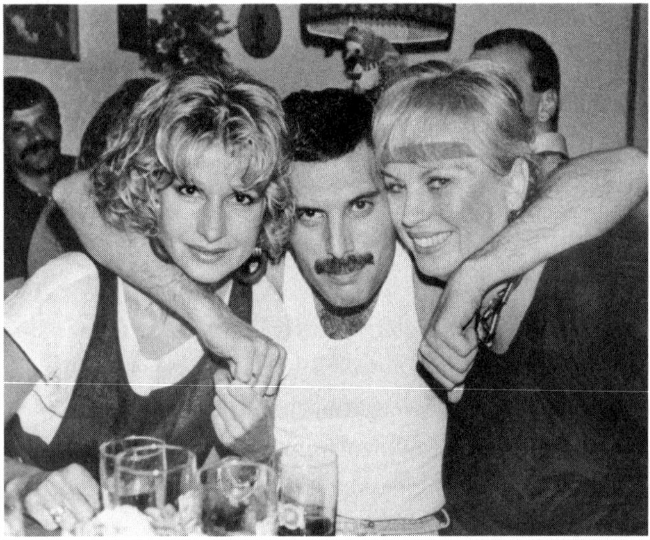

12. Auf Droge

September 2014

Ich kannte drei Dealer meiner Mutter flüchtig vom Sehen. Sie waren öfters bei ihr zu Besuch, und ich habe sie als freundlich in Erinnerung. Wie merkwürdig, alle drei hatten ein M als Anfangsbuchstaben ihres Namens: Max, Migk und Mike. Von zweien wusste ich damals noch nicht, dass sie dealten. Diese beiden waren mir durchaus sympathisch. Der dritte bot mir dreimal hintereinander Haschisch an, da ahnte ich, was er beruflich so machte. Von zweien weiß ich, dass sie mittlerweile tot sind.

In einer Münchner Bar erfuhr ich über dreißig Jahre später über einen gemeinsamen Bekannten von einem weiteren Dealer. Ein Jahr habe ich bereits nicht am Manuskript gearbeitet, ich wusste noch immer nicht, wie oder was ich über diesen Abschnitt in Barbaras Leben schreiben könnte. Gut ein halbes Jahr zögere ich noch, ob ich den gemeinsamen Bekannten bitten soll, uns einander vorzustellen und zu fragen, ob der Dealer bereit wäre, mit mir über meine Mutter zu reden. Ist er. Auch damit, dass ich über ihn schreibe. Wir treffen uns an zwei Abenden. Er unterhielt mit Barbara von 1981 bis 1984 geschäftliche Beziehungen.

Er mochte Barbara und erzählt noch heute gerne von ihr: »Es gab alle möglichen Knallchargen und Weicheier unter den Leuten, die damals gekokst haben, deine Mutter hatte Eier, die hätte nie irgendjemanden hingehängt.«

Mitte der achtziger Jahre wurde er verhaftet, verurteilt und saß ein Jahr lang im Gefängnis. Dennoch möchte er die Erfahrung mit Kokain nicht missen, sagt er heute.

Er muss anonym bleiben, denn er wurde nur wegen Drogenbesitzes verurteilt, den Handel konnte man ihm bei seinem Prozess nicht nachweisen. Und Drogenhandel verjährt in Deutschland erst nach langer Zeit.

Wie aber beschreibt man jemanden, den die Behörden nicht identifizieren sollen? Der Dealer ist neugierig, auf Menschen, auf technische Maschinen, auf Kunst. Er ist handwerklich geschickt und sehr sportlich. Fährt Snowboard, Motorrad, kann segeln, tauchen, hat sogar als Stuntman beim Film gearbeitet, ist Rennen gefahren. Wahrscheinlich hat ihm der Sport das Leben gerettet: Kokain hat er immer nur zeitweise genommen, nach jeder Drogennacht hat er darauf geachtet, wieder in Form zu kommen, »den Akku aufzuladen«, wie er es nennt. Er sieht gut aus mit Anfang sechzig, treibt immer noch viel Sport. Bricht sich die Rippen beim Snowboardfahren. – »Ich übertreibe alles immer ein wenig.«

Er redet gerne und erzählt viel aus seinem Leben, von seinen vielen Jobs, von seinen Begegnungen mit prominenten Musikern und Schauspielern. Er nennt keine Namen von Käufern oder Konsumenten, außer denen, die ich ohnehin schon kenne, oder von Leuten, die schon lange tot sind. Er ist kein Angeber, aber er ist sichtlich stolz auf sein abwechslungsreiches Leben.

Er hat als Jugendlicher das Gymnasium geschmissen und ist erst mal zur See gefahren. War in New York, schlug sich in London mit Gelegenheitsjobs durch. Hat Haschisch, Meskalin und LSD probiert: »Yellow Sunshine auf Löschpapier – damals war das LSD ja noch richtig gut. Ich habe in etwa 400 Trips geschmissen, wie eine Wissenschaft habe ich das betrieben. Das ist auch der Grund, warum ich nirgendwo hängen geblieben bin.« In den siebziger Jahren hat er sich auch Peyote-Kakteen im Blumenladen gekauft, bis man diese in Deutschland verbot. Schließlich hat er Opium geraucht, später auch gespritzt. Zum Entzug zog er sich mit einer Luftmatratze in einen alten Bunker an der Nordsee zurück. Ein Freund habe damals drei Tage und Nächte lang auf ihn aufgepasst, dann war es überstanden. »Cold Turkey ist nicht schön«, sagt er heute. »Bin für das Drücken auch anständig bestraft worden: mit einer Gelbsucht, die mich vier Wochen ins Krankenhaus gebracht hat.«

Mit Mitte zwanzig ist er nach Holland gezogen, das erste Mal Vater geworden, hat als Künstler gearbeitet und nebenbei zwei Firmen gegründet und Rockbands auf Tournee betreut. Für amerikanische Musiker besorgte er Mitte der siebziger Jahre das erste Mal Kokain. »Nicht viel, da ging es um 10 Gramm für drei Auftritte.« Ein paar Künstler im Bekanntenkreis folgten mit kleinen Bestellungen. Er sei so in das Geschäft reingerutscht, sagt er. Weil er auch selbst konsumierte, bot es sich an, dass er die Drogen für seine Bekannten und sich besorgte: »Ich hatte die besten Kontakte von allen, weil ich früher schon mal Haschisch verkauft hatte. Da übernahm ich das halt.«

Ende der siebziger Jahre kam die Droge allmählich auch in breiten Kreisen in Mode. – »Du kannst dir gar nicht vorstellen, wen ich auf Partys plötzlich alles koksen sah: Nicht nur Musiker und Schauspieler, auch Anwälte, Richter, Ärzte, Industrielle.«

Der Dealer reiste damals regelmäßig nach München, und irgendwann schleppte ihn ein gemeinsamer Freund nach einem Besuch im »Schumann's« um die Ecke in Barbaras Wohnung. »Kannte sie ja schon vorher und war neugierig auf sie«, sagt er. »Die Titten wollte ich sehen. Sie war ja eine richtige Wuchtbrumme und hat tolle Sachen gemacht. Und dann war sie auch ganz so, wie ich sie mir vorgestellt hatte: Sie konnte so toll lachen und hat sich irrsinnig bewegt. Sie war sehr präsent.«

Freddie Mercury war an diesem Tag auch in der Wohnung. Der Dealer, der damals streng genommen noch gar keiner war, hatte Kokain dabei, und Barbara meinte, er dürfe ruhig mal wieder etwas mitbringen, wenn er in Holland so gute Kontakte habe. Nichts leichter als das, sagte er und tat es ein paar Wochen später auch.

Er war Autodidakt und entwickelte seine eigenen Regeln für sein Geschäft. Hätte er die immer befolgt, wäre er nicht erwischt worden, zumindest nicht dieses eine Mal. Er trug nie eine Waffe, obwohl ihm schon einmal zehn Kilo Haschisch bei einem Überfall abgenommen wurden. Er zahlte immer im Voraus, brachte seinen Kontaktmännern das Geld, legte es auf den Tisch und fragte, wann er das Päckchen abholen lassen dürfe. Er holte den Stoff in der Regel nie selbst ab. Wenn man ihn hätte betrügen wollen, dann hätte er das Geld einfach abgeschrieben und die nächste Bestellung woanders aufgegeben. Die Vertriebswege von Kokain sind damals oft die gleichen wie die von Haschisch, aber selten die gleichen wie die von Heroin. Die Käufer seien zu unterschiedlich, sagt er. In Holland hatten sich damals Verkäufer aus Surinam auf Haschisch spezialisiert, Chinesen und Israelis auf Kokain. Zwischen den beiden Gruppen kam es zu einem regelrechten Bandenkrieg mit Toten, die in einer Mülltonne aufgefunden wurden.

Barbaras Dealer wandte sich normalerweise an die Israelis, die hatten das reinste Kokain, 87 Prozent, direkt aus Südamerika, reineres war in ganz Europa nicht zu bekommen. »Man kann es in diesem Zustand nicht konsumieren, da bekommst du sofort eine blutige Nase.« Er ließ es abholen, maß den Reinheitswert und streckte es. Laktose (Milchzucker) ist dazu sehr gebräuchlich, daneben Mehl, Mannit (ein Zuckeralkohol), Traubenzucker oder Lidocain, ein gängiges Lokalanästhetikum. Mögliche Verunreinigungen der Droge durch das Strecken bedeuten für den Konsumenten eine große Gefahr. »Einige mischen den größten Dreck rein, sogar den Glasstaub von kaputten Neonröhren.«

Barbaras Dealer streckte mit Manitol, einem Abführmittel für Kinder, das gegenüber Milchzucker den Vorteil besitzt, keine Feuchtigkeit anzuziehen. Beim Mischen war es wichtig, dass das Kokain nicht feucht wurde. Nach dem Strecken wog er die Päckchen für die Käufer ab. Aus einem Kilo machte er zwei. Danach besaß das Ganze immer noch einen Reinheitsgrad zwischen 40 und 42 Prozent, perfekt, um es zu schnupfen. So reines Kokain wie er konnte in München niemand liefern, andere Dealer hatten mehr Mittelsmänner, die die Ware immer weiter streckten: »Da gab es in Schwabing diese Szene-Kneipe namens ›Klappe‹, in der wurde der größte Scheiß verkauft. Einige Drecksäcke haben aus einem Kilo gleich vier gemacht.«

Er bezahlte nach eigenen Angaben rund 80 000 Mark für ein Kilo, mit »diversen Nebenkosten« 90 000. Er streckte es auf zwei Kilo, die er dann für insgesamt 340 000 Mark verkaufte, also mit einem Gewinn von 250 000 Mark. Am Schluss hat er jährlich sechs Kilo verkauft. »Ich war billiger als andere und hatte besseres Zeug.«

Unter »diversen Nebenkosten« fasst er mir gegenüber auch Bestechungsgelder für Zollbeamte, die mit »ein paar tausend Mark« fürs Wegsehen bezahlt wurden, für Kuriere, Bus- oder Taxifahrer, die über die Grenze fuhren. Der Dealer schmuggelte in der Regel nicht selbst. Manchmal benutzte sein Kurier den Zug und deponierte einen Koffer in einem benachbarten Abteil. Einmal wurde dabei ein präparierter Koffer gefunden, der Kurier aber blieb unentdeckt. Der Dealer hatte auch eine Schreibmaschine mit doppeltem Boden präpariert, eine rote Reiseschreibmaschine von Olivetti, der Zoll fand sie eines Tages. Heute stehe sie in einem Zoll-Museum in Holland, sagt er. Der präparierte Koffer in einem Polizei-Museum in der Schweiz.

In der Regel aber nahm er das Kokain erst wieder in München in Empfang, um es an seine drei, vier, fünf Kunden zu übergeben. Es war ihm wichtig, dass nur er allein seine Kunden kannte. Er achtete auch darauf, dass keine anderen Dealer ihn bei der Übergabe sahen oder auch nur von ihm wussten.

Wenn er seine Ware übergab, blieb er selbst nüchtern. Wenn er zu Barbara kam, sei meist irgendwo ein Kuvert mit Geld herumgelegen. Nie wäre er auf die Idee gekommen, das Geld vor Ort nachzuzählen, sagt er. Er habe auch nicht gefragt, um wessen Geld es sich handelte. Er steckte es einfach ein.

Bei Barbara fühlte er sich willkommen, nicht nur geduldet. »Ich war nicht mit ihr befreundet, aber Barbara war eine gute Gastgeberin, sehr herzlich, und sie hat mich nie spüren lassen, dass wir vor allem Geschäftspartner waren. So ist sie mit allen Leuten umgegangen: Wenn sie einen mochte, war es ihr völlig wurscht, was für einen Beruf oder Namen man hatte und wie man aussah.« Er erinnert sich auch daran, wie sie einmal gemeinsam essen gingen. »In

›Kay's Bistro‹, da waren noch so schräge Adelige dabei. Ein Prinz von Preußen oder so mit seiner Frau, aber sehr nett. Wir haben einen fröhlichen Abend verlebt. Ich habe deine Mutter eigentlich immer nur gut drauf erlebt. Übrigens auch nüchtern. Sie war sehr warm, hat ein großes Herz gehabt, deswegen war sie ja auch für die ganzen Schwulen die Mutti. Sie hielt bei sich auf eine sehr sympathische Art Hof, es war immer sehr gemütlich bei ihr in der Wohnung, und man konnte sich gut unterhalten mit den lustigsten Leuten. Mein Gott, wen sie alles kannte! Ich habe sie sehr gern gehabt. War ja auch eine tolle Frau. Allein schon, wie sie mir beim Abschied den Kopf mit ihren großen Titten durchgeschüttelt hat.«

Oft blieb er zwei, drei, vier Stunden bei Barbara, trank einen Kaffee und brachte dann das Geld weg. »Da war ich rigoros drin. Die Partys konnten noch so lustig sein – wenn ich Geld bei mir hatte, drehte ich mich irgendwann um und ging. Ich kann brutal sein, habe die eine oder andere Schlägerei mitgemacht und weiß, dass man irgendwann gehen sollte, ohne Rücksicht auf die anderen. Das lernst du, wenn du auf allen möglichen Kontinenten jede Menge Blödsinn erlebt hast. Man muss die Sachen richtig machen, das habe ich immer beherzigt.«

Barbara gab die Bestellungen für Fassbinder und Mercury bei ihm ab. »Sie kannte mich, sie kannte jedermann in München, aber wenn nachher Leute behauptet haben, sie sei der Dealer von Mercury gewesen, ist das völliger Quatsch.« Sie habe ihn immer im Auftrag angerufen, sagt er. »Freddie war sehr schüchtern. Aber es war angenehm, sich mit ihm und Barbara zu unterhalten. Fassbinder war es dagegen richtig unangenehm, mich zu sehen. Einmal kam ich irgendwo nach Grünwald in eine Villa, in der er gerade drehte. Es ließ sich nicht verhindern, dass wir uns begegneten. War dann schon okay, aber grundsätzlich wollte er das nicht.«

Drei-, viermal im Jahr reiste er Anfang der achtziger Jahre nach München. Die Bestellungen wurden immer größer, die Geschäftspartner waren offenbar sehr zufrieden. Am Ende bringt er selten weniger als ein Kilogramm nach München, das er unter seinen Stammkunden verteilt. »Kleinkunden hatte ich da schon lange nicht mehr.«

Insgesamt nahm er etwa drei Millionen Mark durch den Handel mit Kokain ein. Er wusch die Drogengelder mit seinen legalen, ebenfalls profitablen Firmen, die sich gegenseitig Rechnungen für nicht erbrachte Leistungen schrieben. Der Dealer versteuerte seine Drogengelder also ganz ordentlich.

Barbara fühlte sich vor der Polizei sicher. Der Dealer kann sich vorstellen, dass sie von der Polizei in Ruhe gelassen wurde, dass man sie gewähren ließ oder dass es sogar eine Absprache mit irgendeinem hochrangigen Polizisten gab.

Anfang 1985 aber flog der Dealer auf: Freddie Mercury hatte ihn dieses eine Mal persönlich angerufen und gesagt, er brauche ganz schnell eine Lieferung für einen großen

Dreh. Im Münchner Arri-Kino solle ein Musikvideo gedreht werden. »Ich sagte, ich benötige die üblichen zwei Wochen für die Lieferung. Er sagte, das sei viel zu lang, er schickt mir im Zweifel einen Hubschrauber. Da wusste ich, er meint es ernst mit dringend. Ich wusste ja, dass er genügend Geld hatte, um so was Verrücktes zu machen. Auf 100 bis 200 Millionen schätzte ich ihn. Später habe ich erfahren, dass es über 600 gewesen sein müssen.«

Der Dealer wich also von seinen Prinzipien ab und bestellte bei jemandem, bei dem er sonst nicht kaufte, der aber schneller liefern konnte als die übliche Quelle. Er schickte eine Frau vor, die er nie zuvor als Boten gebucht hatte. Die Frau schnupfte selbst, die beiden Verkäufer wollten von ihr wissen, wer für so viel Geld bei ihnen einkauft. Sie begleiteten die Frau bei der Übergabe in das Restaurant, in dem sie mit dem Dealer verabredet war. Die zwei Männer setzten sich zu ihm und der Frau an den Tisch. Sie waren nett, luden ihn zum Essen ein, erklärten, warum sie ihn kennenlernen wollen. Der Dealer sagte: »Jungs, das will ich aber nicht. Ich arbeite nicht so, dass jeder jeden kennt.« Die beiden Verkäufer wussten offenbar nicht, dass sie bereits von der Polizei observiert wurden. Der Dealer nahm die Ware entgegen, ging zu Fuß zum nächsten Bahnhof, wartete auf den nächsten Zug. An der nächsten Station wollte er die Ware bereits seinem Kurier übergeben, aber dazu kam es nicht: Er wurde auf dem Bahnsteig festgenommen. Die beiden Verkäufer wahrscheinlich zur gleichen Zeit.

Der Dealer wanderte in Untersuchungshaft, verweigerte aber die Aussage. Die Beamten versuchten es mit Namedropping, zeichneten eine Pyramide auf und sagten, an welcher Stelle sie den Dealer vermuteten. Sie boten ihm auch eine kürzere Haft gegen Informationen an, aber der Dealer schwieg darüber, an wen er weiterverkaufen wollte. Die Beamten hatten ihn ja nur zufällig aufgegriffen, sind ihm also auch nie nach München gefolgt und tappten bei der Frage nach den Endabnehmern im Dunkeln. Die Anwälte des Dealers bastelten eilig eine Geschichte von einer attraktiven Französin, die in einem Hotel gewartet hätte, der Dealer sei ihr hörig gewesen und wolle deswegen nicht aussagen. Der Staatsanwalt forderte dreieinhalb Jahre Haft, in Deutschland wären es bei dieser Menge nicht unter sieben gewesen. Verurteilt wurde er lediglich zu eineinhalb.

Seine beiden Firmen musste er aufgeben, eine konnte er noch seinen Mitarbeitern überschreiben. Die Steuer schätzte sein Einkommen nach und behauptete plötzlich, dass zwei Drittel seines Besitzes aus unversteuerten Drogengeldern stammten, und verlangte hohe Nachzahlungen von ihm. Der Zoll stellte noch einmal 600 000 Mark in Rechnung, sein holländischer Anwalt kostete 100 000, sein deutscher 40 000, und dann brauchte er noch eine Anwältin, die sich mit dem holländischen Aufenthaltsrecht auskennt, damit er nach der Haftentlassung nicht gleich abgeschoben werden würde. Nach dem Prozess hatte er sämtlichen Besitz verloren. – »Mein Haus, mein Boot, mein Auto, mein Motorrad. Ich beschwere mich nicht. Hab Scheiße gebaut und bin bestraft worden. Hat sogar sein Gutes gehabt: Dann merkst du, wer die echten Freunde sind und wer die falschen.« 6,5 Millionen Mark verlor er, alles in allem. Er hat alle Schulden beglichen, darauf ist der Dealer bis heute stolz.

Das Jahr 1985 verbachte er im Gefängnis. Machte sich gleich nützlich, reparierte eine Druckmaschine. Sechs Monate wurden ihm dann wegen guter Führung erlassen. 1987 zog er nach München und bekam sofort einen Job. – »Es gab noch einige Leute, die mir einen Gefallen schuldig waren.« Mitte dreißig war er da und völlig mittellos. Viele alte Bekannte mieden den vorbestraften Dealer noch jahrelang. »Die meisten hatten Angst, dabei wussten sie doch, dass ich die Schnauze gehalten hatte.«

Barbara hat ihn nicht geschnitten, als eine der ganz wenigen. Das rechnete er ihr hoch an. Sie lud ihn zum Essen ins »Café Extrablatt« ein, ein Lokal, das Michael Graeter in Schwabing eröffnet hatte. »Sie steuerte demonstrativ einen Tisch mitten im Lokal an und unterhielt sich lange mit mir. Sie war lustig, sie war nüchtern, sie bedankte sich, dass ich ihren Namen und die anderer verschwiegen hatte.« Nach dem Essen verloren sich die beiden aber aus den Augen. Der Dealer arbeitete beim Film und gründete irgendwann einen gut gehenden Laden. Alle Firmen und Geschäfte, die er in seinem Leben gegründet hatte, waren immer erfolgreich. Er war kein Dealer, dem nichts anderes übrig blieb. Er ist noch heute ein geschickter Geschäftsmann.

Mit dem Verkauf von Drogen hatte er nach seiner Haftstrafe aber nichts mehr zu tun. »Für die meisten war Koks nur eine Phase, die sie früher oder später hinter sich gelassen haben. Soweit ich weiß, ist niemand anderes an Koks gestorben. Doch, einer ist auf Koks überfahren worden.« Dass Barbara weiterhin Kokain nahm, wusste er damals nicht. Bei dem Mittagessen mit ihm war sie nüchtern gewesen. Der Dealer behauptet, er könne genau erkennen, ob jemand Kokain geschnupft hat oder nicht. An den Pupillen, an der Mimik, an der Gestik, am Schniefen, auch wenn einige das erfolgreich verbergen konnten.

Der Dealer hat selbst Kokain geschnupft in der Zeit, in der er gedealt hat. Nicht regelmäßig, nicht wöchentlich, nur gelegentlich.

»Ein Gramm reicht normalerweise für zwei, drei Leute eine Nacht lang. Ich habe mir aber schon wesentlich mehr reingepfeffert«, sagt der Dealer. Einmal hatte er gesehen, wie der Sänger von Thin Lizzy sogar ein ganzes Gramm geschnupft habe. »Der ist im Übrigen auch der Einzige, von dem ich sicher weiß, dass er daran gestorben ist.«

Wann genau die Wirkung eintritt, ist von der Art des Konsums abhängig: Raucht man Kokain, so wirkt es für etwa fünf bis zehn Minuten, bei einer Injektion zehn bis zwanzig Minuten. Beim Schnupfen wirkt Kokain schwächer, jedoch bis zu fünfundvierzig Minuten lang. Die Atmung wird intensiver, der Blutdruck steigt, Herzrasen und Krampfanfälle können auftreten, im schlimmsten

Fall Hirnblutungen bis hin zum Herzinfarkt oder Gehirnschlag.

Man sagt, Kokain erzeuge ein intensives Stärke- und Glücksgefühl, eine Art Feuerwerk im Kleinhirn. Es kann zu einer Steigerung des Selbstwertgefühls, zu Sorglosigkeit, zur Verbesserung der Denkfähigkeit und zum Abbau von Hemmungen kommen. Kokain wirkt kurzfristig sehr leistungssteigernd. »Es macht einen auf der Stelle wahnsinnig helle, wach, selbstbewusst, man verliert jegliche Scheu, der erotische Trieb wird angefacht, ich bin oft auf Koks im Puff gelandet, und zwar die ganze Nacht. Das wird dann auch noch teuer. Aber es ist eine kalte Libido, du bist der Kapitän deines Orgasmus, mit Romantik und Gefühlen hat das nichts zu tun. Im Gegenteil, die gehen verloren.«

Danach kommt der Turkey, der Kokain-Kater – die Zeit nach dem Rausch. Schuldgefühle, Versagensängste, Verfolgungswahn, Depressionen bis hin zu Selbstmordgedanken können in dieser Phase auftreten. Der Konsum durch die Nase zerstört häufig die Schleimhäute. Das Suchtpotenzial ist immens: Die Deutsche Hauptstelle für Suchtfragen warnt, dass Zigaretten und Kokain besonders schnell und häufig in die Abhängigkeit führen. Nicht zu einer physischen Abhängigkeit, aber zu einer psychischen. Die Suchtwirkung wird nur noch von Heroin übertroffen.

Der Dealer zog sich meist nach einer Drogennacht zurück. Nur einmal hat er Kokain über drei Tage hinweg genommen. Aber er bekam tatsächlich kalte Füße vom Kokain, wenn er es übertrieb. Sobald sie kalt wurden, wusste er, dass es für ihn höchste Zeit wurde, ins Bett zu gehen. Die Rekonvaleszenszeit konnte bei ihm zwei, drei Tage dauern. »So lange braucht der Akku zum Aufladen. Du saugst mit dem Zeugs deinen Lebensboden leer, und wenn du am Bodensatz angekommen bist, ist es Zeit, ganz schnell aufzuhören, denn sonst fangen die Depressionen und Selbstmordgedanken an.« Er brauchte keinen Wodka, um vom Kokainrausch herunterzukommen. Er warf sich drei, vier Stunden im Bett hin und her, bis er endlich einschlafen konnte. Oft schlief er gleich zwei Tage durch. Danach aß er Obst und machte Sport. »Wasserski. Power. Ich wollte mich fit fühlen.« Im letzten Jahr vor seiner Verhaftung hat er allerdings kaum mehr Kokain genommen – »mit ganz wenigen Ausnahmen«.

»Es war nicht wie im Gangsterfilm«, sagt der Dealer, »der Spaß stand im Vordergrund. Aber für die Peripherie war das alles gar nicht lustig.«

Koks macht kühl. Er musste beobachten, wie zahlreiche Liebesbeziehungen in die Brüche gingen. »Auch Kinder haben gelitten. Das habe ich auch bei meiner Tochter erlebt, aber als das passierte, habe ich sofort Schluss gemacht.«

Für Künstler musste Kokain besonders verführerisch sein – »um kreativer zu sein oder auch gegen das Lampenfieber«. Das kann gefährlich werden, weil man die Angst hat, ohne Kokain nicht mehr auftreten zu können. »Bei Freddie muss der Grund ein anderer gewesen sein. Freddie kannte Kokain aus New York, er war nie ein Kostverächter, er mochte es einfach verrückt und übertrieben, genau wie in seiner Musik. Dabei war er privat in kleinerem Kreis ein sehr ruhiger, schüchterner, auch bescheidener Mensch – überhaupt nicht wie Fassbinder, der ein richtiger Kotzbrocken sein konnte.« Es heißt, Schauspieler und Regisseure leben in ihrem eigenen Universum, in dem sich alles um sie dreht. Egozentrik ist eine typische Schauspielerkrankheit, durch Kokain werde das dann noch verstärkt.

»Koks macht extrovertiert, man schüttet seine Gefühle regelrecht aus und redet die ganze Nacht hindurch, aber man zapft dabei eine Batterie an, die nicht schnell zu füllen ist. Stell dir das vor wie bei einer Taucherflasche, die zu schnell geleert wird und nicht schnell wieder zu füllen ist. Man braucht einfach eine Woche. Und da haben die meisten nicht aufgepasst. Viele vertragen das Zeugs nicht, die dürfen das nicht nehmen. Natürlich sind einige Leute in der Psychiatrie gelandet, aber die Verlorenen haben wir auch beim Alkohol.« Er glaubt nicht, dass der Konsum zwangsläufig eine manisch-depressive Phase verursacht: »Das ist Veranlagung.« Er selbst hatte die nicht. »Es wird nie über die vielen geredet, die eine gute Zeit mit Drogen hatten – vielen Freunden von mir geht es richtig gut, und sie haben davon gelernt. Ich habe es vertragen, mir hat es sogar gutgetan. Ich sehe das nicht so aufgeregt. Das Oktoberfest ist viel schlimmer. Man redet immer nur über die, die mit Kokain nicht klarkamen. Aber jeder konnte die Entscheidung für sich selbst treffen, jeder war sein eigener Kapitän im Universum.«

Der Dealer trinkt heute gelegentlich Whisky. Er ist vorbestraft, aber, wie gesagt: Die Erfahrung mit Kokain möchte er nicht missen.

Am Ende eines langen Abends sagt er: »Barbara hat immer allen möglichen anstrengenden Leuten geholfen. Ohne sie wären viele Dinge nicht passiert – im Guten wie im Schlechten. Dieses eine Album von Freddie Mercury, das er in München aufgenommen hat, wäre niemals ohne sie entstanden.« Der Dealer will dem Sohn seiner ehemaligen Kundin offenbar was Nettes mit auf den Weg geben. »Viele Männer hatten Angst vor ihr. Ich nicht. Warum auch? Sie war so unkompliziert. Einmal hab ich sie besucht, und sie lag krank im Bett. Eine echte Grippe, keine Drogenfolgen. Sie hat mir im Bademantel aufgemacht. Ganz unprätentiös. Ich hab sie gefragt: Mensch, Mädchen, geht es dir gut?«

»Sie hat immer drauf geachtet, dass ihr Kinder sie niemals beim Koksen seht. Ich kann mich erinnern, wie du einmal ins Zimmer kamst, du hast geklopft und warst sehr höflich. Als du weg warst, hat Barbara das Kinn hochgezogen und die Augen verdreht, ich glaube, sie hat sich in dem Augenblick sehr geschämt. Manchmal wirkte sie auch etwas geistesabwesend. Dann hielt sie die Zigarette nach oben und blickte in die Ferne. Ich glaube, das waren auch so Momente, in denen sie an euch Kinder dachte und sich schämte.«

Dann fragt er noch: »Bist du denn wütend auf die Freunde deiner Mutter oder auf sie?« – Gute Frage.

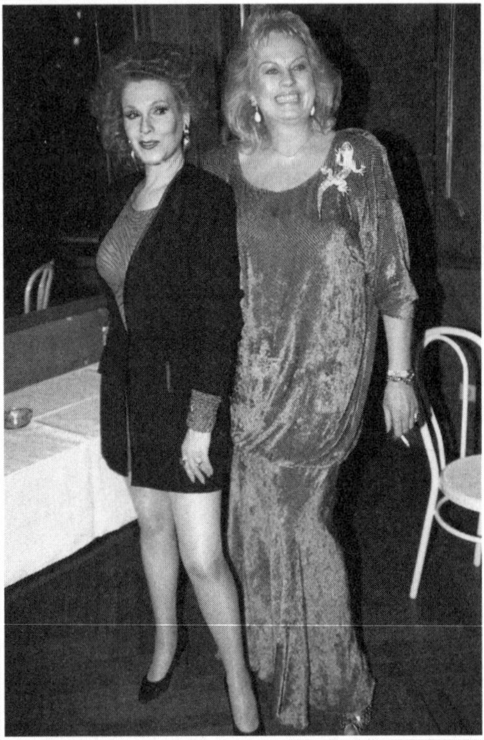

13. Peinlichkeiten

Januar 2015

Natürlich war ich, bin ich wütend auf sie. Sie war all das, was man gemeinhin einer schlechten Mutter zuschreibt: unzuverlässig, unpünktlich, oft unpässlich, narzisstisch.

Ich war als Teenager oft genervt von ihr. Sie hatte keine Ahnung von meinem Leben. Auch später verwechselte sie unablässig, ob ich nun Psychologie oder Philosophie studiere. Sie kochte schon lange nicht mehr, wenn ich sie besuchen kam. Sie mochte meine Freundinnen nicht. Von meinen Freunden gefiel ihr bezeichnenderweise der am besten, der ihr einen Handkuss zur Begrüßung gab. Wie peinlich.

Sie würde immer zu mir halten, hat sie mir mal melodramatisch versprochen: egal, ob ich jemanden umbringen würde oder eine Frau schwängere. Jaja, Mama, danke, steht gerade nicht an. Aber wie wäre es, wenn du mal pünktlich zu unseren Verabredungen erscheinen würdest? Zu klassischen Elternterminen kam sie ohnehin nicht: Sprechstunde in der Schule, Abiturfeier, neue Wohngemeinschaft? – »Entschuldige, ich kann nicht, mir geht es gerade nicht gut.«

Stattdessen musste ich mich von meinem Klassenlehrer fragen lassen, als der von der Razzia bei mir zu Hause in der Boulevardzeitung las: »Alles in Ordnung, Lars?« Ich musste mir vom Vater eines Mitschülers unterstellen lassen, dass ich doch sicherlich derjenige sei, der auf dem Schulhof seinen Sohn und andere Mitschüler mit Gras versorgen würde.

1990 wird Barbara dann das erste Mal Großmutter, aber da ist sie nur mit Freddies Krankheit beschäftigt. Zur Taufe kommt sie zu spät. Wenn sie sich mal großzügig bereit erklärt zu babysitten, weiß ich nie genau, ob sie auch wirklich auftaucht und wie lange sie durchhält. Sie kommt ohnehin nur, wenn das Rauchverbot in der Wohnung für sie aufgehoben wird. Auch an Heiligabend, wo sie stets zu spät zum Essen kommt und oft am Essen rummäkelt, das sie sich doch selbst bei meiner Frau ausbedungen hat: »Pute, aber bitte ohne Knoblauch und Zwiebeln.« Sie schaut ihre Enkel gern an, aber weiß wenig mit ihnen anzufangen.

Ich kann mich nicht mal auf sie verlassen, als die Kinder einmal schwer krank werden und wir kurzzeitig das Schlimmste befürchten. »Ich kann das nicht«, sagt sie, und schon steigen ihr die Tränen in die Augen. Sie wird mit den Jahren immer melodramatischer. Nur schnell das Thema wechseln, bevor sie wieder zu heulen anfängt, denke ich mir oft.

Nach Freddies Tod spricht sie davon, wie einsam sie sich fühlt. »Die Tunten gehen mir auf die Nerven.« Sie ist ungerecht, denn diese Tunten halten ihre Allüren aus, helfen ihr, gehen für sie einkaufen oder muntern sie auf. Sie hat schon lange keine Freundinnen mehr, außer Elisabeth Volkmann. Aber mit ihr ist sie immer wieder verstritten, manchmal reden sie monatelang kein Wort miteinander.

Wenn sie verreist, packt sie den fetten Riesenkater Tarzan in eine Louis-Vuitton-Tasche mit Luftgitter ein. Sie fährt mit dem Auto, damit Tarzan mitkann. Wenn das nicht geht, sie etwa für längere Zeit nach London fliegt, bittet sie mich oder Minki, Tarzan zu füttern und manchmal auch in ihrer Wohnung zu übernachten. Tarzan beißt nachts in Zehen, die unter der Decke hervorschauen. Für ihn empfindet sie mehr als für ihre Enkel, so sieht es jedenfalls aus. Minki arbeitet Ende der neunziger Jahre viel in Kapstadt und lädt Barbara immer wieder ein, sie doch mal zu besuchen. »Ich kann nicht«, war Barbaras Standardantwort, »wegen Tarzan.«

Seit Mitte der achtziger Jahre vermietet sie immer ein Zimmer in ihrer Wohnung unter. Wegen des Katers. Wahrscheinlich auch wegen des Gelds. Vor allem aber wegen der Ansprache, die sie braucht, wenn sie tagelang nicht aus dem Haus geht. Sie vermietet an Schauspieler und Regisseure, die für Dreharbeiten einige Wochen oder Monate in München wohnen müssen. Meist sind sie schwul. Ein verheirateter Schauspieler von den Kammerspielen kommt für einige Wochen, in denen er ein Bett für sich und seine Geliebte benötigt. Einmal wohnt ein Koch bei ihr, der mir öfters die Haare schneidet. Sogar ein Polizist auf Wohnungssuche ist dabei. Später sind es dann nur mehr junge Leute, die ganz frisch nach München gezogen sind und sich von Barbara widerspruchslos zum Einkaufen schicken lassen. Alles Leute, die ihre Launen ertragen müssen. Ich bin dazu schon lang nicht mehr bereit.

Oft ist sie krank. Sagt sie. Verkatert wäre treffender gewesen. Sie liegt dann im Bett, kommt nicht hoch, geht nicht ans Telefon und trinkt Milch. Warum nur? Frage ich mich lange. Die ersten Jahre habe ich ja keinen blassen Schimmer.

»Hast du Depressionen? Magst du nicht mal zum Arzt gehen? Kann ich dir helfen?«, frage ich jahrelang. Sie weicht aus. Sagt nur: Sie kann nicht, sie will nicht, ich würde das nicht verstehen. Tue ich tatsächlich nicht.

Einmal, an Heiligabend, bringt sie einen schwulen Freund mit und kokst mit ihm am Esstisch, während meine Frau in der Küche die Pute schneidet, die von ihr bestellte Pute. Ich bekomme einen Schreianfall. Karen und die Kinder kommen aus der Küche gerannt und schauen mich entgeistert an.

»Ich mach das nicht oft, nur wenn ich am Wochenende ausgehe«, sagt sie. Wie bezahlt sie das nur?, frage ich mich. Nach dem Tod von Oma verkauft sie ganz schnell deren riesiges Haus und mehrere Grundstücke in Bruchsal und kauft sich gemeinsam mit Freddie eine kleine Zweieinhalb-Zimmer-Wohnung im Glockenbach. Von Kokain wird man nicht abhängig, verspricht sie. »Ich mach das nicht mehr«, verspricht sie, als sie Ende der neunziger Jahre zu einer Geldbuße wegen Kokainbesitzes verurteilt wird.

Wie peinlich mir das alles war. Ihr offenbar auch, denn das Ausmaß ihrer Sucht verschleierte sie ihren Kindern gegenüber ein Leben lang. Nach ihrem Tod fand ich ihr Vernehmungsprotokoll bei der Polizei aus dem Jahr 2000:

> »Über meine Rechte bei der Polizei wurde ich belehrt. Mir wurde eröffnet, dass mir der fortgesetzte Erwerb von Kokain von zwei Farbigen namens Edi, Andi oder Martin und eines David zur Last gelegt wird.
> Die von den hier beschuldigten Verkäufern benutzten und überwachten Mobilfunktelefonnummern wurden in meinem grauen Notizbuch unter den Namen Martin und David festgestellt. […]
> Glaublich in der zweiten Hälfte des Jahres 1998, ca. Oktober oder November, habe ich den mir als Martin bekannten Farbigen zum ersten Mal zufällig auf der Hans-Sachs-Straße gesehen. Wir haben aber nicht weiter miteinander gesprochen. Im Laufe der Zeit grüßten wir uns öfters und winkten uns zu. Offiziell traf ich dann auf einer Silvesterparty des W.G. den Martin wieder. Das war der Jahreswechsel 1998/99. Hier sprach ich dann das erste Mal richtig mit ihm. Bei dieser Gelegenheit wurde auch Kokain konsumiert. Wer alles konsumierte, weiß ich nicht. Wer das Kokain mitgebracht hat, weiß ich auch nicht. Ich vermute jedoch, der Martin. Im Laufe des späten Abends fragte ich den Martin nach

seiner Telefonnummer, er gab sie mir und sagte dazu, dass er immer erreichbar sei. Zu einem späteren Zeitpunkt habe ich ihm dann auch meine Telefonnummer gegeben. Die Telefonnummern haben wir nur zum Zweck des Kokainbestellens bzw. -lieferns ausgetauscht.

Frage: Wann haben Sie das erste Mal von Martin Kokain genommen?
Antwort: Einige Tage nach der o. a. Party habe ich ihn unter seiner Handy-Nummer angerufen. Ich fragte ihn, ob wir uns sehen könnten, und vereinbarte mit ihm einen Termin. An Näheres kann ich mich bei dem Gespräch nicht erinnern. Die Telefonnummer habe ich irgendwann einmal in mein Adressbuch geschrieben. Diese Telefonnummer sowie die Telefonnummer des Bruders des Martin, namens David, wurden von der Polizei bei der Wohnungsdurchsuchung im Adressbuch sichergestellt.
Er kam jedoch zu dem vereinbarten Treff zu mir nach Hause. Er klingelte bei mir, ich ließ ihn ins Haus und in meine Wohnung. Er hatte einen mit Feuerzeug verschweißten Cellophanbeutel mit ca. 10 g Kokain dabei. Er erklärte mir jedoch, dass es etwas weniger sei. Da ich jedoch zu diesem Zeitpunkt nur 1 Gramm kaufen wollte, öffnete Martin den Beutel und entnahm daraus 1 Gramm, das ich dann abgewogen habe. Für das knappe Gramm verlangte er 100,- DM. Normalerweise wollte er nur 10-Gramm-Weise verkaufen, da er, wie er sagte, den weiten Weg von der Hohenzollernstraße zu mir hatte. Da ich die Ware aber erst einmal probieren

wollte, war er mit der Abnahme eines Grammes einverstanden.

Frage: Haben Sie im Januar noch mal Kokain von dem Martin verkauft?
Antwort: Ich glaube ja, möglicherweise 14 Tage später. Genau kann ich mich daran aber nicht mehr erinnern. Soweit ich mich überhaupt erinnern kann, kam der Martin insgesamt ca. 4 Mal zu mir in die Wohnung und verkaufte mir dabei je zwischen 1 und 3 Gramm Kokain zum Grammpreis von 100,- DM.
Bei einem unserer letzten Telefonate wurde mir dann von dem Martin sein Bruder David avisiert. Der David brachte mir dann auch gleich die bestellte Menge Kokain. Wie viel das war, kann ich nicht sagen. Es waren jedoch höchstens 3 Gramm. Das war die größte Menge, die ich je auf einmal gekauft habe. Der David hat mir dann seine Handy-Nummer gegeben, weil sein Bruder angeblich bei seiner Familie wäre.

Vorhalt: Besteht hier ein Zusammenhang mit dem Ihnen vorgelegten Gespräch Nr. 114 vom 30.03.1999?
Antwort: Das ist schon möglich.

Frage: Bei wie viel Gelegenheiten wurden Sie von dem David beliefert?
Antwort: Irgendwann war nur noch der David erreichbar. Von ihm habe ich bei ca. 4–5 Gelegenheiten jeweils zwischen 1 und 3 Gramm Kokain gekauft.

Frage: In dem Gespräch Nr. 985 vom 08.05.99 sprechen Sie von 4 bzw. 5 Freunden. Handelt es sich hier um das Codewort für eine Bestellung, oder was bedeutet diese Anfrage?
Antwort: Zu diesem Zeitpunkt hatte ich mehrere Freunde aus England zu Besuch bei mir. Für diese Personen, deren Namen ich nicht nennen möchte, habe ich Kokain mitbestellt. Mengenmäßig waren es aber nicht mehr als drei Gramm, die David dann geliefert hat. Irgendwann später habe ich dann unter den mir bekannten Telefonnummern niemand mehr erreicht. Ich habe mir dann schon gedacht, dass möglicherweise die Polizei bei den Leuten war.

Frage: Erkennen Sie auf den Ihnen nun vorgelegten Wahllichtbildtafeln den David oder den Martin wieder?
Antwort: Nein. Es ist für mich sehr schwierig, unter den mir vorgelegten Bildern die beiden herauszufinden. Weitere farbige Personen aus dem Umfeld des David oder Martin sind mir nicht bekannt. Mehr kann ich zu der ganzen Sache momentan nicht sagen.

Vernehmungsende 14.15 Uhr. München, 17.02.2000«

Das Verhör wird auch für Barbara eine peinliche Situation gewesen sein. Nicht unbedingt, weil sie sich geschämt hätte, eher weil sie es erniedrigend finden musste, so genau Auskunft über ihre Kontakte zu diesen Dealern geben zu müssen. Ihre Wortwahl ist nüchtern, ihre Selbstsicherheit verflogen. Sie tut mir noch im Nachhinein leid.

Warum hat sie das Vernehmungsprotokoll überhaupt aufgehoben? In der Schublade mit alten Liebesbriefen? Nach dem Vorfall, der auch in der Zeitung stand, hat sie mir, mal wieder, versprochen, die Finger vom Kokain zu lassen. Ich habe es ihr geglaubt. Vielleicht meinte sie es tatsächlich ernst und hob das Protokoll als ständige Ermahnung auf. Wie großartig es gewesen wäre, wenn sie die Geldstrafe in Höhe von 3000 Mark als Schuss vor den Bug verstanden und wirklich aufgehört hätte!

Alle Kinder finden in einem bestimmten Alter ihre Eltern irgendwann einmal peinlich. Ich fand meine Mutter als Teenager besonders peinlich. Vor allem, dass sie alles Private so hinausposaunte, war mir natürlich peinlich. Zum Beispiel, dass in der Zeitung zu lesen war, dass sie sich eine Rose auf den Hintern tätowieren ließ. Und nun mache ich in gewisser Weise dasselbe: erzähle aus ihrem Privatleben, das teilweise ja meines und das meiner Schwester ist. Auch irgendwie peinlich.

Jonathan Franzen, der amerikanische Schriftsteller, hält das Schreiben ganz generell für einen schmerzhaften Prozess: »Wenn man einen Roman schreibt, rührt man oft an persönlichen, peinlichen Dingen, an die man lieber gar nicht dächte. Man fühlt sich schrecklich, man zweifelt an sich, man fühlt sich schlecht. Das darf man schon schmerzhaft nennen.« Der Schriftsteller hält gerade die persönlichen, die peinlichen Dinge für wert, darüber zu schreiben.

Nach dem unglaublichen Zufall, einen von Barbaras früheren Dealern kennengelernt zu haben, fühle ich mich geradezu verpflichtet, Barbaras Geschichte zu Ende zu erzählen. Und welchen Wert soll eine Biografie haben – zumal wenn es um ein so, auch an Peinlichkeiten, reiches Leben geht wie das von Barbara –, wenn die persönlichen und peinlichen Ereignisse ausgelassen würden? Überhaupt keinen. Die zweite Hälfte ihres Lebens ist ohne das Wissen um die Drogen gar nicht nachzuvollziehen. Außerdem kann ich in dieser Beziehung immer noch etwas von ihr lernen: dass es nicht unbedingt das Wichtigste ist, was andere über einen denken, im Zweifel ist es besser, auf sein Gefühl zu vertrauen.

Mit dem Alter nimmt die Scham ab, manche Dinge sind einem weniger peinlich. Vielleicht fühle ich mich deswegen meiner Mutter heute manches Mal näher als früher. Ich schreibe ohnehin nicht alles, gewisse Dinge sind mir immer peinlich geblieben. Anderes weniger. Aber ich habe lange gebraucht, um meine Mutter so zu akzeptieren, wie sie nun einmal war: laut und schrill und narzisstisch, später – wahrscheinlich durch das Kokain – auch zunehmend kalt und eben süchtig. Wobei das Kokain ihre schlechten Charaktereigenschaften sicherlich noch mal verstärkt hat.

Oft wollen Eltern ihre Kinder auch dann noch erziehen, wenn diese schon längst ausgezogen und erwachsen sind. Wollen ihnen diktieren, was sie studieren, wen sie heiraten sollen. Aber es geht auch andersherum: Kinder wollen ihre Eltern oft noch spät erziehen, wollen, dass die Eltern ihrem

Ideal von Mutter oder Vater entsprechen. Ich selbst wollte lange nicht akzeptieren, eine drogensüchtige Mutter zu haben. Solange ich das nicht konnte, war ich immer wieder wütend auf sie. Es dauerte bis nach ihrem Schlaganfall, nach dem Befund auf der Intensivstation. Und natürlich hat es auch damit zu tun, dass man mit zunehmendem Alter eher verzeihen kann, weil man ja selbst beileibe nicht alles richtig gemacht hat.

Ein letzter Rest Wut ist aber immer noch da. Ich merke das, wenn im Gespräch irgendjemand erwähnt wird, der auch kokst, und ich gereizt reagiere. Ich bin schon genervt, wenn mir wieder jemand erklären will, wie harmlos Gras doch sei. Ich kann Drogen nicht ab. Außer Rotwein. Vielleicht auch nicht viel gesünder.

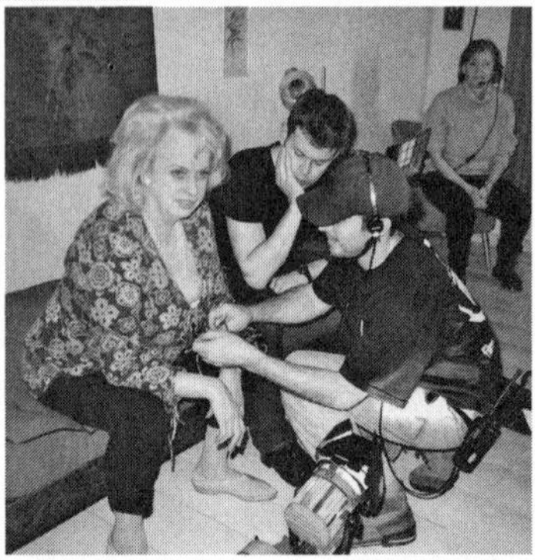
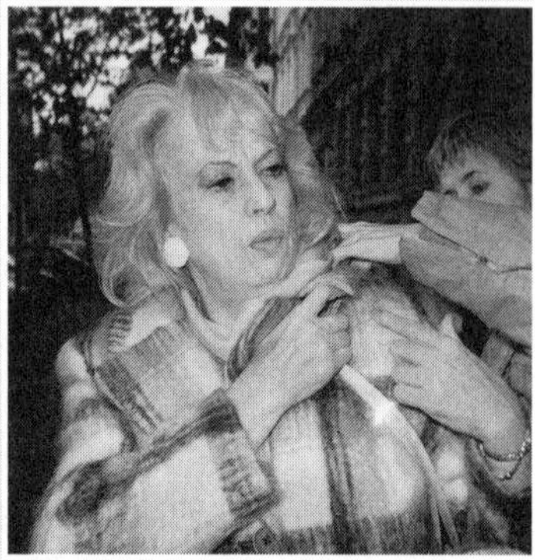
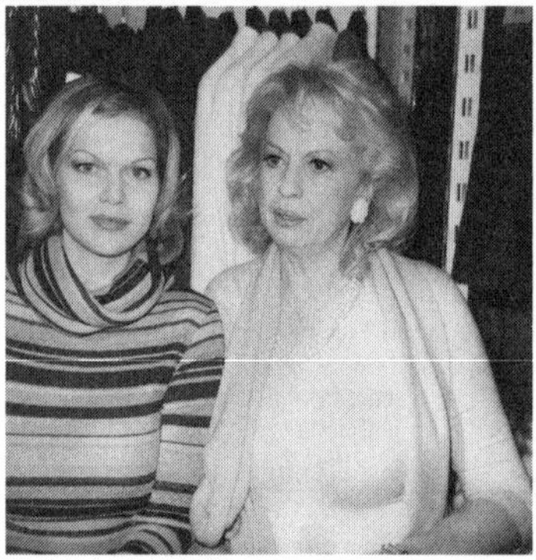
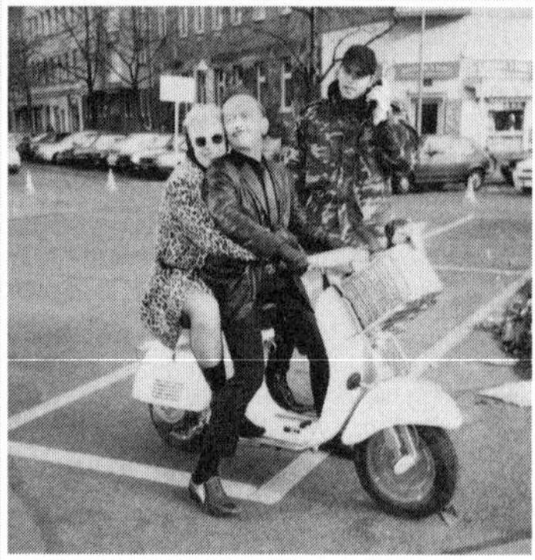

14. Gary Cooper

März 2015

Der Friseur von Barbara Valentin, Christine Kaufmann und Iris Berben – so wurde Ulrich Graf in der *Abendzeitung* oder der *Bunten* vorgestellt, mit dieser Namensfolge, bis zu Barbaras Tod. Seinen Laden eröffnet er 1990 in der Hans-Sachs-Straße, im Nebenhaus von Barbaras Wohnung.

Ein Friseur unterhält in vielen Fällen eine vertrauliche Beziehung zu seinen Kunden. Er weiß viel. Man erwartet geradezu, dass er einiges weitergibt und anderes für sich behält. Ulrich Graf ist in der Auswahl seiner Kunden so erfolgreich, dass er bald zum Promi-Friseur aufsteigt, neben Gerhard Meier und lange vor Udo Walz.

Barbara ist zu Ulrich Graf gegangen, seit er von London nach München gezogen ist. »Sie hatte so dünnes Haar, wollte aber partout keinen modernen Kurzhaarschnitt.« Graf musste wickeln. Heißwickel. Das tat er außer für Barbara für keine andere Kundin. Er wickelte gegen seine Überzeugung, aber er mochte Barbara halt, auch wenn die sich wie eine Diva benahm. Auch wenn ihre Zeit als das, was man damals Fernsehstar nannte, längst um war.

Anfangs ist sie noch alle zwei Monate zu ihm gekommen. Oder auch mal zwischendurch, als sie noch Arbeit hatte oder mal wieder in eine Talkshow ging. Freddie Mercury, darüber will das Fernsehpublikum Bescheid wissen, Fassbinder interessiert die Leute in den neunziger Jahren nur wenig. Waschen, färben und die Spitzen schneiden – Ulrich Graf erledigt bei ihr alles persönlich. Sie kommt immer zu spät, manchmal auch gar nicht. Oder sie taucht betrunken auf. Ulrich Graf aber ist geduldig mit ihr. Er lässt sie ihr Frühstück im gegenüberliegenden Café bestellen, sie darf essen, während er ihr die Haare macht. Sie darf rauchen. Sie darf im Zweifel sogar trinken bei ihm. »Sie war fordernd, nicht bei den Haaren, da wussten wir beide, was geht und was nicht. Aber sie forderte die ständige Aufmerksamkeit aller anwesenden Personen.« Er mag sie dennoch: »Sie hat mich immer zum Lachen gebracht«, sagt er. 1993 bittet er sie, bei einer Aids-Gala im Münchner Hotel Sheraton mit auf die Bühne und den Laufsteg zu kommen. Barbara sagt natürlich zu.

Ab Mitte der neunziger Jahre besucht sie ihren Friseur immer seltener. Irgendwann bekommt sie nicht mal mehr Angebote, in Talkshows aufzutreten. Ende der neunziger Jahre macht sie Ulrich Graf den Vorschlag, bei ihm als Kosmetikerin anzufangen. Graf ist Friseur und braucht keine Kosmetikerin. »Bei aller Liebe, das hätte auch gar nicht funktionieren können.« Barbara lässt sich nicht beirren, macht in der Tür kehrt, um ihr Abschlusszeugnis aus der Wohnung nebenan zu holen. Aber auch dadurch lässt Graf sich nicht beirren.

»Sie ist bis zuletzt eine Diva geblieben. Sie war eine fantastische Schauspielerin, aber ihr Unglück war, dass der Typ ›Bombshell ab vierzig‹ nicht mehr oft besetzt wird.«

Einmal noch wird ihr Typ gefragt. Andreas Prochaska, damals, mit Ende dreißig, ein junger Regisseur aus Österreich, ist mit Barbaras Halbbruder Alfred in Bad Ischl zur Schule gegangen. Alfred hatte ihm von Barbaras Freundschaft zu Freddie Mercury erzählt. Deswegen hat Prochaska Barbaras Namen nicht vergessen.

Ende der neunziger Jahre bekommt er gerade in dem Augenblick ein Drehbuch in die Hand, als ihn sein Schulfreund Alfred in Wien besucht. Das Buch heißt »Die Hunde sind schuld«, und eine Rolle wäre geradezu perfekt für Barbara: In der Geschichte kommt eine Hausmeisterin vor, die in den fünfziger Jahren ein One-Hit-Wonder war. Prochaska sucht für sie jemanden mit verblichenem Glamour im Alter von Barbara. Als er dann noch erfährt, dass Barbara Ende der fünfziger Jahre tatsächlich einige eigene Schallplatten aufgenommen hat, ist er sich sicher, dass sie die richtige Besetzung wäre. Prochaska fragt, wie es Alfreds Halbschwester gehe. Nicht so gut, lautet Alfreds Antwort.

Prochaska ahnt nicht, in welch schlechter Verfassung sich Barbara tatsächlich befindet. Bei ihrer ersten Begegnung 1999 in einem Münchner Café denkt er: Ui, die sieht aber gar nicht gut aus, das Leben hat bei ihr sichtlich Spuren hinterlassen.

Natürlich kennt er die Drogengerüchte und ist sich plötzlich unsicher, ob sie überhaupt noch in der Lage wäre, einen Text auswendig zu lernen. Barbara wiederum ahnt, dass die Rolle der Hausmeisterin den Mut zur Hässlichkeit erfordert. Sie hat Angst, vorgeführt zu werden – so wie ihr das bei den abgebrochenen Dreharbeiten mit Schlingensief passiert ist. Mitte der neunziger Jahre war sie mit ihm nach Simbabwe gereist, als Schlingensief noch ein unbekannter Jungfilmer war. Es kam zum Streit, sie reiste ab, er musste sie schnell nachbesetzen. Hinterher erzählte er, sie sei abgereist, weil in Simbabwe kein Kokain zu bekommen gewesen sei. Sie erzählte, er habe von ihr verlangt, eine Gummivagina auf dem Kopf zu tragen.

Zu Prochaska sagt sie: »Ich will mich nicht zum Kasperl machen lassen.« Prochaska versichert ihr: »Das mache ich nicht, ich lasse vor der Kamera niemanden wie einen Dodl aussehen.«

Prochaska schlägt ihr ein Casting vor. Barbaras Antwort: »Ich habe mein ganzes Leben lang kein einziges Casting gemacht, wie kommen Sie dazu, so etwas von mir zu verlangen?« Prochaska redet sich auf seine Auftraggeber beim Fernsehen heraus, die das verlangen würden. Er überredet sie dazu, für einen Tag nach Berlin zu fliegen, um mit Tilo Prückner zu proben, der bereits für die männliche Hauptrolle besetzt ist, als Imbissbudenbesitzer, der in Berliner Parks Hunde mit Bulleten vergiftet.

»Die Probeaufnahmen waren sensationell«, erzählt Prochaska, als ich ihn 16 Jahre später treffe. Ich hatte beruflich in Wien zu tun, er kam eigens vom Land in die Stadt gefahren, um über Barbara zu sprechen. Auch die Drehbuchautorin sei von Barbara begeistert gewesen: »Genau so habe ich mir die Rolle vorgestellt.« Die Produzenten und der Sender ließen sich auch schnell überzeugen. – »Sie kannten ja alle Barbaras Geschichte.«

Tilo Prückner sagt später, er habe Barbara sofort als ideale Partnerin empfunden. Sie kennen sich. 25 Jahre zuvor haben sie gemeinsam »Bomber und Paganini« gedreht. »Mario Adorf spielte Bomber, ich Paganini. Wir waren ein Gaunerpaar, er blind, ich lahm und im Rollstuhl, wir waren voneinander abhängig. Barbara spielte Marios Geliebte. Ich erinnere mich noch an die schöne Szene, in der sich Bomber und Barbara lieben und ich nebenan lausche.«

Prückner mag Barbara: »Sie hatte ein großes Herz, und sie konnte enorm gschert sein, wie man auf Bayrisch sagt. Viele hat ihr unangepasstes Verhalten abgestoßen, ich mochte das. Ich konnte sie richtig gut leiden. Ich war auch zu ihr ein bisschen direkter als andere. Später haben wir noch etwas Kleines für die ARD gedreht, einen der Mini-Krimis von Hartmut Grießmeier. Ich spielte wieder einen Gangster, aber dieses Mal war Barbara meine Geliebte. Die Kombination war schon damals sehr lustig und grotesk: Ich so klein und mickrig, sie so riesig, da denke ich noch gerne dran.«

Aber Tilo Prückner warnt den Regisseur: »Du musst wissen, wen du da einkaufst. An deiner Stelle würde ich lieber drei Drehtage mehr einplanen.« Prochaska lässt sich nicht beirren: »Ich kriege von der, was ich brauche.«

Die Versicherung stellt eine Hürde dar. Für jeden Schauspieler, jeden Regisseur muss ein Produzent in Deutschland eine Ausfallversicherung abschließen, die man nur erhält, wenn man seine Gesundheit von einem Arzt bestätigen lässt. »Das ist keine besonders gründliche Untersuchung, ein Arzt misst den Blutdruck, und man unterschreibt eine Selbstauskunft, mit der man versichert, dass alles in Ordnung ist.«

Aber wie soll das glaubhaft geschehen bei all den Drogenmissbrauchsgeschichten in der Zeitung? Dem Produzenten gelingt es schließlich, in Holland einen Versicherer für Barbara aufzutreiben, der sich bereit erklärt, ein erhöhtes Ausfallrisiko einzugehen. Prochaska kann sich später nicht erinnern, ob Barbara damals überhaupt von einem Arzt untersucht worden ist.

Am ersten Drehtag kommt es, wie Prochaska es bisher nur vom Hörensagen aus Hollywood kannte: Barbara erscheint nicht am Set zu ihrer ersten Szene. Sie weigert sich, den Wohnwagen zu verlassen. Die Schuhe drücken, das Kostüm passt nicht. Das moderne Hotel gefällt ihr auch nicht, überall zieht es. Sie hat Angst. Sie feuert einen Mann, den sie als Agent vorgestellt hat und der ihren Vertrag ausgehandelt hat. Es dauert ewig, bis sie sich ins Kostüm zwängt und am Set erscheint. Prochaska versucht, sie wie ein rohes Ei zu behandeln, aber sie beschwert sich, wie grausam er zu ihr sei und wie schlecht sie alle anderen behandeln würden. Der Text muss in kleine Portionen aufgeteilt werden, damit sie ihn sich überhaupt merken kann. Und ständig drücken die Schuhe.

An die vierzig Leute am Set sind genervt von ihr. Ein völliges Desaster zeichnet sich ab. Prochaska ist abends am Boden zerstört, Barbara auch. Prochaska denkt: Was bist du nur für ein Vollidiot, dich auf diesen Wahnsinn eingelassen zu haben. Er ist entschlossen, die Notbremse zu ziehen. Telefoniert mit dem Produzenten, beschließt, am nächsten Tag eine andere Schauspielerin als Ersatz zu casten, will Barbara zum Arzt schicken, sie krankschreiben lassen, damit die Versicherung den einen ausgefallenen Drehtag ersetzt. Er setzt sich mit Barbara in ihrem »furchtbaren« Hotel zusammen. Sie sieht auch, dass die Zusammenarbeit nicht funkioniert. Sie willigt ein, am nächsten Tag einen Arzt aufzusuchen. Prochaska gesteht ihr nicht, dass er bereits Ersatz für sie sucht und schon am nächsten Tag eine andere Schauspielerin casten wird.

Der nächste Drehtag beginnt noch mit Barbara. Prochaska hat Mitleid mit ihr, will sie nicht sofort nach Hause schicken, er lässt sie im Ungewissen. Sie dreht noch ein paar kleinere Szenen, zwischendurch soll sie beim Arzt vorbeischauen. Prochaska hat dem Kameramann gesagt: »Dreh alles mit der Barbara heute nur einmal, das müssen wir eh alles wegschmeißen.« Normalerweise lässt Prochaska jede Szene zwei-, dreimal filmen. Aber ohne Druck tut sich Barbara leichter. Die Szenen gelingen gleich beim ersten

Mal. Und welch Wunder: Auch die Schuhe tun plötzlich nicht mehr weh.

Zwischendurch geht Barbara zum Arzt, um sich ein Attest abzuholen. Prochaska castet derweil die andere Schauspielerin, ohne Barbara von ihr erzählt zu haben. Der Ersatz ist gut, aber ihr fehlt die persönliche Geschichte, der Glamour. Die Neue wäre eben nur eine Kompromiss-Lösung.

Noch während Barbara beim Arzt ist, kommen die Muster vom ersten Drehtag, der so schwierig war. Alle sind begeistert von den Mustern. Das erlebte Desaster ist auf dem Film überhaupt nicht zu sehen.

Am frühen Nachmittag telefoniert Prochaska erneut mit dem Produzenten, der ihm erzählt: Der Sender sei begeistert vom ersten Drehtag. Prochaska erzählt: »Für alle war klar, dass ein Dreh mit der Valentin schwierig werden könnte, deswegen wollten alle die Muster sehen. Und wirklich alle waren begeistert.« Der Produzent fragt den Regisseur: Schaffen wir das nicht vielleicht doch mit ihr? Der Regisseur denkt sich: Doch! Jetzt kann ich nicht den Schwanz einziehen. Ärmel hochkrempeln und schauen, wie man da irgendwie durchkommt.

Er weiß zu dem Zeitpunkt nicht, wie sehr der Dreh von Barbaras Kokain-Höhen und -Tiefen beeinflusst wird. Zwei, drei Stunden voller Energie, bis man dann ins Bodenlose fällt. »Ich habe das gar nicht so mitbekommen, vielleicht habe ich das Thema auch verdrängt.«

Der Produktionsfahrer erzählt ihm später, dass Barbara bereits morgens schnupft, sobald sie den Produktionswagen betreten hat.

Prochaska sagt: »Ich will mich nicht in Hausfrauenpsychologie ergehen, aber man hatte schon das Gefühl, dass Barbara alles immer sehr ausschweifend gemacht hat und keine halben Sachen. Ich kann mir das ganze Suchtverhalten nur so erklären, dass sie mit Männern viel durchgemacht haben muss.«

Die Dreharbeiten werden eine extrem anstrengende Erfahrung für das ganze Team, aber Prochaska denkt weiter, es lohne sich, den ganzen Wahnsinn auf sich zu nehmen, »weil man etwas Besonderes bekommt«. Niemand am Set verdreht die Augen und denkt sich insgeheim: O Gott, jetzt kommt das Monster wieder. Alle begreifen den Umgang mit ihr als Herausforderung. Wie geht man mit ihr um? Wen lässt man an sie heran? Barbara hasst ihre Garderobiere. Prochaska wechselt sie gegen einen schwulen Garderobier aus, mit ihm versteht sich Barbara prächtig. Langsam spielt sich das Team ein und lernt, wie die Arbeit mit Barbara zu bewältigen ist. Prochaska besorgt ihr auch ein anderes Hotel, das Savoy, ein altmodischer Kasten in Charlottenburg. Barbara mag altmodische Hotels.

Prochaskas schönster Moment: Barbara feiert am 15. Dezember ihren sechzigsten Geburtstag am Set. Das ganze Team singt ihr ein Ständchen. »Es war schön zu beobachten, wie sie von einer paranoiden Frau, die fürchtet, dass alle gegen sie sind und das Drehen nicht zu schaffen, wieder Selbstbewusstsein gewonnen hat, auch Textsicherheit, sie hat sich kontinuierlich entwickelt.« Prochaska fühlt sich verantwortlich für sie. Er hat sie aus ihrem Münchner Umfeld rausgerissen, und er ist glücklich, dass die Arbeit hinhaut und nicht im Debakel endet. »Dabei bin ich ja kein Therapeut, sondern Regisseur.«

Zwischendurch verzweifelt er aber auch immer wieder: Wenn sie die markierten Punkte am Boden nicht trifft. Wenn sie den Text vergisst. Ihre Energie und ihre Aufmerksamkeitsspanne sind gering. Kein Wunder, sie trinkt den ganzen Tag über Cognac-Cola. Manchmal wird sie bösartig, besonders ihrem Partner Tilo Prückner gegenüber, den sie dann als »hässlichen Zwerg« beschimpft. Und ihre Kostümwechsel dauern nie unter eineinhalb Stunden, normalerweise ist so etwas inklusive Maske in zwanzig Minuten erledigt. »Aber wir haben mit der Zeit eine Art Routine entwickelt und andere Szenen gedreht, sobald Barbara zum Kostümwechsel gegangen ist.«

In einer Szene sollen Tilo und Barbara tanzen und dann gemeinsam aufs Sofa fallen. Es ist einer der Tage, an denen Barbara Probleme mit dem Text hat. Prochaska will helfen und übernimmt die Stellprobe mit Prückner für Barbara. Er tanzt mit ihm. Und anschließend kleben sie Zettel auf den Fußboden, damit Barbara weiß, wohin sie tanzen soll. Die Zettel sind noch keine Schande. – »Kommt in den besten Familien vor. Maximilian Schell hat am Ende auch Hilfe gebraucht, soweit ich gehört habe«, sagt Prochaska.

Frank Sinatra hat mal seinen Text vergessen. Aber er ging da auf die achtzig zu. Barbara ist zu dem Zeitpunkt gerade einmal sechzig. Sie wird geholt und in die Szene eingewiesen. Irgendwann funktioniert es auch.

Bei einer anderen Szene sitzt sie ihm gegenüber und soll sich mit ihm unterhalten. Barbara liest den Text ab – Tilo muss allein spielen, er beschwert sich nicht. Viele Szenen, in denen Prückner Barbara eigentlich anspielen soll, werden ohne sie gedreht. »Sie war oft indisponiert«, erzählt Tilo Prückner. »Barbara ist nachts ausgebüchst und kam oft erst um fünf ins Bett, wurde um sieben abgeholt und musste am Set noch 'ne Stunde schlafen, ist natürlich schwierig für eine Produktion. Mir geht so was nicht auf die Nerven, ich verdiene jeden Tag viel Geld und komme aus der Autorenfilmzeit, wo alles etwas chaotischer war.«

»Ich musste einige Male an das denken, was Billy Wilder von Marilyn Monroe erzählt hat«, sagt Prochaska. »Aber ein Film ist kein Wohlfühlprogramm, es gibt schwierige Schauspieler, und es gibt immer einige, die sich beschweren. Denen muss man dann sagen: Geh halt zur Post. Es hat sich gelohnt. Gibt Leute in der Verwandtschaft, die immer noch sagen, der Film sei mein bester.«

Weder Prochaska noch Prückner haben Barbara auf Drogen angesprochen. »Das ist sinnlos«, sagt Prückner. »Einem Alkoholiker gibt man beim Film auch nicht weniger zu trinken, dann geht ja gar nichts mehr. Eher im Gegenteil: Man kümmert sich darum, dass der Nachschub nicht ausbleibt.

Beim Film ist man gnadenlos und nimmt keine Rücksichten.«

Geschimpft hat er dennoch mit ihr: In einer Szene sollen die beiden mit Appetit einen Schweinebraten essen. »Den esse ich nicht, der ist mir zu fett«, sagt Barbara. Darauf Prückner: »Du hast im Drehbuch gelesen, dass du Schweinsbraten essen musst, dann isst du den jetzt auch.« Darauf sie: »Was ist denn jetzt los? Aufstand der Zwerge?«

Prückner weiter: »Barbara konnte hemmungslos ordinär werden, das hat mich immer amüsiert. Einmal habe ich sie erinnert: ›Barbara, wir müssen tanzen, und an der einen Stelle sollst' begehrlich werden.‹ – ›Ja, ja‹, hat sie geantwortet, ›ich lang' dir schon an die Eier.‹ Wir sind immer sehr offen miteinander umgegangen. Ich konnte sie echt gut leiden. Den Film mag ich auch, er ist sehr eigentümlich und lustig. Es war die richtige Entscheidung vom Prochaska, die Barbara zu besetzen. Sie war sicherlich keine Schauspielerin, die viele unterschiedliche Rollen spielte. Aber Gary Cooper war auch immer Gary Cooper. Es gibt sehr gute Theaterschauspieler, die auf der Bühne eine Wucht sind, aber im Film sieht man sie nicht. Andere können nicht gut spielen, haben aber diese Aura, die für Filmschauspieler entscheidend ist. Die besaß Barbara in jedem Fall. Verschiedene Charaktere zu spielen war nicht ihre Sache. Ich bin eher derjenige, der in der zweiten Reihe verschiedene Sachen spielt. Und andere sind halt immer der Mario Adorf.«

Prochaska drückt es sehr ähnlich aus: »Robert Mitchum hat auch immer nur eine Rolle gespielt. Die Rollen, die Barbara gespielt hat, waren auch immer ähnlich angelegt. Ihr Lebenswandel ist ihr wahrscheinlich im Weg gestanden, um eine richtig große Schauspielerin zu werden. Aber sie war eine besondere, die ihre authentische Lebensgeschichte mit allen Höhen und Tiefen vor die Kamera bringen konnte. Als Regisseur ist man vor allem Blutsauger. Für mich war wichtig, dass sie eine Biografie mitbringt, die man im Film auch spürt. Das war vielleicht sogar wichtiger, als gut zu spielen. Die Frage ist doch, was einen Star ausmacht. Stars sind ja oft nicht die besten Schauspieler. Aber bei ihnen entsteht eine Magie zwischen der Kamera und der Person, die vor der Kamera steht, eine Präsenz. Und die Magie war bei ihr da, sie hat eine bestimmte Energie mitgebracht. Die hat man sich auch nicht kollektiv eingebildet. Natürlich gehören Talent und Arbeit zu einem guten Schauspieler, aber die Magie ist nicht kalkulierbar.«

Barbara besaß Präsenz. Wenn sie einen Raum betrat, drehten sich die Leute nach ihr um. Nicht nur wegen ihres Namens, ihres Busens, ihrer Allüren. Sie war raumfüllend. Sie war laut. Das war ihr Grundton, ihr Schicksal.

Prochaska hat die Dreharbeiten zwar als anstrengend in Erinnerung, aber dafür sei auch eine besondere Beziehung zwischen Schauspielern und dem Team entstanden. »Man verbringt eine kurze Zeit sehr intensiv zusammen. Wie beim Zirkus. Und dann kommt die Ernüchterung, wenn jeder wieder auf seinen eigenen Planeten zurückkehrt«, sagt er. »Ich weiß, wie das ist, wenn man nach so einem Dreh wieder nach Hause kommt in die Einsamkeit.« Andreas Prochaska hat immer noch eine leise Befürchtung, die Dreharbeiten könnten für Barbaras Schlaganfall mitverantwortlich sein. »Wir waren im Januar noch zum Essen verabredet, aber ich habe aus irgendeinem Grund abgesagt, ich weiß nicht mehr, warum. Und es kam dann nicht mehr zu einem Wiedersehen. Das bereue ich bis heute.«

Tilo Prückner erinnert sich besonders gern, wie er bei dem Dreh mit Barbara auf dem Motorroller gefahren ist. »Sie war ja immer noch eine sexy Frau, wie man so sagt. Und wie gesagt: immer lustig und ein bisschen ordinär. Ich mochte sie wirklich gern.«

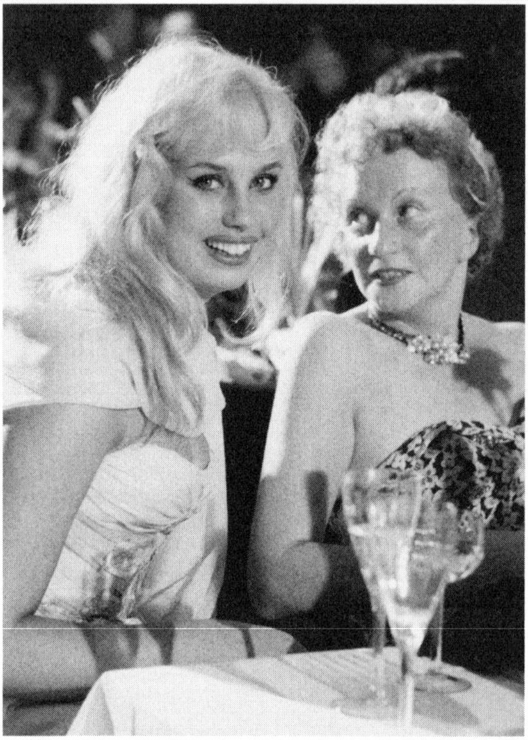

15. Schuld

Juli 2015

Unweigerlich frage ich mich: Warum? Warum die Drogen, warum ihr Unglück, warum ihr früher Tod?

Depressionen sind eine naheliegende Erklärung, aber sie erklären nichts wirklich. Und was kam zuerst? Die Depressionen oder das Kokain? Warum können einige Menschen Drogen nehmen, ohne Depressionen zu bekommen, und andere nicht?

Natürlich hatte Barbara Depressionen. Vor allem, wenn sie eine oder zwei Nächte durchgemacht hatte. Sie ließ sich trotzdem nie behandeln, weil sie dann natürlich auch ihren Drogenmissbrauch zugeben hätte müssen, und sei es auch nur ihrem Arzt gegenüber. Bisweilen nahm sie Johanniskraut zur Beruhigung. Regelmäßig nahm sie Schlaftabletten. Sie ging zum Frauenarzt, zum Zahnarzt, das war's.

Vielleicht nahm sie das Kokain, weil sie Depressionen hatte. Vielleicht aber hatte das eine gar nichts mit dem anderen zu tun.

Psychoanalytiker glauben, dass Narzissmus und Sucht zusammengehören, was einem Menschen in sich fehlt, wird dabei durch die Sucht kompensiert. Barbara war mit ziemlicher Sicherheit narzisstisch veranlagt und davon überzeugt, dass sich die Welt um sie zu drehen habe. Wie vielleicht auch ihr dritter Ehemann Helmut Dietl und Freddie Mercury, der den Narzissmus auf die Bühne gebracht hat. Andererseits halten manche Analytiker Depression auch für das genaue Gegenteil von Narzissmus. Also was jetzt?

Es gibt weitere küchenpsychologische Erklärungsversuche:

Wegen ihres großen Busens sei alles so gekommen. Sagt Ingrid van Bergen. Ernsthaft. »Einmal hab ich ihr sogar geraten, sich den Busen verkleinern zu lassen«, erzählt sie, als ich sie im Februar 2013 anrufe.

Ingrid van Bergen, die Ende der siebziger Jahren ihren Lebensgefährten erschoss, und Barbara waren ja Anfang der siebziger Jahre Nachbarinnen, als sie beide in Gauting wohnten, nur hundert Meter entfernt voneinander. Kennengelernt haben sie sich aber in einer Boutique in der Münchner Brienner Straße, als sie sich den gleichen pinkfarbenen Samtanzug ausgesucht haben – »mit einem aufgestickten Drachen auf dem Rücken und irgendeinem Reptil auf den Hosenbeinen. Den gab's nur in zwei Größen, ich hab den kleineren genommen, sie den größeren. Und irgendwann stand sie dann mal halbnackt vor der Tür, als sie sich mit deinem Vater gekracht hat. Wir waren nicht eng miteinander befreundet, aber gut. Ich hab sie sehr gemocht. Sie war eine großzügige Frau. Die Männer liebten sie. Ich werde nie vergessen, wie da ein Kameramann in eurem gemütlichen Wohnzimmer seinen Kopf an ihrem Busen gekuschelt hat. Sie saß da wie eine Mama. Sie wollte gar nichts von ihm, er, glaube ich, auch nicht von ihr. Sie hatte etwas Mütterliches und war eine sehr warmherzige Person. Mir hat sie auch die bösen Geschichten anvertraut. Sie hat deinen Vater ja mit dem Löwitsch betrogen. Der war's nicht wert, der war ein Idiot. Sie war eine heiße, leidenschaftliche Frau. Und Leidenschaften machen die Menschen leicht verrückt. Andererseits wäre das Leben sonst ganz schön langweilig. Ich hab jedenfalls damals alles mitgekriegt. Die große Traurigkeit in ihrem Leben rührt meiner Meinung nach von ihrem angeschlagenen Ruf, den sie gar nicht verdient hat. Sie galt als großbusige Sextante, wollte aber als richtige Schauspielerin ernst genommen werden.« War ihr der Ruf nicht völlig egal?, frage ich in ihren Redefluss. »Nicht wirklich«, sagt sie. »Menschen sind oft zwiegespalten. Barbara hat ihren Ruf als Busenstar befördert, aber wollte auch ernst genommen werden. Deswegen hab ich ihr geraten, sich den Busen verkleinern zu lassen. Ich kann gar nichts Negatives über sie sagen. Und 1977 kam ich ja schon in den Knast. Hat mir sehr leidgetan, als ich gehört hab, dass sie Koks genommen hat, weil ich ja weiß, wie sehr das den Charakter verändert. Ich hab nie in meinem Leben Drogen genommen. Wie alt war sie? Sie sah ja sicherlich immer noch blendend aus. Jetzt fällt mir wieder ein, wann ich sie zuletzt sah: nach meiner Entlassung aus dem Knast, bei Biolek in der Talkshow. Wir haben danach über euch Kinder geredet und auch darüber, warum unsere Freundschaft auseinandergegangen ist, auch über Mercury. Hat sie ihn geliebt? Na ja, Koks macht ohnehin irgendwann impotent. Aber wenn ich den singen höre, versteh ich Barbara sehr gut. Alle Schwulen standen auf sie, sie war eine tolle Person. Eine weiche, wollüstige, anschmiegsame, sexy Frau, so etwas gab's nicht oft. Ich bin ja nicht lesbisch, aber mit Sicherheit war sie auch eine Bombe im Bett. Hat sie dir das vererbt? Du warst ein süßer Junge. Es ist ja so lange her. Ich vermisse die Zeit in München. Damals hat Udo Jürgens gesungen: ›17 Jahr, blondes Haar‹, und wir zwei Blondinen waren im ›Why Not‹ unterwegs, das war ein Nachtclub in der Brienner Straße. Mittags vor der furchtbaren Nacht war ich bei Barbara noch in der Wohnung und hab ihr erzählt, wie glücklich ich war, und am nächsten Tag war der Klaus tot. Barbara hat mir den Anwalt besorgt. Rolf Bossi. War nicht die beste Wahl, aber das konnte sie damals nicht wissen. Ich hab ihr viele Briefe aus dem Gefängnis geschrieben, danach haben wir uns bis auf das eine Mal leider nicht mehr gesehen.«

Ihr Busen also. Na ja. Andererseits ist da sicherlich was dran: Barbara hatte bald nach der dritten Scheidung die Schnauze voll von Männern. Sie mied heterosexuelle Männer richtiggehend und umgab sich ab Mitte der achtziger Jahre so gut wie ausschließlich mit schwulen Männern. Irgendwann hatte sie das Gefühl, dass es für einen Freund zu spät wäre. Sie fühlte sich einsam. Minki riet ihr einmal: »Du musst doch nicht allein bleiben. Geh doch mal woanders hin und nicht immer nur in Schwulenkneipen.« Darauf Barbara barsch: »Soll ich mich etwa allein im

›Schumann's‹ an die Bar setzen, ein Piccolöchen bestellen und warten, bis mich jemand anquatscht? Nee, wirklich nicht.«

Rolf Albrecht, Barbaras schwuler Jugendfreund, hat eine andere Erklärung: »Die Oma war schuld. Sie war als Schauspielerin gescheitert und hat Barbara immer gedrängt, mehr zu wollen.«

Irmgard hatte noch im hohen Alter Produzenten angerufen und ihnen immer wieder gesagt, sie sollten doch ihre Tochter engagieren. Wie peinlich das Barbara war. Sie hat es sich bald verbeten, aber Oma hat immer weitergemacht mit ihren Anrufen, hat ihr gesagt, sie solle abnehmen, meinte, sie solle endlich wieder heiraten und sich nicht mit schwulen Männern abgeben. Barbara hat es sicher nicht leicht gehabt mit so einer Mutter, die nie akzeptiert hatte, dass ihre Tochter erwachsen wurde und ihre altbackenen Ratschläge nicht brauchte.

»Schau mal, wie schön meine Beine noch sind«, hat Oma gegenüber meiner Frau oft geprahlt. Sie war wirklich stolz auf ihre Beine. Und sie hat tatsächlich bedauert, dass sie nicht beim Film Karriere machen konnte.

Oma hatte Abitur, das war ungewöhnlich für eine Frau ihres Jahrgangs, 1903. Ihr Vater war bei der Post gewesen, die Mutter hatte Blumen auf dem Acker neben dem Haus angebaut. Oma hatte einen Bruder, Heinz, der später im Zweiten Weltkrieg fiel. Trotz des Abiturs und obwohl sicherlich etwas Geld da gewesen wäre, studierte sie aber nicht und erlernte auch keinen Beruf. Sie heiratete jung, Anfang der zwanziger Jahre. Ihr erster Ehemann war ein kleiner Nazi gewesen, der für seine Partei viel unterwegs war. Sie verließ ihn recht bald. Wenn Oma davon erzählte, dann hörte es sich immer so an, als ob sie ihn nicht einmal wegen seiner politischen Ansichten verlassen hätte, sondern vor allem, weil er sich nicht um sie gekümmert hätte: »Der Kühlschrank war leer.« Oma nahm ihr Leben in der Folge selbst in die Hand und wurde Nummerngirl im Varieté. Dort lernte sie wohl auch meinen leiblichen Großvater, den Weiberheld und Trinker, kennen.

Der brachte Oma zwar zum Film, und sie bekam ein paar Nebenrollen in UFA-Produktionen. Doch nur in ganz wenigen Fällen wurde ihr Name im Abspann gezeigt. Meist hatte sie nicht mal eine Sprechrolle.

Wurde Irmgard deswegen zu einer ehrgeizigen Eislaufmami, die von ihrer einzigen Tochter die Karriere erwartet, die ihr selbst nicht vergönnt war? Möglich. Aber Barbara hatte als junge Frau schnell aufgegeben, auf ihre Mutter zu hören. Es hat die Tochter genervt, wenn die Mutter davon sprach, sie solle nicht mit schwulen Männern verkehren, das schade nur ihrem Ruf. Unter Druck gesetzt fühlte sie sich durch Omas Erwartungen und Vorstellungen davon, wie ihre Tochter ein Leben als Star zu führen habe, nicht.

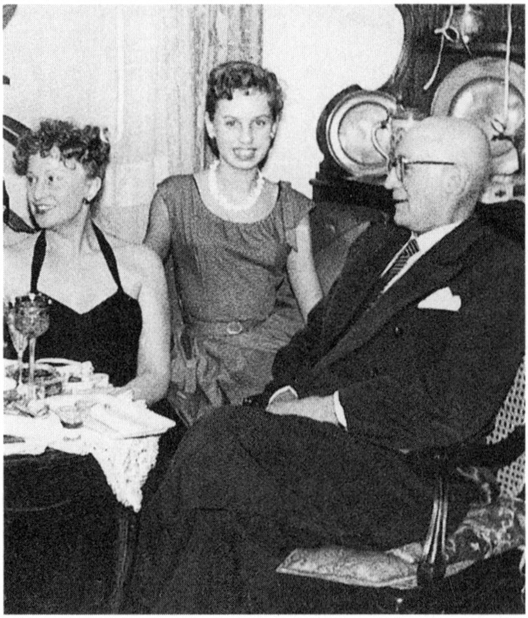

16. Stiefvater

Februar 2013

Ich selbst habe sehr lang meinem Stiefgroßvater die Schuld daran gegeben, dass Barbara förmlich aus Bruchsal geflohen ist. Ich habe lange Zeit gedacht, er habe sie aus Bruchsal davongejagt und dass sie deshalb, mit kaum 16 Jahren, viel zu früh lernen müssen, auf eigenen Beinen zu stehen.

Erwin, das habe ich ja bereits an anderer Stelle erwähnt, war ein verschrobener Griesgram. Meine Mutter war seine Stieftochter. Sie und wir, die beiden angeheirateten Enkelkinder, interessierten ihn nicht im Geringsten. Wenn wir meine Oma Irmgard und ihn in der badischen Kleinstadt Bruchsal besuchten, verschanzte er sich im ersten Stock im Arbeitszimmer und rauchte. Meine Mutter wollte nicht hoch, meine kleine Schwester konnte noch kaum laufen, also musste ich zu ihm, um guten Tag zu wünschen. Ich kann mich nicht daran erinnern, dass er je aus seinem Ledersessel aufgestanden wäre, um mich zu begrüßen. Ich ließ eine Hand auf der Klinke liegen, die andere am Türstock, näher wagte ich mich nicht heran. Ich grüßte, er blickte auf und nickte mir, wenn überhaupt, hinter der Rauchschwade zu, ohne die Zigarre aus dem Mund zu nehmen.

Er starb, als ich fünf war. Meine Großmutter hat mir nur wenig mehr von ihm erzählt, und das, was sie von ihm erzählte, machte ihn nur unwesentlich sympathischer. Es waren immer die gleichen drei Geschichten, die Oma wiederholte; ich kam nie auf die Idee, Fragen zu stellen.

Ich weiß bis heute nicht, wie sich die beiden kennenlernten. Niemals hätte ich mir vorstellen können, dass meine Oma und der falsche Opa sich tatsächlich richtig geliebt hätten. Schon gar nicht, dass ihre Liebe selbst Auschwitz überlebte.

Omas erste Geschichte: Erwin, geboren 1883, wird 1907 als junger Assistenzarzt in Berlin dazu abkommandiert, Kaiser Wilhelm II. auf dem Schiff nach China zu begleiten. Der Kaiser traut sich vor Hongkong aus Angst vor Krankheiten kein einziges Mal von Bord und bekommt dennoch die Ruhr. Erwin heilt den Kaiser und bekommt zum Dank eine goldene Uhr, die mir meine Oma achtzig Jahre später kurz vor ihrem Tod schenkt. Ich fand allerdings nie einen Beleg für so eine Reise des Kaisers, auf der Uhr stand auch keine Widmung. Sie ist mir irgendwann gestohlen worden, oder vielleicht habe ich sie auch selbst irgendwo verlegt. Gott sei Dank war Oma da schon tot, die Uhr war ihr heiligstes Familienerbstück.

Omas zweite Geschichte: Erwin hängt während des Dritten Reiches an Hitlers Geburtstag die Reichsflagge des Kaisers aus dem Fenster und wird zur Strafe kurzzeitig zum Zwangsdienst als Arzt ins KZ Auschwitz versetzt. Wie lange genau, das erzählte Oma nie.

Omas dritte Geschichte: Erwin versteckt im KZ ein Kind unter seinem Bett. »Er konnte den Jungen gut als Assistenten gebrauchen«, sagte Oma. Nach dem Krieg erhält er dafür das Bundesverdienstkreuz Erster Klasse. Bei der Verleihung durch den Bundespräsidenten stürzt Opa betrunken vom Podest.

Erwin war sehr viel älter als meine Großmutter, ganze zwanzig Jahre. Er hatte – soweit wir damals wussten – keine eigenen Kinder. Oma hatte ihn erst nach dem Krieg geheiratet, als er schon Anfang sechzig war. Mit ihren ersten beiden Ehemännern hatte sie Pech gehabt, so formulierte sie das selbst. Meine Mutter, meine Schwester und ich glaubten lang, dass Oma nach diesem Debakel den alten Erwin wahrscheinlich nur deshalb geheiratet hatte, weil sie im Alter finanziell abgesichert sein wollte und Liebe ihr nicht mehr so wichtig war. Ihre Ehe war eine leidenschaftslose Zweckgemeinschaft, da waren wir uns alle sicher.

Von Erwin blieb uns außer seiner goldenen Uhr nur das Foto von Omas Nachttisch: ein Schwarz-Weiß-Porträt, auf dem er lächelt. Ich habe ihn nie in echt lächeln sehen. Er ist in meiner Erinnerung der verschrobene, unnahbare Monarchist, kauzig auch in seinen Hobbys: Er züchtete Rosen und Bullterrier; einer schubste mich einmal in den Gartenteich. Seine Hunde waren genauso unfreundlich wie er.

Er ist 86 Jahre alt geworden. Ich habe nicht geweint, als ich von seinem Tod gehört hatte. Fast hätte ich ihn vergessen.

Im Jahr 2011 meldet sich dann der Enkel eines Rechtsanwalts bei mir: Ob ich der Erbe von Erwin Valentin sei? Ich muss nachdenken, bin ich wohl, gemeinsam mit meiner Schwester. Am Telefon erklärt mir der Enkel des Rechtsanwalts: Sein Großvater, Dr. Otto Stahmer, wurde bei den Nürnberger Prozessen zu Hermann Görings Pflichtverteidiger bestellt. Stahmer hatte sich als Anwalt einen tadellosen Leumund während des Dritten Reichs bewahrt, aber im Laufe des Prozesses war er mehr und mehr der Faszination seines Mandanten Göring erlegen.

Görings Anwalt jedenfalls hatte unserem Opa im Februar 1946 geschrieben, um bei ihm zu erfragen, ob Auschwitz denn wirklich so schlimm gewesen sei, er sei doch Häftling dort gewesen, und ob das gesamte deutsche Volk mitschuldig sei. Er wolle das wissen, um Görings Verteidigung vorbereiten zu können. Opa habe Otto Stahmer ausführlich geantwortet, erzählt der Enkel, und zwar, dass Auschwitz noch viel schlimmer gewesen sei, als man sich vorstellen könne. Am Ende des Briefes an den Verteidiger berichtete er auch von einer Frau, die aus Liebe sogar ihr Leben für ihn riskiert habe: meine Oma.

Opa ein Held und Oma die große Liebe seines Lebens? Sprechen wir von den gleichen Personen?

Im Winter 2012 überreicht mir der Enkel persönlich eine Kopie des acht Seiten langen, maschinengeschriebenen Briefes meines Opas, der seit 1946 unter mehreren Regalmetern Akten in Norddeutschland lag, bei einer Familie, die sich lange darüber uneins war, wie man am besten mit dem heiklen Prozessmaterial des Großvaters umgehen sollte. Die Originale waren 1969 dem Bundesarchiv in Koblenz übergeben worden.

Den Brief beginnt Erwin mit Höflichkeitsfloskeln – wie es ihn freue, dass Stahmer überlebt, wie ihn seine Anfrage erreicht habe, dass er gern seiner Bitte »um meine Stellungnahme« nachkomme, »zu der Frage der Schuld der Deutschen im Allgemeinen an den perversen Grausamkeiten der Naziverbrecher … obwohl ich fest davon überzeugt bin, dass meine Stellungnahme nicht nach Ihrem Sinn sein wird.«

Auf den folgenden zwei Seiten kommt zunächst die Schilderung, wie er überhaupt nach Auschwitz gelangt war – eine Geschichte, die sich stark von der Version unterscheidet, die meine Oma stets erzählte: der Zwangsversetzung, weil an Hitlers Geburtstag die Flagge des Kaisers aus Erwins Fenster hing.

Opa war »Halbjude« – schon das ist mir neu. 1937 wird er bei der Ärztekammer denunziert, im Oktober 1938 muss er seine Berliner Praxis schließen. Er wird fälschlicherweise zum Volljuden erklärt und legt Einspruch bei Hermann Göring ein, den »ich persönlich als gewesener Oberstleutnant kannte, als er noch mit ausgefransten Hosen über die Straße lief, nach dem ersten Weltkrieg«. Einer von Görings Adjutanten lehnt den Einspruch ab. Opa muss Geld verdienen und bewirbt sich als Arzt in dem »jüdischen Arbeitslager« Neutomischel in Polen. Er zeigt den dortigen Lagerführer an, SA-Oberscharführer Stülpnagel, weil der Lebensmittel für Lagerinsassen unterschlägt. Erwin wird daraufhin in ein Lager nach Posen abkommandiert. Er ist noch Freigänger, bis er dort von der SS am 23. August 1942 verhaftet wird, offensichtlich, weil er unerlaubt Polen behandelt. Er benennt den offiziellen Haftgrund in dem Brief nicht genau. Er wird in das berüchtigte Fort VII – Colomb, ebenfalls in Posen, eingeliefert – allerdings »als Arier und politischer Häftling«; er muss zehn Wochen lang heiße Ziegel aus der Brennerei schleppen; er beobachtet, wie die Gestapo Geständnisse in sogenannten Hundehütten erpresst: »80 cm hohe und 60 cm breite Verschläge unter der Treppe, deren Seiten und Oberwand sowie Fußboden mit Nagelspitzen benagelt waren. In diese Hundehütten wurden die Armen in vierfüßiger Stellung hineingeführt und ihnen der Fraß zwischen die Hinterbeine geschoben. Ich habe nur einen gesehen, der es länger als zwei Tage ausgehalten hat, aber die Schreie dieser Menschen höre ich heute noch in der Nacht.« Mit stolzem Unterton schreibt Opa, dass er »beim Stubenappell durch den Leiter der SS Posen, SS-Obersturmführer Eberhard Freiherr von Stoßberg« mit den Worten begrüßt wird: »Ach, das ist ja der Halbjude, der den Lagerführer angezeigt hat.«

Eine »glänzende Vorschule für Auschwitz«, nennt er das Fort VII. Kein kranker Insasse wird je behandelt. Zum Morgenappell jagen scharfe Polizeihunde die Gefangenen auf einen vereisten Festungswall; wer nicht schnell genug ist, dem wird »in den Arsch« gebissen.

Und weiter: Am 20. April 1943 habe Ernst Kaltenbrunner, der nach dem Krieg in Nürnberg zum Tod verurteilt werden wird, einen Haftbefehl für Dr. Erwin Valentin, der daraufhin nach Auschwitz transportiert wird, als Jude, mit Judenwinkel und der auf dem linken Arm eintätowierten Nummer 122660. Ich habe diese Nummer nie gesehen, und meine Großmutter hat mir nie davon erzählt. Wieder erwähnt Opa im Brief keinen offiziellen Haftgrund.

In Auschwitz bekommt er nach 15 Wochen Straßenbauarbeit eine Lungenentzündung, liegt drei Tage lang in Ohnmacht, magert nach und nach von 86 auf 40 Kilogramm ab. »Der Lagerarzt Rohde, ein selten roher SS-Patron, ließ den bereits erhobenen Daumen, dessen Fall nach links den Tod bedeutete, nach rechts sinken, als ihm der damalige Saalarzt Dr. Horwitz aus Berlin, als ich nackt vor ihm stand, gesagt hatte: ›Herr Lagerarzt, ich kenne den Mann aus Berlin, der war Athlet und wird sich wieder erholen. Und außerdem ist er Chirurg, und wir brauchen einen Chirurgen!‹ Somit war ich für diesesmal und für die folgenden Male gerettet und wurde dann als ›Pfleger‹, denn Ärzte gibt es keine unter den Häftlingen, eingesetzt und erhielt die Ambulanz des Krankenbaublockes Nr. 9 als mein Betätigungsfeld.«

Auf den folgenden drei Briefseiten beschreibt er zahlreiche Gräueltaten und den KZ-Alltag in Auschwitz: »Die Verpflegung war geradezu schweinemäßig. Es gab nur Wasser mit Dreck oder Dreck mit Wasser. – Die SS fraß uns die Kartoffeln weg.« Mithäftlinge hätten ihre Schuhe gegen die tägliche Brotration von 250 Gramm verkauft. In den Kammern von Auschwitz hätten unermessliche Reichtümer gelagert, Habseligkeiten von Häftlingen, die eigentlich dachten, nur deportiert zu werden, nicht getötet. Erwin vermutet, dass einige Mithäftlinge und Gestapo-Leute Auschwitz als mehrfache Millionäre verlassen haben.

Im Winter müssen die Gefangenen nachts nackt zum Appell antreten. Das Kommando Sola-Brücke, benannt nach einem kleinen Fluss, hat die größte Anzahl »natürlicher« Todesfälle: Morgens rücken 300 Mann aus, abends kehren meist nur 100 zurück. Die verschiedenen Lager in Birkenau hält Opa Erwin für die schlimmsten, weil sogar Fußböden fehlen und die Häftlinge in Zelten untergebracht sind. »Als Anfang 1944, als 600 000 ungarische Juden, Männer, Frauen und Kinder, nach Birkenau gebracht wurden, die Krematorien nicht ausreichten, wurden noch zwei Scheiterhaufen mit Petroleum hinzugenommen.«

Am 25. Januar 1945 soll Erwin schließlich mit den letzten überlebenden 3700 Häftlingen aus Auschwitz »evakuiert« und damit wohl erschossen werden. Aber der SS-Verband aus Kattowitz rückt unverrichteter Dinge ab, da die russische Armee schon kurz vor Auschwitz steht. Er behandelt verletzte russische Soldaten, am 29. Januar verlässt er mit 14 österreichischen Mithäftlingen zu Fuß das Lager Richtung Krakau. Dort verarztet er nochmals russische Soldaten. Am 31. Januar, also noch vor Kriegsende, gibt Dr. Erwin Valentin bereits eine eidesstattliche Erklärung zu den Menschenrechtsverletzungen in Auschwitz ab, die Alliierten denken da bereits an einen internationalen Gerichtshof. Sein Protokoll wird in Berlin ausgehängt, in einer russischen Zeitung veröffentlicht, im englischen Radio vorgelesen. – »Daher wussten viele meiner Freunde, dass ich der Hölle von Auschwitz lebend entkommen war.« Auch Oma wird so von seinem Überleben erfahren haben.

Über Bukarest und Wien kehrt er sechs Monate nach Kriegsende am 23. November 1945 nach Berlin zurück. »Abgesehen von den mir im KZ ausgeschlagenen und ausgetretenen 22 Zähnen, für die ich jetzt endlich Ersatz zu bekommen hoffe, bin ich gesund und will nochmals versuchen, eine Praxis wieder aufzubauen.«

Am Ende des Briefes erwähnt er sarkastisch, dass jetzt alle behaupteten, von nichts gewusst zu haben: »Ich bin fest überzeugt davon, dass auch der blutigste aller SS Verbrecher, Himmler selbst, wenn er noch lebte, erklären würde, dass er von nichts gewusst hätte, obwohl wir genau wissen, dass er nicht nur im Winter 1941/42 eine Vergasung in Auschwitz mit angesehen hat, sondern sich auch die letzte Vergasung in Auschwitz am 17. Oktober 1944 noch mit ansah – mit großem Gefolge!« Auch Göring habe natürlich von allem gewusst.

Ein Jahr nach Kriegsende bringt Erwin in seinem Brief an Otto Stahmer auch die Schuld der Deutschen zur Sprache, und in dem Zusammenhang schreibt er auch eine kleine Passage über meine Großmutter, die mein ganzes Bild von ihr und ihrer Beziehung mit ihm auf den Kopf stellt: »Nur ein ganz kleiner Teil des deutschen Volkes steht in meinen Augen … als unschuldig da, jene, die wirklich nichts wussten, und jene, die es wussten und unter eigener Lebensgefahr durch Briefe oder Päckchen, die sie an uns noch in das KZ schickten, unter Beweis stellten, dass sie anti-hitlerisch und damit antifaschistisch waren. Die Frau, die ich demnächst nach ihrer hoffentlich nicht zu lange dauernden Scheidung heiraten werde, hat so zu mir gehalten und mir dauernd Päckchen und Briefe geschickt, obwohl es für sie stets gefährlich war. Und wenn ich auch dank der Gemeinheit der SS und der alten Spitzbuben von Mithäftlingen, die auf der Paketstelle im Lager saßen, nur ein einziges Päckchen erhalten hab, so habe ich außer ihrem Wort Zeugen für ihre Taten! Und wie diese meine zukünftige Frau gibt es Tausende, die ihre Überzeugung durch die Tat bewiesen haben.«

Die Andeutung des Enkels von Otto Stahmer stimmte also tatsächlich: Meine Großmutter war die große Liebe in Erwins Leben und er offenbar auch für sie. Wie heroisch er meine Oma schildert. Wie stolz er auf sie ist.

Drei Sätze, die Erwin über Oma in dem Brief fallen lässt, drei Sätze, die zeigen, dass meine Mutter, meine Schwester und ich die Liebe zwischen den beiden immer verkannt hatten, genau wie Opa Erwin, der nicht etwa ins KZ strafversetzt wurde, weil er ein kauziger Monarchist gewesen wäre (das sicherlich auch), sondern weil er ein aufsässiger Jude war. Ich verstehe nun, dass jemandem, der so viel Schreckliches erlebt hat, nicht danach war, mit Enkelkindern zu spielen. Ich glaube sogar, seine merkwürdigen Hobbys irgendwie nachvollziehen zu können: Rosen und Bullterrier, die Schönen und die Biester.

Ich habe leider auch meiner Oma Unrecht getan, ich mochte sie zwar immer sehr gern, hielt sie aber immer für eher opportunistisch. Wer weiß, ob sie sich tatsächlich in Gefahr gebracht hat durch Post nach Auschwitz, aber immerhin hat sie auf Erwin gewartet – mindestens zwei Jahre lang ohne Nachricht.

Warum hat uns früher niemand von Opa Erwins Jahren in Auschwitz erzählt? Warum erfahre ich das erst jetzt, bei dem Versuch, eine Erklärung für den frühen Tod meiner Mutter zu finden? Hat er die Details des erlebten Grauens auch seiner Frau verschwiegen? Um sie zu schonen? Um sich selbst zu schonen? Hat vielleicht sie wiederum nur ihre Tochter und später dann uns Enkelkinder mit der genaueren Schilderung verschonen wollen? Hatte meine Oma vergessen, wie furchtbar Auschwitz für Opa war? Wollte einer von beiden – oder wollten beide gemeinsam – darüber schweigen, um vergessen zu können? Hat es womöglich eine Abmachung zwischen den beiden gegeben?

»Die Unfähigkeit zu trauern« nannten die Psychoanalytiker Alexander und Margarete Mitscherlich 1967 ihr großes Buch über die unzulängliche Vergangenheitsbewältigung einer ganzen deutschen Kriegsgeneration. Sie schrieben das Buch über die Mitwisser und Täter. Aber nicht alle Auschwitz-Überlebenden konnten nach dem Krieg über ihre Erlebnisse sprechen. Und wer wollte schon ernsthaft einem Mann, der selbst so viel Leid erlebt hatte wie Erwin, Vorschriften machen, wie er das erlebte Grauen zu bewältigen habe?

Oder gab es einen ganz banalen Grund für Omas und Opas Schweigen? Oma war schon getrennt von Hans, ihrem zweiten Mann, aber noch mit ihm verheiratet, als sie schon um Erwins Leben in Auschwitz fürchtete. Vielleicht wollte sie uns glauben machen, sie hätte ihn erst nach Auschwitz kennengelernt. Anders wäre es ja nicht schicklich gewesen.

Hätten die beiden uns oder zumindest meiner Mutter mehr davon erzählt, wenn sie gewusst hätten, wie wenig wir von ihrer Ehe hielten?

Bei seinem eigentlichen Adressaten kann der Brief keinen großen Eindruck hinterlassen haben. Von Dr. Otto Stahmer ist sogar eine öffentlich geäußerte Bemerkung aus den Sechzigerjahren überliefert, sein Mandant Hermann Göring sei im Grunde ein anständiger Kerl gewesen.

Erst jetzt, nachdem ich den Brief gelesen habe, kann ich mich daran erinnern, wie liebevoll Oma einmal von Opa Erwins Tod erzählte: An einem Dienstag im Herbst 1969 setzte er sich neben sie auf die Stufen vor ihrem Haus. Er lehnte seinen Kopf an ihre Schulter, sagte: »So müde«, und schon war er tot.

Die Legende vom bösen Stiefvater hat sich jedenfalls sehr lange gehalten. Barbara hat sie ein Leben lang geglaubt und Opa Erwin wahrscheinlich auch so erlebt.

Familiengeschichten und -schicksale prägen das Leben der Kinder, und oft bleibt ihr Leben ein unbewusster Reflex auf das Leben der Eltern. Barbara hat ihr Elternhaus sicherlich wegen Opa Erwin so früh, viel zu früh, verlassen, aber ich glaube inzwischen nicht mehr, dass er an Barbaras Unglück schuld war. Ich glaube inzwischen nicht mal mehr, dass überhaupt jemand schuld war, nicht mal sie selbst.

Die Familiengeschichte ist damit aber längst nicht zu Ende: Im Jahr 2013 war die Geschichte über meinen Opa

Erwin im *SZ-Magazin* erschienen. Ein Jahr darauf fand ich heraus, dass seine Berliner Arztpraxis während der Novemberpogrome 1938 von der SS geplündert wurde. Die Praxis lag in der Yorckstraße in Kreuzberg, direkt neben einer protestantischen Kirche, der Pfarrer muss zugesehen haben.

Opa Erwin stellte Ende der fünfziger Jahre deshalb einen Antrag auf Schadensersatz, auch wegen seiner Haft in Auschwitz, der jedoch abgelehnt wurde. Ich erfuhr auch, dass er vor der Ehe mit Irmgard bereits verheiratet gewesen war und sogar eine Tochter aus erster Ehe hatte. Im Frühjahr 2016 fand ich im Holocaust Center in Washington D.C. schließlich auch den Krankenbericht aus Auschwitz über seine ausgeschlagenen Zähne. Und im Juni 2016 rief mich schließlich die Historikerin des Fußballvereins Hertha BSC an, die zufällig in dem im Internet veröffentlichten Brief von Opa Erwin auf den Namen von Dr. Hermann Horwitz gestoßen war, dem langjährigen jüdischen Mannschaftsarzt von Hertha BSC, der bald nach den Nürnberger Rassegesetzen seinen Job verlor und von dem man eigentlich dachte, er sei sofort nach Ankunft in Auschwitz vergast worden. Die Historikerin fand – angestoßen durch den Brief – gemeinsam mit einigen Hertha-Fans heraus, dass Horwitz noch einige Zeit gelebt haben muss und wohl gemeinsam mit wenigen anderen Lagerärzten wie Opa Erwin ein ausgeklügeltes System entwickelt hatte, um möglichst viele Häftlinge durch wiederholte Krankschreibung vor der Gaskammer zu retten.

Ich frage mich seitdem: Wenn über Erwin noch so lange nach seinem Tod so viel in Erfahrung zu bringen ist, wie lange wird es wohl bei Barbara dauern? Es hört irgendwie nie auf.

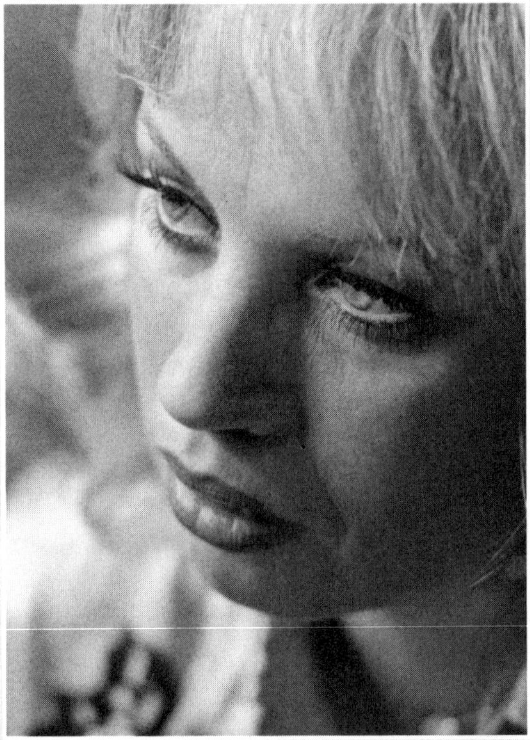

17. Wachkoma

Herbst 2015

Der Anruf kommt an einem Montagmorgen. Barbara ist krank. Der aktuelle Untermieter hat den Notarzt gerufen. Ob ich kommen könne? Krank? Die Vorgeschichte erzählt er häppchenweise: Barbara war aus, das ganze Wochenende. Der Untermieter hat sie zuletzt Samstag spätnachts gesehen. Dann trennten sich ihre Wege. Sonntagabend ist sie dann in der Eckkneipe zusammengebrochen, in der sie nur noch einen Absacker trinken wollte. Da war sie plötzlich nicht mehr ansprechbar. Der Wirt hat den Untermieter angerufen, gemeinsam haben sie Barbara nach oben in die Wohnung geschleppt, sie ins Bett gelegt. Aber sie wacht nicht mehr auf. Alles Rütteln hilft nicht. Der Untermieter hat sich erst spät getraut, einen Arzt zu rufen. Der fragt auch sofort nach Drogen und ruft die Polizei, aber der Untermieter hat heimlich den Rest Kokain aus Barbaras Handtasche in die Toilette gekippt. Der Notarzt ahnt ohnehin, was los ist: Drogenmissbrauch, Überdosis oder Schlaganfall. Ab ins Krankenhaus.

Intensivstation. Die Ärzte unternehmen erst mal nichts. Sie wollen die Bluttests abwarten. Barbara wird beatmet und in ein künstliches Koma versetzt.

Der erste Fotograf schleicht sich bereits am Nachmittag auf die Intensivstation. Journalisten rufen an. Ob es stimme, dass Barbara Valentin mit einer Überdosis eingeliefert worden sei? Im Radio wird sogar schon ihr Tod vermeldet. Der Chefarzt entschließt sich, eine Pressemitteilung aufzusetzen, bittet die Presse, von weiteren Störungen abzusehen.

Am zweiten Tag kommen die Ergebnisse der Bluttests. Barbara hat einen Gehirnschlag nach Drogenmissbrauch erlitten. Auf dem Computerbild ist zu sehen, dass es nicht der erste gewesen ist: Im Gehirn sind einige ältere Läsionen zu sehen, kleinere Verätzungen des Gewebes, erklärt uns der Chefarzt. Barbaras schlechtes Namensgedächtnis, die Unkonzentriertheit, auch die starken emotionalen Schwankungen könnten immer wieder durch die Gehirnschäden verursacht worden sein. Das rechte Bein ist steif, die Lunge angegriffen vom vielen Rauchen. Aber der Kreislauf sei stabil. Sie werde schon wieder auf die Beine kommen. Wir müssten damit rechnen, dass sie in eine Reha komme, dass sie einige Wochen Schwierigkeiten mit dem Sprechen haben könnte. Und keine Sorge, der Paparazzi werde man schon Herr.

Barbara ist nur gesetzlich krankenversichert. Trotzdem nimmt sich der Chefarzt ihres Falls an. Klarer Fall von Promi-Bonus, die Paparazzi sind der Malus. Barbara bekommt von beidem nichts mit.

Nach ein paar Tagen lässt man sie aus dem Koma aufwachen. Barbaras Blick ist wirr, sie spricht keine zusammenhängenden Sätze, ruft ab und an ein Wort, meist viel zu laut. Sie schreit Aua bei der Krankengymnastik, die das steife Bein leicht abwinkeln möchte. Sie kann essen, aber kein Besteck halten. Sie wird gefüttert. Nettes Personal auf der Intensivstation. Nicht zu neugierig, aber auch nicht teilnahmslos. Gegen die Frau, die sich als Barbaras beste Freundin ausgibt, sind sie chancenlos: Elisabeth Volkmann stürmt ans Krankenbett, bringt Blumen, die sofort wieder aus der Station entfernt werden müssen, redet auf Barbara ein, verteilt Autogrammkarten, verschwindet nach zehn Minuten wieder und diktiert einer bunten Illustrierten, dass es Barbara schon wieder gut gehe, dass sie in Kürze entlassen werde, sie bereits wieder sprechen könne und sie sogar Erdbeerkuchen gegessen habe. Das mit dem Erdbeerkuchen stimmt als Einziges.

Sie bleibt vier Wochen auf der Intensivstation, bis ihr Zustand stabil schlecht ist. Das rechte Bein ist weiterhin steif. Sie ist ansprechbar, antwortetet manchmal mit einem Brummen oder bellt ein Ja oder Nein, das eher zufällig gewählt scheint. Ich weiß nicht mal sicher, ob sie mich immer erkennt. Manchmal lächelt sie mich an, wenn ich komme, sagt »Bubele«. Stöhnt »ach«. Schaut mich an, wenn ich alles Mögliche erzähle. Minuten können unendlich lang erscheinen, wenn man keine Antwort erhält. Sie werden jeden Tag länger. Minki und ich lassen uns zum Vormund unserer Mutter erklären.

Freunde melden sich, erkundigen sich nach Barbara. Auch uralte Bekannte melden sich, die Barbara selbst schon lange aus den Augen verloren hatte. Sie alle wollen wissen, ob das denn alles stimme, was in der Zeitung steht. »Alles sicher nicht«, lautet meine Standardantwort, nach der die Fragerei oft weitergeht. Ich lasse den Drogenbefund stets aus.

Die Zeitungen schreiben: 100 Zigaretten täglich, irgendwann machte ihr Körper nicht mehr mit. Sie habe »gelebt wie eine Kerze, die man an beiden Enden angezündet hat«.

Der Kneipenbesitzer gibt ein Interview, in dem er Barbaras letztes alkoholisches Getränk (das übliche: Rüscherl), ihre Kleidung, ihre Verfassung schildert. Er zeigt den Reportern den Platz an der Bar, wo sie am liebsten saß.

Die wenigsten Anrufer bieten Hilfe an. Ich wüsste leider auch nicht, wie die aussehen könnte. Ein Vermögensberater meldet sich. Barbara schulde ihm Geld, es sei ihm unangenehm, aber ob er sie sprechen könne? 10 000 Mark. Seine Erklärung ist dürftig, aber die Situation ist mir zu unangenehm, um lange zu diskutieren. Ich gebe ihm das Geld einfach. Es ist Barbaras Geld, ihre letzte Gage ist gerade ausbezahlt worden. Wie weit kommt man mit ihrem letzten Geld, um eine Pflegerin zu bezahlen? Barbaras gesetzliche Rente ist absurd mickrig. Wir dürfen uns glücklich schätzen, dass die Krankenkasse die Kosten für die Reha übernimmt, obwohl sie den genauen Befund kennt und Selbstverschulden ein triftiger Ablehnungsgrund wäre. Drei Monate gesteht man ihr zu. Die Reha-

Klinik befindet sich 100 Kilometer nördlich von München. Zu weit, um Barbara jeden Tag zu besuchen. Ich bin fast erleichtert.

Auch der dortige Chefarzt macht uns Hoffnung. Jeden Tag Krankengymnastik, das Hirn sei ein Organ, das sich gut erholen kann. Aber wahrscheinlich bräuchte Barbara die nächsten Monate Pflege. Eine Betreuung zu Hause sei das Beste, da kämen die Erinnerungen am ehesten zurück. Aber so eine Pflege rund um die Uhr ist sehr teuer.

4500 Mark, so viel bietet eine große Illustrierte für das erste Foto von Barbara im Rollstuhl. Das Angebot überbringt Elisabeth Volkmann. Sie sagt: Ihr braucht doch jetzt Geld, ihr dürft jetzt nicht an euch denken. Macht es für Barbara.

Wir verkaufen sie nicht.

Der Mai des Jahres 2001 ist extrem heiß. Die Patienten der Reha-Klinik Kipfenberg dürfen jeden Tag an die frische Luft. Eine Pflegerin schiebt Barbara im Rollstuhl nach draußen. Ihr steifes Bein ist verbunden und leicht abgewinkelt, man hofft, es damit wieder beweglicher hinzubekommen. Sie trägt ein weites lilafarbenes T-Shirt und eine Jogginghose, ist nicht geschminkt, ungekämmt. Niemals wäre Barbara so vor die Tür gegangen, selbst nicht alkoholisiert oder unter Drogen.

Der Fotograf hat sie von der anderen Seite der Hecke, von außerhalb des Klinikgeländes erwischt. Er oder sie wird dort eine ganze Weile auf der Lauer gelegen haben, vielleicht hat der Paparazzo auch einen Tipp bekommen, wann genau die Patienten nach draußen gebracht werden.

Es dürfte dennoch ein lukrativer Job für den Paparazzo gewesen sein, er arbeitet für die Münchner Fotoagentur CMK Images Presseagentur GmbH, die seine Fotos gleich an mehrere Illustrierte verkauft: *Super-Illu*, *auf einen blick*, *Freizeit Revue*, *Frau im Spiegel*, *Neue Revue*, *neue Woche*, *das neue*.

»Dürfen sie nicht«, sagt ein befreundeter Anwalt, den ich vom Fußball kenne. »Dürfen sie«, sagt die Agentur, die sich weigert, eine Unterlassungserklärung zu unterschreiben und sich damit zu verpflichten, die Fotos in Zukunft nicht mehr weiterzuverkaufen. Der Geschäftsführer der Agentur bleibt cool und riskiert damit, verklagt zu werden. Er besitzt offenbar juristische Erfahrung auf dem Gebiet: Einige Jahre später soll die Agentur sogar einige Politiker in Berlin im Auftrag einer Illustrierten beschattet und heimlich fotografiert haben.

Der Fußball-Anwalt ist sich aber ebenfalls sicher, dass eine schwere Persönlichkeitsverletzung vorliegt. Wir Kinder klagen im Namen von Barbara auf Nichtweiterverbreitung und Schadensersatz. Sie soll in Zukunft möglichst ihre Ruhe haben vor den Fotografen.

In der Urteilsverkündung ist zu lesen, wie die Strategie der Verteidigung angelegt war:

»Wer mit einem derart weltweit bekannten Pop-Star befreundet war und sich selbstverständlich auch in Deutschland in massiver Form mit Freddy (sic!) Mercury zeigte, darf sich nicht wundern, wenn über ihn berichtet wird, und zwar selbst dann noch, wenn möglicherweise diese Person ihren Zenit des Filmschaffens überschritten hat, was zwar eventuell in Bezug auf Frau Valentin konstatiert werden könnte, was aber nichts daran ändert, dass nun einmal Barbara Valentin nach wie vor für Jung und Alt ein absoluter Begriff ist.«

Barbaras »Auftreten bei Szene-Partys und ihr freundschaftliches Verhältnis zu Freddy (sic!) Mercury machten sie weit über deutsche Grenzen hinaus zu einer absoluten Person der Zeitgeschichte. Dabei ließ die Klägerin die Öffentlichkeit weitestgehend an ihrem Privatleben, ihren Gefühlen und ihrem körperlichen Befinden teilhaben.« Jetzt bestehe auch »ein öffentliches Interesse an dem Fortschritt der Genesung der Klägerin«. Sie hat kein Recht auf »positive Hofberichterstattung«, aber die Öffentlichkeit »ein legitimes Informationsinteresse«.

Selbst schuld, meint also die Agentur. Wer einmal die Tür mit einer Homestory aufmacht, kriegt sie nicht mehr zu. Die Klinik habe Fotos nicht ausdrücklich verboten, und außerdem zeigten die Fotos die Klägerin doch gar nicht in einem mitleiderregenden Zustand. »Sie zeigen eine Frau, über 60 Jahre alt, in einem Rollstuhl. Allein die Tatsache, dass die Klägerin ungeschminkt ist und eingegipste Beine hat, rechtfertigt noch nicht die Annahme einer schweren Persönlichkeitsverletzung.« Und überhaupt, sie solle sich nicht so anstellen: Die Berichterstattung sei doch positiv, und schließlich habe sich der frühere Superman-Darsteller Christopher Reeves doch nach seinem Reitunfall auch im Rollstuhl fotografieren lassen.

In der Anlage schickt der Verteidiger der Fotoagentur Artikel, die beweisen sollen, wie berühmt Barbara ist: eine Einladung zur Filmpremiere von »Die Hunde sind schuld« auf dem Münchner Filmfest; ein Artikel in der Zeitschrift *Bunte* mit dem Titel »Ein offener Brief ihrer besten Freundin«; das Foto von Christopher Reeves, das der Fotograf Herb Ritts im Studio aufgenommen hat; ein Online-Bericht des Berliner Kuriers aus dem Jahr 1998: »Hund biss Barbara Valentin. Es geschah gestern bei Dreharbeiten in den Babelsberger Studios zur RTL-Daily-Soap ›Gute Zeiten – Schlechte Zeiten‹ … Als Frau Valentin den niedlichen Vierbeiner auf den Arm genommen hatte, nahm das Unglück seinen Lauf: Männchen zwickte das ehemalige Busenwunder in die Augenbraue.«

Barbara hat immer ein äußerst unverkrampftes Verhältnis zur Klatschpresse gehabt. Sie nahm es zu Beginn ihrer Karriere für selbstverständlich, dass man sich für sie interessierte, und sagte, das gehöre eben dazu. Später, als die Karriere sich dem Ende zuneigte, ließ sie sich das Interesse an ihrer Person in Talkshows gut bezahlen. Wie viel Geld meine Mutter brauchte, kann ich auch heute nur erahnen.

Filmengagements blieben allmählich aus, Theaterangebote nahm sie nicht mehr an, nur die Presse zahlte gerne und regelmäßig, sogar für Interviews. »Meine Drogenbeichte« – »Meine Jahre mit Freddie Mercury«. Jaja. Natürlich wollten diese Zeitschriften nun auch eines der Fotos von ihr im Rollstuhl zeigen. Barbara sei sogar selbstverschuldet krank, argumentiert die Agentur vor Gericht.

Der Richter verzichtet auf eine Ortsbesichtigung in Kipfenberg, das hatte die Verteidigung verlangt. Im November spricht er das Urteil. Barbara ist keine absolute Person der Zeitgeschichte, so wie es Romy Schneider, Michael Degen, Joachim Fuchsberger und Uschi Glas (sic!) seien. Der Schutz der Privatsphäre entfällt nicht einfach, weil die Klägerin früher ausführlich über ihr Privatleben berichten ließ. Es sei auch völlig egal, mit wem sie befreundet gewesen sei, und die Bilder seien bestimmt »von Neugier und Sensationslust«. Der Richter spricht ihr auch Schadensersatz zu: 10 000 Mark. Die reichen so eben, um die einstweiligen Verfügungen des befreundeten Anwalts zu bezahlen, der seinen üblichen Stundensatz ohnehin schon halbiert hatte.

Als das Urteil gesprochen wird, ist Barbara längst wieder zu Hause. Der Vermögensberater wusste Rat, kannte ein bulgarisches Ehepaar, das drei Monate aushelfen könnte. Radka ist Krankenschwester im Ruhestand, ihr Mann Autoschlosser. Die beiden sind ein Glücksfall.

Radka kocht Kalbsgulasch mit Paprika und Nudeln. Barbara mag es, ich liebe es. Ihr Mann ist kräftig genug, um Barbara mit Radkas Hilfe auf den Badewannensitz zu hieven, der sich elektrisch hoch- und runterfahren lässt. Sie fahren sie im Rollstuhl durch das Glockenbachviertel spazieren, geben ihr die tägliche Spritze, damit das Blut nicht verdickt, und sie denken gewissenhaft an die Medikamente. Sie sprechen Englisch mit Barbara. Sie glauben, Barbara verstehe sie. Ich bin mir da immer noch nicht sicher.

Barbara spricht manchmal ganze Sätze, die im Kontext keinen Sinn ergeben. Es ist nie mehr als ein Satz. In Radkas Gegenwart spricht sie Englisch. Mit uns auch. Selbst wenn Radka nicht da ist.

Über den Sommer stellt sich so etwas wie Normalität ein. Rollstuhlfotos oder Krankenstandsmeldungen erscheinen erst mal keine mehr, obwohl Radka Barbara jeden Tag spazieren fährt.

Ein Wachkoma kann nach Sauerstoffmangel im Gehirn auftreten, nach einem schweren Schlaganfall, einer Hirnblutung oder einem Schädelhirntrauma, nach Verkehrsunfällen oder Stürzen. Der Begriff bezeichnet im strengen Sinn einen Zustand, in dem Patienten nach dem Beenden ihrer Betäubung und Schmerzstillung ihre Augen nicht öffnen und keinerlei Kontakte herstellen können. Sie zeigen äußere Zeichen der Wachheit, haben aber nach medizinischem Verständnis keinerlei Bewusstsein. Die sogenannten höheren Hirnfunktionen sind erloschen.

Das Krankheitsbild ist komplex und uneinheitlich definiert, aber die Funktionen des Stammhirns (Atmung, Schlaf-Wach-Rhythmen, Schlucken und teilweise auch Essen) bleiben im Wachkoma weitgehend ungestört, während die Großhirnfunktionen (Sprechen, gezielte Bewegungen) gestört sind. Neueste Forschungen sprechen von verschiedenen Graustufen zwischen mehreren Bewusstseinsebenen und von Bewusstseinsinseln. Selbst Menschen mit geschlossenen Augen können manchmal ihre Umgebung wahrnehmen, auch wenn sie nicht sichtbar auf sie reagieren können. Man hat Wachkoma-Patienten unter einem Kernspintomografen über Kopfhörer aufgefordert, sich vorzustellen, Tennis zu spielen. Bei ihnen waren die gleichen Hirnareale aktiv wie bei gesunden Patienten: die Areale für räumliche Wahrnehmung und Bewegung. Diese Wachkoma-Patienten konnten verstehen. Deshalb spricht man auch von einem Syndrom reaktionsloser Wachheit. »Aufflackerndes Bewusstsein« ist der Ausdruck, der Barbaras Zustand irgendwie am ehesten trifft. Vielleicht ist es auch nur der Ausdruck, an den sich Angehörige am liebsten klammern, die nicht wissen, was man in so einem Wachkoma fühlen oder denken oder wahrnehmen kann.

Meine Mutter jedenfalls hat die Augen geöffnet. Sie nimmt Geräusche und Stimmen wahr. Sie lächelt, wenn sie jemand Bekanntes kommen sieht oder dieser spricht. Sie mag es, wenn ich ihr die Hand halte. Aber man darf sich selten sicher sein, ob sie einen tatsächlich erkennt und ob das Lächeln eine Folge des Erkennens ist. Und wenn man sich dann doch mal sicher ist, kann es sein, dass sie im nächsten Augenblick schon wieder ganz abwesend wirkt. Manchmal schläft sie auch einfach ein, buchstäblich von einer Sekunde auf die andere.

Sie stöhnt, wenn sie ein Geräusch nicht mag, Heckenscheren etwa. Sie spricht einzelne Wörter, bisweilen sogar einen einzelnen ganzen Satz, gern auch Englisch. Grammatikalisch richtig, nur oft im Kontext unsinnig. Sie betont Wörter, als ob sie normal sprechen würde, und sie versucht auch schnell zu sprechen. Meist bleibt sie unverständlich. Dann wieder lacht sie, in einer skurrilen Situation, die sie erfasst: wenn sie sich bekleckert.

Sie wirkt sanfter und hat alles Divenhafte an ihrem Verhalten verloren. Sie schimpft nicht. Sie wird nicht laut. Sie klagt nicht. Sie wirkt geduldig, und manchmal bilde ich mir sogar ein, dass sie fast zufrieden aussieht. Sie ist immer dankbar, wenn Minki ihr die Haare färbt.

Sie hat Schmerzempfinden. Wenn ich sie ins Auto stecke und dabei das steife Bein leicht abwinkeln muss. Sonst hat sie offenbar keine Schmerzen. Sie weint nicht. Nur einmal. Da kullern ihr Tränen die Wange herunter. Und kurze Zeit später macht sie erschöpft ein Mittagsschläfchen. Sie schläft überhaupt recht viel. Ihr gesamter Schlafrhythmus wird umgekrempelt. Um sechs Uhr kommt die Schwester aufs Zimmer zum Waschen. Um sechs Uhr morgens war sie in ihrem früheren Leben oft noch gar nicht im Bett.

Vor Jahren gingen Mediziner davon aus, dass sich dieser Zustand nach einer bestimmten Krankheitsdauer nicht mehr bessert. Das gilt heute so nicht mehr, aber nach sechs Monaten ohne Verbesserung spricht man in der Fachwelt von einem »bleibenden Wachkoma«. Man weiß nicht, was Wachkoma-Patienten wahrnehmen, ob sie hören, fühlen, denken und sich bloß nicht äußern können. Etwa bei einem Viertel aller Wachkomapatienten kehrt echtes Bewusstsein zurück, die meisten bleiben dennoch körperlich schwer beeinträchtigt. Und die allerwenigsten können die Reha-Klinik auf eigenen Beinen verlassen.

Bewegung soll helfen. Mit Krankengymnastik werden Bewegungen simuliert, das Gehirn soll glauben, selbstständig zu laufen, und wird in den zuständigen Arealen aktiviert. Auch mit Berührungen oder direkter Ansprache versucht man, das Unterbewusstsein des Patienten zu erreichen – und schließlich vielleicht sogar sein Erwachen.

Wachkoma-Patienten bleiben zwischen sechs Wochen und sechs Monaten in der Reha. Barbara werden bei ihrem ersten Aufenthalt drei Monate von der Krankenkasse bewilligt und danach noch mal ein Monat Verlängerung. Die Ärzte sind verhalten optimistisch, dass sie ihr Bewusstsein, womöglich sogar große Teile ihres Bewusstseins wiedererlangt. Sie befürchten von Anfang an, das eine Bein werde steif bleiben.

Die Gymnastik strengt sie sichtlich an. Sie schläft viel, beginnt wieder mehr zu essen. Manchmal führt sie den Löffel selbstständig zum Mund, meist wird sie gefüttert. Manche Dinge schmecken ihr mehr als andere. Aber sie redet nicht übers Essen, sagt nicht, was ihr schmeckt und was nicht. Manchmal isst sie gern. Sie trinkt aus einem Schnabelbecher, selten allein.

Sie stiert Menschen richtiggehend an. Meist geht ihr Blick ins Leere. Sie erkennt ihre Kinder. Sie lächelt, wenn einer von uns kommt. Sie raucht nicht mehr. Sie mag auch den Qualm fremder Zigaretten nicht. Sie trägt Windeln. Manchmal popelt sie in der Nase, ungeniert auch vor anderen Leuten in der Kantine. Früher wäre das undenkbar gewesen.

Sie mag es, wenn man ihr etwas erzählt. Sie sagt: »Jaja«, oder: »Ach, wie schön.« Aber man darf sich in so einem Augenblick dennoch nicht sicher sein, dass sie irgendetwas verstanden hat. Dennoch hilft so ein »Jaja« beim Erzählen. Ohne Reaktion fällt einem schnell nichts mehr ein. Länger als zehn Minuten dauern meine Monologe aber selten. Passiert ja auch wenig, wenn man arbeitet und trauert und das Leben seiner Mutter verwaltet.

Sie liegt in einem Doppelzimmer. Man grüßt die Besucher der anderen Patienten stumm mit einem freundlichen Nicken, man will keine intimen Details aus der fremden Krankenakte wissen. Beim Zimmernachbarn lässt es sich aber nicht vermeiden: Normalerweise werden die Zimmer nur gleichgeschlechtlich belegt. Bei Barbara hingegen liegt ein Transsexueller. Die Klinikleitung kennt Barbaras Ruf als Schwulenmutter und vermutet, sie werde schon nichts dagegen haben. Warum auch?

Der Fernseher läuft oft auf dem Zimmer. Irgendwann wird eine Tasche von ihr gestohlen. Wäsche verschwindet. Egal.

Die Hoffnung auf Besserung schwindet leider auch, die Ärzte werden verhaltener in ihren Prognosen. Sie raten dazu, einen Heimplatz zu suchen. Ich suche. Zwanzig Altenheime mit Pflegestation in München schreibe ich an, Atteste und Krankheitsgeschichte in Kopie. Kein Einziges von ihnen antwortet. Es gibt im Sommer 2001 einfach keine Pflegeplätze, egal, wie viel man auch bereit wäre zu zahlen.

Radka und ihr Mann wollen nur so lange bleiben, bis sie genug Geld haben, um sich ein gebrauchtes Auto zu kaufen. Nach dreieinhalb Monaten kaufen sie sich von ihrem Verdienst einen Renault-Kastenwagen und brechen unter Tränen auf, zurück nach Sofia.

Erneut drei Wochen Reha. Eine letzte Frist, um eine neue Pflegerin zu finden. Jeder kennt jemanden, der schon mal eine Pflegekraft aus dem Ausland benötigt hat, die schwarz arbeitet. Die Telefonnummern werden unter der Hand gehandelt, man findet leicht jemanden. Wählerisch darf man aber trotzdem nicht sein. Ich finde Margit. Gerade noch rechtzeitig, bevor Radka verschwindet. Margit kommt aus Ungarn, spricht Deutsch und ist kräftig genug, um Barbara morgens allein in den Rollstuhl zu hieven. Sie kocht nicht so gut wie Radka, sie hat auch nicht so gute Laune wie Radka – aber trotzdem bin ich froh, dass sie kommt. Allein schon deshalb, weil ich meiner Mutter nun nicht die Windeln wechseln muss. Das Mutter-Kind-Verhältnis hatte sich ohnehin längst umgekehrt. Und es ist ein trostloses Gefühl, seine Mutter wie ein Kind behandeln zu müssen. Ich hoffe sehr, dass meine eigenen Kinder das nicht mit mir erleben müssen.

Ich helfe Margit aber dabei, Barbara auf den Badewannensitz zu heben. Margit hatte einen Bandscheibenvorfall. Alle sechs Wochen muss sie ein Wochenende nach Hause, zu Mann und Kind. Wie lange sie das wohl durchhält? Margits erstes freies Wochenende übernehmen zwei Ausgehfreunde von Barbara. Ich muss auf Dienstreise und bin froh, dass sie einspringen. Margit schimpft bei ihrer Rückkehr über die Unordnung. Sie vermutet, die Freunde hätten Barbara heimlich Alkohol eingeschenkt. Wäre zu schön, wenn sie wirklich ein Glas hätte trinken können, denke ich.

Im September sieht Barbara die Wolkenkratzer von New York im Fernsehen einstürzen. Mit Sicherheit versteht sie nicht, was da gerade passiert in der Stadt, die sie geliebt und oft besucht hat. Die Wochen danach passiert kaum etwas Berichtenswertes.

An Barbaras 61. Geburtstag, am 15. Dezember 2001, bringe ich ihr Kuchen vorbei und zünde ihr versuchsweise eine Zigarette an. Sie will aber nicht rauchen. Sie dreht den

Kopf weg. An Heiligabend komme ich mit den Kindern vorbei und bringe kalte Vorspeisen von »Dallmayr«, die sie früher so geliebt hat. Auch diese Liebe ist erloschen.

Nach den Weihnachtsfeiertagen darf sie dann noch einmal in die Reha. Die Krankenkasse hat noch einmal sechs Wochen bewilligt. Die Ärzte haben die Hoffnung offenbar immer noch nicht ganz aufgegeben. Sie sprechen längst nicht mehr von »weitgehender Genesung«. Aber Barbara soll Neurorehabilitation erhalten, Förderung und Ansprache, damit sie wenigstens noch kleine Fortschritte macht.

Eine italienische Prinzessin hat mir im Sommer erzählt, manche Menschen, die zu unbewusst gelebt hätten, müssten das mit langem Leiden vor dem Tod bezahlen. Die Prinzessin ist esoterisch veranlagt. Barbara hat sicherlich sehr im Augenblick gelebt und selten über den Tod nachgedacht, aber ich weiß nicht mal sicher, ob sie jetzt tatsächlich leidet.

Komödiantischer Höhepunkt des Jahres ist schließlich ein Artikel im *Echo der Frau* im Dezember, in dem Barbara gesundgeschrieben wird:

»Endlich! Es geht ihr besser! Eines weiß sie sicher: Dieses Jahr wird es das schönste Weihnachtsfest ihres Lebens. Denn noch vor Kurzem war es gar nicht sicher, ob die Schauspielerin dieses Datum überhaupt noch erleben würde… Barbara Valentin ist überglücklich. Endlich geht es ihr besser, sie hat die Folgen ihres Zusammenbruchs von

Anfang des Jahres überwunden. Einen Gehirnschlag hatte die 60-Jährige im Januar erlitten (ECHO DER FRAU berichtete), musste wochenlang auf der Intensivstation in der Münchner Klinik Rechts der Isar liegen. Lange Zeit konnte Barbara Valentin weder sprechen noch laufen, war auf den Rollstuhl angewiesen. Jetzt aber freut sich die Künstlerin wieder auf die Zukunft und will sogar, wie sie ECHO DER FRAU-Mitarbeiterin Gudrun K. anvertraute, bald wieder vor der Kamera stehen. ›Gern‹, sagte sie in dem Interview, ›würde ich einen Film mit Tieren drehen. Weil ich die doch über alles liebe. Ich denke sogar schon über ein Drehbuch nach.‹«

Auf Nachfrage schickt die Journalistin sogar eine eidesstattliche Erklärung, mit Barbara am 5.11.2001 gegen 12 Uhr am Telefon gesprochen zu haben. »Nach meinem Dafürhalten war Frau Valentin an jenem Tag guter Laune, wir sprachen sogar über einen baldigen Besuch bei ihr – sie sagte, sie würde sich freuen! Leider kam es dann doch nicht zu diesem Besuch, weil sie nicht in München war, was ich sehr bedaure!«

Sachen gibt's, die gibt's gar nicht. Barbara hat nie daran gedacht, ein Drehbuch zu schreiben oder mitzuentwickeln. Auch vor ihrem Gehirnschlag nicht. Sie kann im November 2001 den Telefonhörer gar nicht mehr halten oder gar abnehmen, und sie kann erst recht keine Gespräche führen. Sei's drum.

Spürbare Fortschritte bleiben aber auch nach dem dritten Reha-Aufenthalt aus.

Knapp eine Woche ist sie wieder zu Hause, als sie ihren zweiten Schlaganfall erleidet. Der Hausarzt kommt. Barbara atmet schwer und laut. Wie schwer er zu finden war. Ein Arzt, der im Glockenbachviertel regelmäßig Hausbesuche macht. Wie gut, dass er sich nicht an die Buchstaben des Gesetzes hält und Barbara sterben lässt, ohne den Notarzt zu rufen. Auf der Intensivstation und unter Beatmung hätte sie sicherlich noch etwas weiterleben können, das Bewusstsein hätte sie aber ebenso sicher nicht mehr wiedererlangt.

Am nächsten Mittag hört Barbara auf zu atmen. Es ist der 22.2.2002. Eine Schnapszahl, ganz als ob sie sich das Datum ausgesucht hätte.

Wir bitten die Freunde um Stillschweigen. Am Abend wird ihr Tod dennoch in den Fernseh-Hauptnachrichten vermeldet. Vor der Haustür in der Hans-Sachs-Straße liegen bald danach Blumen. Der Wirt des »Café Nil« stellt ein Glas Cola mit Remy Martin zusammen mit ihrem Foto und einer Schachtel Lord Extra an Barbaras Stammplatz hinten links am Tresen neben die Kunstpalme, nicht weit von der Disco-Kugel, die dort unter der Decke hängt. Es ist das Lokal, in dem Barbara etwas mehr als ein Jahr zuvor ihren ersten Schlaganfall hatte, und der Wirt gibt gern ein Interview über seinen Stammgast.

Im Februar 2002 ist eigentlich viel los, Uschi Glas hat sich gerade von ihrem Ehemann getrennt oder umgekehrt. Eigentlich gäbe es genügend andere Nachrichten, aber einige Zeitschriften dichten dennoch drauflos: Ihren letzten Weg ging sie allein, weiß die Zeitschrift *7 Tage* ganz genau. Die *Neue Post*: »Am Ende war sie ganz allein. Barbara Valentin, die immer so gern im Mittelpunkt gestanden, sich in der Gesellschaft fröhlicher Menschen am wohlsten gefühlt hatte, starb einsam in ihrer Münchner Wohnung. Sie lag zu Hause unter einem Sauerstoffzelt.« Aha, soso. Das *Neue Blatt* will wissen: »Die Kinder konnten nicht mehr rechtzeitig informiert werden.« – »Vor einem Jahr schon soll sie zu ihren engsten Vertrauten gesagt haben: Mein Gott, ich möchte nicht mehr leben.« – »Der Münchner Synchronsprecher Peter N. (39, Name d. Red. bekannt) war seit einigen Jahren Barbara Valentins bester Freund, der sie neben Barbaras Busenfreundin Elisabeth Volkmann in den letzten Monaten betreut hatte. Er war auch ihr letzter Besucher: ›Sie hat mich erkannt, wir haben ein bisschen geredet. Es ging ihr nicht gut, aber es gab kein Anzeichen, dass es mit ihr zu Ende geht. Ich kann es noch immer nicht fassen.‹« Wer um Himmels willen soll denn dieser Synchronsprecher sein, der seit einigen Jahren ganz heimlich Barbaras bester Freund war und sie sogar betreut haben will? Wäre schön, den mal kennenzulernen. Bitte melde dich!

Aber es geht noch bunter, die *Bunte*: »Deutschlands erste und einzige Sexbombe ist tot … König Hussein von Jordanien gar soll, als er zufällig in seiner Limousine neben ihr an der Ampel stand, 250 000 Dollar (damals eine Million Mark) für eine Liebesnacht geboten haben.« Wirklich? An der Ampel?

»Todesursache: Eine Überdosis Leben«, schreibt *Bild* geradezu nüchtern und bilanziert: »340 TV-Rollen, 40 Filme und 4000 Mark Geldstrafe wegen Kokainerwerbs.« Immerhin steht da auch: »München hat eine starke Frau verloren.« Natürlich tauchen auch die Rollstuhlfotos wieder auf, auf *Bild online*, denn die haben ja keine Unterlassungserklärung unterschrieben.

Auch Freunde und Bekannte äußern sich in der Presse zu ihrem Tod. Bernd Stockinger, Modedesigner: »Barbara hat sich gewünscht, dass die Leiden ein Ende haben, sie hasste Hilflosigkeit.« Ingrid Steeger, Schauspielerin: »Wir kannten uns seit 30 Jahren. Ihr Tod entsetzt mich und macht Angst vor dem Älterwerden.« Rolf Eden: »Barbara und ich waren zwei Jahre in den Sechzigern ein Paar. Sie war eine der tollsten Frauen, die ich kannte. Nie arrogant, obwohl bildhübsch.« Roger Fritz, Fotograf: »Ich kannte sie schon als kleines Mädchen. Barbara war fabelhaft und ein wenig verrückt. Zwei Sätze reichen nicht, um sie zu beschreiben.«

Natürlich meldet sich auch die beste Freundin wieder, in der *Neuen Post*: »Ich kenne meine Bärbeli. Und es war zu spüren, dass sie nicht mehr wollte. Sie hat schon mal gesagt, dass sie das Leben nicht mehr so wunderbar fände wie früher.« In der *Abendzeitung*: »Ich bin mir sicher: Sie selbst und viele ihrer Freunde hätten sich gewünscht, dass das

Ende schon früher gekommen wäre.« Außerdem beklagt sie sich, sie und schwule Freunde seien nicht zur Beerdigung eingeladen. Lachhaft.

An dem Dienstag, an dem die Todesanzeige erschien, standen neben ihrem Geburtsdatum im Jahr 1940 nur viel ältere: 1920, 1911, 1925, 1915, 1932, 1929, 1909.

Wir Kinder schreiben in der Todesanzeige nur einen Satz:

Viel zu früh verstarb nach einem genussvollen Leben
unsere liebe Mutter und Oma

Barbara Valentin

* 15.12.1940
† 22.2.2002

Auf dem Sarg viele Rosen und rosafarbene Gerbera, die mochte sie so gern. Dreißig, vierzig Leute sind es in etwa, kein riesiges Spektakel, wie es sich Elisabeth Volkmann über die Zeitungen gewünscht hat.

Der Pfarrer wird gebeten, keine persönlichen Worte über jemanden zu verlieren, den er nicht gekannt hatte. Er hält sich nicht dran, gut so. Er liest erst aus dem Johannes-Evangelium und spricht: »Ihr Leben war von Lebensfreude geprägt. In ihrem Herzen war immer das Bemühen gewesen, Liebe und Freude in die Welt zu tragen.«

Danach das Lied von Queen, das Freddie nach einem alten Schlager von ihr geschrieben hatte: »Love Me Like There's No Tomorrow«. Der Trauerzug zum Grab wird entgegen der ausdrücklichen Bitte der Familie, das zu unterlassen, fotografiert. Sie wird beerdigt. Sie wollte unbedingt beerdigt werden und keinesfalls verbrannt. »Glaubst du an Gott«, habe ich sie ein-, zweimal deswegen gefragt. »Ich weiß nicht, eher nicht«, war ihre Antwort. Sie war ja schon Jahrzehnte vorher aus der Kirche ausgetreten und hat danach, soweit ich weiß, nur mehr zur Taufe ihrer Enkelkinder eine Kirche besucht. Aber sie hat ganz klargemacht, dass sie unbedingt katholisch beerdigt werden will. Leichenschmaus beim Italiener gegenüber vom Friedhof. Vierzig Leute aus verschiedenen Lebensphasen unterhalten sich laut. Es wird viel getrunken und wenig geweint. Barbara hätte ihre eigene Beerdigung gut gefallen.

Das neue schreibt dazu: »Die Skandal-Beerdigung … Ganz allein saß Elisabeth Volkmann in ihrer Wohnung, während wenige andere ihrer besten Freundin das letzte Geleit gaben. »›Ich bin fassungslos‹, stammelt sie in den Telefonhörer, ›ich weiß nicht, wohin mit mir.‹« Auch der Reporter der *Abendzeitung* hat offenbar etwas gegen mich: »Alle sind festlich gekleidet, nur Sohn Lars trägt eine graue Wollmütze.«

Die Zeit unter der Überschrift »Mehr als nur Sexbombe«: »Sich nicht trauen, aber schon ein bisschen wollen … Frech sein, aber ja nicht auffallen … Spaß haben, aber ohne Fleck auf der Hose – das war das ganze Triebleben des deutschen

Amüsierkinos der Wiederaufbaujahre nach dem Zweiten Weltkrieg. Und in Barbara Valentin hatte dieses Kino sein Luder: eine Blondine mit großer Oberweite, abwesendem Blick und kussbereitem Bienenstichmund. Die 1940 in Wien geborene Tochter des Filmarchitekten Hans Ledersteger und der Schauspielerin Irmgard Alberti wurde in schlüpfrigen Filmchen wie ›In Frankfurt sind die Nächte heiß‹ (1966) verheizt, und sie war naiv genug zu glauben, sie trage da zur sexuellen Befreiung bei. Die schwere Blonde war eine seltsame Verkörperung von Sünde – nämlich in etwa so, als wollte der Kinomichel sein Traumweib etwas massiger als gewöhnlich, damit er davonlaufen könne, falls es sich doch mal in Leidenschaft entzünden sollte. In der Boulevardpresse wurde sie als Busenwunder und Skandalnudel durchgehechelt und im Übrigen weniger für ihre Liederlichkeit abgestraft als dafür, dass sie nie so weit ging, wie das Publikum insgeheim hoffte.«

Die *SZ* bietet im Nachruf eine simple Lesart ihres Lebens an: »Nach der Scheidung ihrer Eltern wuchs sie im kleinen Bruchsal auf, was ihre Sehnsucht nach der großen Welt beflügelt hat … Privat ist die schöne Blonde nie so richtig glücklich geworden. Nach drei geschiedenen Ehen lebte sie mit dem Queen-Sänger Freddie Mercury zusammen.«

Lässt sich ein Leben so leicht erklären? Drei Scheidungen, also Unglück? Kleines Bruchsal, deswegen die Sehnsucht nach der großen Welt? Kann man das so sagen? Wenn es denn nur so einfach wäre.

Heute ist Barbara kein Boulevardthema mehr, aber es ist immer noch nicht ganz vorbei: Zwölf Jahre nach ihrem Tod berichtet ein Kellner des »New York«, wie sehr Barbara ihm auf die Nerven gegangen sei, als sie »einen auf Witwe machte, dabei war der Freddie doch schwul«. Im Herbst 2014 erinnert sich ihre angeblich enge Freundin Christine Zierl in der *Freizeit Revue*: »Ihr Busen war ihr Markenzeichen, doch ihre wahre Stärke war ihr Herz.« Christine Zierl nannte sich Ende der siebziger Jahre noch Dolly Dollar, eine enge Freundin war sie nie.

Die alte *Abendzeitung* stirbt im Jahr 2014. Es gibt einige Nachrufe, der großen Zeiten in den sechziger und siebziger Jahren wegen. Der *Spiegel* zeigt ein Foto von Barbara. Sie tanzt darauf mit meinem leiblichen Vater. Sein Name ist falsch geschrieben. Den Namen Barbara Valentin immerhin schreiben alle richtig.

Nach dem Tod von Helmut Dietl im März 2015 meldet sich noch mal Christine Kaufmann zu Wort. Die Schauspielerin war kurze Zeit tatsächlich eine Freundin von Barbara, jetzt behauptet sie, sie hätte gleichzeitig Sex mit Barbara und Helmut gehabt.

Kommt da noch was, oder war's das endlich?

Nicht ganz. Patrick Süskind, der Schriftsteller, der eigentlich längst nichts mehr veröffentlicht, hat im September 2016 dann doch noch etwas nachzutragen – in seinem Nachwort, das er für die posthum erscheinenden Erinnerungen von Helmut Dietl verfasst hat: 14 Jahre nach Barbaras Tod verkündet er, dass er sie vor 40 Jahren doof fand.

Ich lese heute keine Zeitungsmeldungen über meine Mutter mehr.

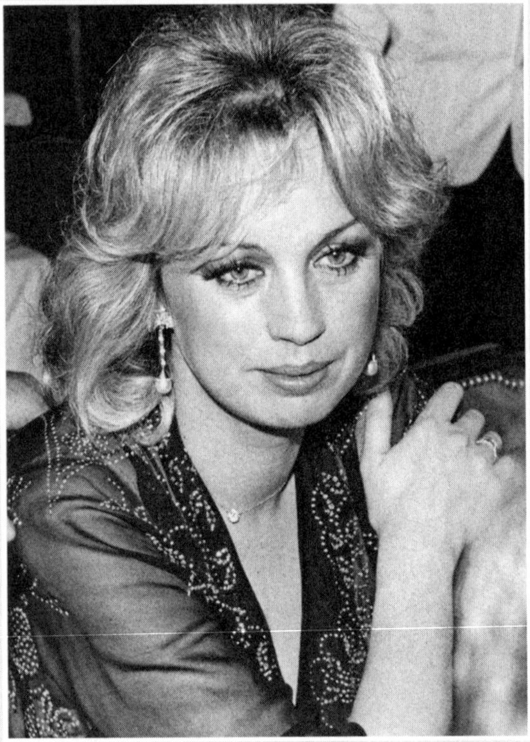

18. Abschied

Februar 2018

Wie erwähnt: Es hätte ein einfaches, ein irgendwie normales Leben werden können. Vielleicht hätte Barbara auch eine zweite Uschi Glas werden können, eine Schauspielerin, die bis ins hohe Alter in einem Beruf arbeiten kann, in dem heute noch viele Frauen ab vierzig weniger Angebote bekommen. Dafür hätte sie aber sicherlich fleißiger sein müssen. Auch disziplinierter und ehrgeiziger, karrierebewusster, weniger launenhaft, vielleicht auch talentierter. Sie machte es sich mitunter leicht und wählte damit oft den schwereren Weg. Sie verließ ihre Ehemänner und verzichtete dabei stets auf Unterhalt, was nach altem Scheidungsrecht viel Geld bedeutete. Sie verließ auch uns, ihre Kinder, und hörte irgendwann auf, sich um uns zu bemühen. Manchmal wählte sie einfach den bequemsten Weg, etwa als sie ihre Ambitionen im Job aufgab. Sie machte ihren Job, aber sie liebte ihn bald nicht mehr.

Sie war ein gefühlsbetonter Mensch, oft egoistisch, bisweilen auch sehr großzügig und hilfsbereit. Sie ging verschwenderisch mit ihrer guten Laune um und ließ ihre Mitmenschen genauso großzügig an ihrer schlechten Laune teilhaben. Sie verweigerte sich den Konventionen und starb einen langen Tod. Wie in einem großen Roman oder einer seichten Fernsehserie. Sie wurde früh zur Diva und konnte das dann später nicht mehr ablegen. Sie war es gewohnt, hofiert und bewundert zu werden. In den neunziger Jahren wirkte sie in ihrer divenhaften Art wie aus der Zeit gefallen – und doch zeigt ihr Leben beispielhaft eine soziale und kulturelle Veränderung, die in der zweiten Hälfte des 20. Jahrhunderts in der Bundesrepublik stattfand.

Die sechziger Jahre sind laut Ulrich Greiner, dem Literaturwissenschaftler und langjährigen Feuilletonchef der *Zeit*, die Zeit eines allgemeinen Schamverlusts. Das sogenannte Busenattentat von drei Studentinnen auf Theodor W. Adorno, die dessen Vorlesung in Frankfurt 1969 mit nacktem Oberkörper unterbrachen, habe einen Angriff auf die Normen der bürgerlichen Gesellschaft und auf das von ihr bestimmte Schamgefühl bedeutet. Adorno erwehrte sich gegen den Anblick mit erhobener Aktentasche und floh aus dem Hörsaal. Aber der öffentliche Umgang mit dem, was einst als intim und privat galt, veränderte sich zwangsläufig. Der Wandel ereignete sich innerhalb kürzester Zeit. Ein Soziologe, Leon Wurmser, schreibt über die Veränderung in der Kultur: »Überall werden Gefühle und Körper ungehemmt zur Schau gestellt, werden Geheimnisse offen herumgezeigt, wird leichtfertig und rücksichtslos neugierig in so manche düsteren Winkel des privaten Lebens eingedrungen.« – »Die Neigung, sich zu entblößen, in welcher Hinsicht auch immer, hat offensichtlich zugenommen. Es gilt, authentisch zu sein, sich selbst zu verwirklichen und sein wahres Ich zu entdecken und vorzuführen«, schreibt Ulrich Greiner in »Schamverlust. Vom Wandel der Gefühlskultur«.

Der gesellschaftliche Tabubruch und der ungehemmte Narzissmus gehörten auch bei Barbara zum Programm. Sie spielte das Busenwunder in der Welt der Boulevardmagazine und Fernsehprogramme so lange, bis sie völlig in ihrer Rolle aufging. Sie tat das nicht überlegt, aus rationalem Kalkül. Viel eher kam die Stimmung der Zeit ihrem Naturell entgegen.

Sie billigte die Neugier der Öffentlichkeit, es machte ihr nichts aus, angegafft oder fotografiert zu werden. Sie wusste ja, dass das der Preis fürs Prominentendasein sein würde, er schien ihr nicht zu teuer, und sie zahlte ihn bereitwillig. Sie wurde in so jungen Jahren prominent, dass es ihr schon eine Selbstverständlichkeit war, anders wahrgenommen und behandelt zu werden. Ihr blieb gar keine andere Wahl, als irgendwann zu einer Diva mit Allüren zu werden.

Sie schämte sich auch nicht für den Ansatz des Verruchten. Der freie Sex, den sie in den sechziger Jahren symbolisierte, war schließlich ein Zeichen der Zeit. Und die Zeit wehrte sich gegen den Puritanismus der Nachkriegsjahre, der Enthaltsamkeit und, mal wieder, eine protestantische Arbeitsethik forderte. Barbara war auch dazu ein Gegenentwurf.

Sie wurde prominent, als der Begriff erst langsam seine neue Bedeutung fand. Was macht einen Menschen prominent? Und was lässt ihn wieder gemein werden? Und wie geht es dem Ex-Promi anschließend? Das Wort Prominenz gibt es seit Anfang des 20. Jahrhunderts, zuerst mit der gleichen Bedeutung wie der Begriff Eminenz, später nennt man Promis auch Celebrities oder VIPs, häufig zählt man Schauspieler und Musiker dazu, mitunter sogar Sportler, Politiker und Vorstandsvorsitzende, Leute also, über die vielfach in der Presse berichtet wird.

Prominent zu sein bedeutete allmählich kein Verdienst mehr, keine Auszeichnung. Die soziale Herkunft, die Ausbildung, das Einkommen oder Können spielten immer weniger eine Rolle für den Status als Prominenter. Ein mögliches Kriterium für Prominenz ist Schönheit, vielleicht auch Sexappeal. Mit der schwindenden Schönheit verblasst in der Regel dann auch der Prominentenstatus.

Aus dem Prominenten wird in den siebziger Jahren der Promi. Der Begriff wird schließlich so inflationär gebraucht, dass man ab den neunziger Jahren analog zum Begriff des B-Movies zwischen A-, B- und C-Promi unterscheidet. Auch mit dem Verdienst hat die Kategorisierung wenig zu tun: Ein C-Promi verdient heute möglicherweise mehr Geld als ein A-Promi. Die Übergänge sind fließend. Als gelegentliche Fassbinder-Schauspielerin war Barbara eine kurze Zeit ihres Lebens A-Promi, als Freundin von Freddie Mercury noch B-Promi und nach dessen Tod nur mehr C-Promi. Barbaras Gage betrug aber auch noch als C-Promi ein paar Tausend Mark für eine Talkshow.

Der Verdacht liegt also nahe, dass Barbara den Abstieg vom A-Promi zum C-Promi nicht verkraftet haben könnte. Das glaube ich aber nicht. Das Promidasein war ihr bestenfalls angenehm, aber nicht wirklich wichtig. Und sie selbst hat ihren allmählichen Aus- oder Abstieg ja in den achtziger Jahren mitbestimmt, als ihr die Schwulenpartys wichtiger wurden als etwa der Filmball und als sie renommierte Filmangebote absagte, von denen sie wissen musste, dass sie ihrer Karriere und ihrem Ruf gutgetan hätten.

Wie sähe ihr Leben heute aus? Wie sähe es aus, wenn sie keinen Schlaganfall erlitten hätte? Wäre sie ins Dschungelcamp gegangen? Sicherlich, wenn sie immer noch drogensüchtig gewesen wäre und dringend Geld benötigt hätte. Vielleicht säße sie auch immer noch in Talkshows und würde sich über mangelnden Tierschutz, die grausamen Folgen von Aids und über den viel zu frühen Tod von Freddie beklagen. Hätte sie noch einmal ernsthaft versucht, als Schauspielerin zu arbeiten? Eher nicht. Sie war stolz auf ihren letzten Film. Er bedeutete eine letzte große Anstrengung in ihrem Leben, und die hatte sie gemeistert. Aber das letzte Erfolgserlebnis hielt sie nur kurzzeitig davon ab, sich aufzugeben.

Sie verlor sich. Immer mehr. Es hatte irgendwann nach der Trennung von Helmut Dietl begonnen. Spätestens mit Freddies Tod war sie dann eine gebrochene Frau, die womöglich sogar an gebrochenem Herzen starb, auch wenn sich das kitschig anhört. Sie hat viele Männer geliebt, ohne einen Gedanken daran, dass diese Liebe endlich sein könnte.

Minki glaubt, Freddie sei Barbaras große Liebe im Leben gewesen, auch wenn es gar keine klassische Beziehung war. Ich bin mir da nicht so sicher. Aber ist der Tod oder Verlust eines geliebten Menschen eine ausreichende Entschuldigung dafür, sich selbst aufzugeben? Die Liebe ist der größte, immerwährende Traum, den sie oft hatte, öfter als viele andere Menschen. Irgendwann konnte sie ihn nicht mehr träumen. Ihr fehlten dazu irgendwann Kraft und Zuversicht.

Braucht ein erwachsener Mensch überhaupt eine Entschuldigung, wenn er Drogen nimmt? Ihre Kinder waren schließlich erwachsen und selbstständig. Man kann das Ganze ja auch weniger moralinsauer betrachten. Wer weiß, vielleicht würde sie gar nichts bedauern, würde alles genau so noch einmal machen? Einundsechzig Jahre alt zu werden ist keine schlechte Bilanz, wenn man berücksichtigt, davon zwanzig Jahre drogenabhängig gewesen zu sein. Ein Drittel ihres Lebens verbrachte sie mehr oder weniger betäubt. Es gibt jede Menge Leute, die so einen Handel sofort eingehen würden. Barbara zählte offensichtlich dazu. Weil der jahrelange Spaß durchgemachter Nächte alles Leiden aufwiegen kann? Andererseits schämte sie sich. Sie versuchte, das Ausmaß ihres Konsums zu verheimlichen. Zumindest vor uns.

Ich glaube, sie hat die Drogen nicht lange um des Spaßes willen genommen, eher wegen des Trosts und der Linderung. Aber was verursachte dann diesen monströsen Schmerz, der nicht aufhören wollte?

Ihr Schlaganfall ließ ihr keine Gelegenheit zu letzten Worten. Sie hatte ja jahrelang die Chance zur Umkehr nicht genutzt, ihr fehlte der Wille, die Kraft, um sich noch mal aufzuraffen und vom Kokain wegzukommen. Sie hatte kein Ziel und sah keinen Sinn mehr.

Nicht dass ich mir vorstellen könnte, sie hätte den Schlaganfall absichtlich mit einer Überdosis herbeigeführt. Nein. Man braucht nur einen Blick ins »Café Nil« zu werfen, um gleich festzustellen: Auf einem unbequemen Barhocker unter einer Plastikpalme – das ist kein geeigneter Ort, um Selbstmord zu begehen. Aber die Kraft, mit ihrem Leben weniger leichtsinnig umzugehen, hat ihr zuletzt gefehlt.

Alles Kaffeesatzleserei, sicherlich. Die Aufarbeitung von Drogenschicksalen bleibt immer unvollendet. Genau wie die Beschreibung der Familiengeschichte. Durfte ich das überhaupt in einem Buch versuchen? Das Private öffentlich machen, wo ich doch selbst zu verhindern versucht hatte, dass Fotos von Barbara im Rollstuhl veröffentlicht werden? Ich glaube schon. Sicher bin ich mir aber nicht.

Als ich Minki erzähle, dass ich mit dem Manuskript durch sei und überlege, es einem Agenten zu geben, ob sie mal bitte lesen wolle, schaut sie mich streng an, keinesfalls so, als ob sie neugierig wäre oder sich gar freuen würde.

Das Wochenende darauf beginnt sie zu lesen – und wird sofort krank. Sie merkt, wie die Beschäftigung mit der Vergangenheit sie belastet. Sie bekommt hohes Fieber und legt das Manuskript beiseite. Zwei Wochen später unternimmt sie einen neuen Anlauf. Wenige Tage später ruft sie mich an, streng im Ton. Ja, sie habe es gelesen. Sie finde es schon gut, teilweise sogar lustig, einiges habe sie anders in Erinnerung, sie wünschte, ich könnte einige ihrer Anmerkungen noch aufnehmen. Gern. An zwei, drei Stellen bittet sie mich um Kürzungen: Was Barbara verdient und was die Pflegerin gekostet habe, das gehe doch niemanden was an. Ob sie so ein Buch über Barbara peinlich fände? Schon, sie fände es peinlich, wenn ihre Freundinnen das lesen würden. Merkwürdig, gerade vor meinen Freunden wäre mir das nicht peinlich. Höchstens vor Fremden. Einem Dutzend Freunden habe ich das Manuskript vorab zum Lesen gegeben.

Ihre Reaktionen waren durchaus unterschiedlich. »Hey, du bist ein Prominentenkind!«, ruft der eine entzückt, als ich ihm das Manuskript in die Hand drücke. Ein anderer findet, ich mache meine Mutter klein und »das Drogending zu groß«. Dabei sei sie doch eine bedeutende Frau gewesen. Er ist älter als ich. Er meint auch, ich gäbe zu viel von mir preis, so ein Buch müsse einem Journalisten schaden. Wieder ein anderer meint, ich sei alt genug, dass mir das egal sein könne. Und Robert sagt: »Passt schon. Warum hast du nicht gleich auf mich gehört?«

Minkis und mein Verhältnis war nach Barbaras Schlaganfall für kurze Zeit gestört. Viele Geschwister streiten sich nach dem Tod eines Elternteils, oft über das Erbe. Aber das spielte bei uns keine Rolle. Jeder von uns hatte ein anderes Bild von unserer Mutter, jeder eine unterschiedliche Beziehung zu ihr. Wir haben das schwierige Thema all die Jahre lieber gemieden. Nachdem Minki das Manuskript gelesen hatte, konnten wir uns das erste Mal ganz frei über unsere Mutter unterhalten. Ich bekam den Segen meiner Schwester. Ohne ihre Einwilligung hätte ich nicht im Entferntesten daran gedacht, das Manuskript zu veröffentlichen.

Ich konnte lange nicht trauern. Ich war zu beschäftigt mit der bürokratischen Auflösung von Barbaras Existenz. Weinen konnte ich erst sehr viel später einmal, als ich schon angefangen hatte, mich zu fragen, woran sie wohl dachte, wenn sie beim Drehen auf Kommando zu weinen anfing. Ich habe eine Reihe von Leuten danach gefragt. Keiner wusste eine Antwort.

Als Helmut Dietl schon an Lungenkrebs erkrankt war, fragte ich auch ihn noch schnell, bevor es zu spät gewesen wäre. Ich rief ihn im Sommer 2014 an, zwölf Jahre nach Barbaras Tod, den eigenen hatte er vor Augen. Die Trennung lag 35 Jahre zurück, sie hatten keinen Kontakt mehr danach, dennoch war sie Helmut präsent. Seine Antwort: »Ich weiß, dass sie auf Kommando weinen konnte. Ich hab mich nur nie gefragt, wie sie es bewerkstelligt hat, denn in der Branche können das inzwischen einige. Die Vroni konnte auch sehr gut aus dem Stand losheulen, die war die Meisterin darin. Ich kann mir vorstellen, dass es etwas mit Barbaras Vater zu tun hatte. In welcher Situation hat sie das denn gesagt? An Weihnachten? Dann war es sicherlich wegen euch. Sie hat es nie verwunden, euch sozusagen verlassen zu haben. Ich bin mir sicher, sie hat an euch gedacht, wenn sie im Film weinen sollte.«

Helmut Dietl konnte sehr charmant sein, wenn er wollte. Durchaus vorstellbar, dass er einfach etwas erfunden hatte, von dem er dachte, es würde mir guttun und gefallen.

Vielleicht hat die Trennung von uns ihr wirklich so weh getan, dass sie immer weinen konnte, wenn sie daran dachte. Der große Schmerz in ihrem Leben aber musste woanders herrühren, denn mit uns konnte sie ja längst wieder zusammen sein. Wir nahmen ihr das doch irgendwann nicht mehr übel.

Ich weiß nicht, woran sie dachte, wenn sie weinen wollte, woher der Schmerz kam. Das Lesen in alten Zeitungsartikeln, die Nachfragen bei ihren Bekannten und Freunden und alles Nachdenken blieben letztlich erfolglos. Die Leitzordner werde ich wegwerfen, fünf sogar ungelesen. Die Trauer hat dennoch abgenommen.

Ich denke inzwischen gern an meine Mutter. Die Erinnerung hat sich mit dem Manuskript verändert. Mein Bild von ihr hat sich geändert. Je mehr ich über die Drogen erfuhr, desto sanfter wurde mein Blick. Ich bin dankbarer geworden, sie zur Mutter gehabt zu haben. Von ihr, von der ich lange dachte, sie hätte überwiegend falsche Freunde gehabt, haben wir Kinder sogar ganz unverhofft zwei, drei Freunde geerbt.

Alle paar Jahre erhalten wir sogar noch einen Scheck über 19 Euro, Tantiemen für Wiederholungen von alten Fahnder- oder Pumucklfolgen im öffentlichen Fernsehen.

Aber ich schnarche noch gelegentlich. Mal mehr, mal weniger. Keine Ahnung, ob das Schreiben und eine Handvoll homöopathischer Globoli tatsächlich geholfen haben.

Ihr Grab auf dem Münchner Ostfriedhof wird gepflegt. Nicht von uns, aber wann immer wir uns dorthin verlaufen, sind der Rosenstrauch beschnitten und das Laub entfernt. Ich glaube, es ist Max, der Juwelier, aber ich habe keinen Nachnamen und keine Telefonnummer oder Adresse von ihm, und langsam sterben auch die letzten Freunde von Barbara, die oft viel jünger waren als sie. Alter war ja nie ein entscheidendes Kriterium für sie bei der Wahl ihrer Freunde. 78 Jahre wäre sie im Dezember 2018 geworden.

Sonderbar, sie sich als alte Dame vorzustellen.
Gebrechlich, ja.
Aber leise, zurückhaltend? Kaum.

Mein besonderer Dank gilt Minki Reichardt, John Bellicchi, Robert Emich und Philip Reichardt.

Außerdem vielen Dank an: Rolf Albrecht, Harry Baer, Ingrid van Bergen, Matthias Castorph, Karen Cop, Rolf Eden, Stefan Gabanyi, Ulrich Graf, Marcel Hartges, Gregor Hoppe, Enno Kapitza, Caroline Klapp, Stefan von Moers, Parvin Nazemi, Burkhard Pflug, Andreas Prochaska, Franz Prost, Tilo Prückner, Charles Schumann, Jens Teutsch-Majowski, Jacob Thomas und Nicola von Velsen.

Autor und Verlag bedanken sich bei den jeweiligen Rechteinhabern für die freundliche Genehmigung zum Abdruck von Auszügen aus:

S. 126: Süskind, Patrick: »Erinnerungen an eine Freundschaft. Nachwort zu Dietl, Helmut/Dietl, Tamara (Hrsg.): A bisserl was geht immer: Unvollendete Erinngerungen, Kiepenheuer & Witsch 2016, S. 327ff.
S. 130–136: Scherer, Marie-Luise: »Mißtrauen einer Hinterbliebenen«, in DER SPIEGEL 14/1979, S. 207–212.
S. 155–157: Kerkeling, Hape: Der Junge muss an die frische Luft – Meine Kindheit und ich, Piper Verlag 2014, S. 293–295.

Bildnachweis
Soweit nicht anders angegeben, stammen die Fotos im Innenteil aus dem Privatarchiv Reichardt, © privat.
Ausnahmen:
S. 40: © Ullstein Bild/Bier
S. 80, oben rechts: ©Interfoto/Archiv Friedrich
S. 144: © Interfoto/Hug
S. 174: © Interfoto/Archiv Friedrich
S. 192: © Interfoto/Schneider
S. 244: © DJV Bildportal/Archiv Klar
S. 272: © Picture Alliance/Keystone
Wir haben uns bemüht, alle Rechteinhaber ausfindig zu machen, verlagsüblich zu nennen und zu honorieren. Sollte uns dies im Einzelfall aufgrund des Zeitablaufs und der schlechten Quellenlage bedauerlicherweise einmal nicht möglich gewesen sein, werden wir begründete Ansprüche selbstverständlich erfüllen.

Dieses Buch ist auch als E-Book erhältlich.

MIX
Papier aus verantwortungsvollen Quellen
FSC® C014889

Verlagsgruppe Random House FSC® N001967

1. Auflage
Originalausgabe September 2018

in der Verlagsgruppe Random House GmbH,
Neumarkter Straße 28, 81673 München
Umschlaggestaltung: semper smile, München
Umschlagmotiv: © privat
Satz: Uhl + Massopust, Aalen
Druck und Einband: Friedrich Pustet, Regensburg
Printed in Germany
ISBN 978-3-442-75793-0

www.btb-verlag.de
www.facebook.com/btbverlag